DAXINGSHANSI

大兴善寺

雁塔三寺

大兴善寺

王宝成　主编　王　鹏　副主编
贾俊侠　王　博　张大兴　编著

西北大学出版社
·西安·

图书在版编目(CIP)数据

大兴善寺 / 贾俊侠，王博，张大兴编著. —西安：西北大学出版社，2021.2
(雁塔三寺 / 王宝成主编)
ISBN 978-7-5604-4707-0

Ⅰ. ①大… Ⅱ. ①贾…②王…③张… Ⅲ. ①佛教—寺庙—历史—西安 Ⅳ. ①B947.241.1

中国版本图书馆 CIP 数据核字(2021)第 034851 号

大兴善寺

DAXINGSHANSI

主　　编　王宝成

出版发行　西北大学出版社

(西北大学校内　邮编：710069　电话：029-88302621　88303593)

http://nwupress.nwu.edu.cn　E-mail: xdpress@nwu.edu.cn

经　　销　全国新华书店
印　　装　陕西博文印务有限责任公司
开　　本　787 毫米×960 毫米　1/16
印　　张　15.5

版　　次　2021 年 2 月第 1 版
印　　次　2021 年 2 月第 1 次印刷
字　　数　260 千字

书　　号　ISBN 978-7-5604-4707-0
定　　价　98.00 元

《雁塔三寺——大兴善寺》编审委员会

前　言

西安作为世界历史文化名城、十三朝古都、国家中心城市之一，是国家重要的科研、教育工业基地，在其主城区南部，耸立着一座始建于盛唐，屹立逾千年的重要地标建筑，举世闻名的大雁塔。在大雁塔脚下，有一个辖地152平方千米，常驻人口近130多万，设8个街道办事处的行政区——西安市雁塔区。在雁塔区境内，先后发现新石器时期遗址十多处，西周时曾在此设杜伯国，秦初实行郡县制，在此设立我国最早的县之一——杜县。人类历史上第一个人口超过百万的国际化大都市唐长安城108坊中之55坊故地坐落于此。中华人民共和国建立之初被规划为文教区。今日雁塔辖区不仅有鱼化寨、弓背崖、田家湾、马腾空等新石器遗址，还有西周杜伯国故城，秦二世胡亥墓、秦汉宜春苑、西汉中兴之主宣帝杜陵及晁错故园，隋唐大兴善寺、大慈恩寺、青龙寺、木塔寺、皇家祭天天坛、曲江池、定昆池、延兴门、启夏门、明德门、安化门、延平门等古遗迹；西安交通大学、西安电子科技大学等近40所高等院校和50多所省部级以上科研院所常驻于此，可谓是传统文化与现代科技的集大成者。

有人说，中华文明之根在陕西，那么雁塔区厚重的历史文化无疑是这条根的重要组成部分。仅以佛教文化为例，公认的汉传佛教有八大祖庭，其中六个在陕西，而雁塔区境内就有三个：一个是密宗祖庭大兴善寺，一个是唯识宗祖庭大慈恩寺，另外一个是被日本真言宗奉为祖庭的青龙寺。为弘扬优秀传统文化，树立文化自信，作为雁塔区人，有责任、有义务对其进行深入地挖掘，并进行整理传播。基于这种认识，政协西安市雁塔区第十一届委员会决定编写出版一套丛书，叙述佛教历史文化及其社会影响，取名《雁塔三寺》。为此我们做了大量的前期调研工作，并广泛进行资料征集。多年以来，社会各界从不同角度对大兴善寺、大慈恩寺、青龙寺所作研究、描述、学术探讨的专著已经很多了，但从文史角度进行著述的专著不多，这给我们编写这套丛书提供了明确的方向。

《雁塔三寺——大兴善寺》由贾俊侠、王博、张大兴主笔，初稿于2019年年底拿出，约8万字，单独成书过于单薄，后用半年多时间深入挖掘、增补资料，形成第2稿，字数约15万字，成书的基本要素已经具备，我们委托西北大学出版社社长马来先生邀请了陕西省社科联党组书记、陕西省政协教科委副主任李颖科，长江学者、原西北大学副校长李浩，西北大学玄奘研究院院长、西北大学佛教研究所所长李利安，陕西省委宣传部出版处处长高彦平，陕西省文史研究馆研究员高从宜，陕西师范大学宗教研究中心主任吕建福，西北大学佛教思想研究专家李海波，高级记者、原西安电视台新闻部主任孔保尔等专家学者，以及大兴善寺方丈宽旭法师为本书顾问，并于2020年9月召开了专题研讨会，各位专家从不同角度对书稿提出大量有益的意见、建议。我们在认真研究、充分吸收专家意见与建议的基础上，对书稿章节进行了大幅修改、调整，最终形成此稿，以飨读者。在此，我们对各位专家、学者为本书所做贡献表示深深的谢意。由于我们的水平有限，错误、不足在所难免，敬请广大读者批评指正。

大兴善寺始建于晋武帝年间，经过隋、唐皇室屡加增建，后代不断修葺，历经1700余年至今，见证了朝代交替，见证了城市兴衰，能保留至今，是中华文化的幸事，也是西安这座古城的幸事。能为这座古刹做些微小的贡献，是我们一批政协文史人的心愿。愿这本小书能为宣传西安，宣传雁塔区，弘扬佛教文化略尽微薄之力，也希望读者喜欢它。

编　者

2021年2月

写在前面的话

大兴善寺坐落于西安城南的小寨兴善寺西街，是古都西安历史最为悠久的寺院之一，也是中国汉传“佛教八宗”之一——密宗的祖庭。

一

大兴善寺最初的名字叫作“遵善寺”。其历史可以追溯到西晋时期的泰始至太康年间，距今已有1700多年，是名副其实的千年古寺。魏晋南北朝时期，它在长安城的众多寺院中的名气并不怎么显著。

北周大象二年（580），隋国公杨坚任大丞相。杨坚笃信佛教，在他执政期间，将佛教作为隋朝国家意识形态的重要辅助，大力提倡。佛教因此得以迅速兴盛起来。《续高僧传》说“隋文作相，佛日将明”。大兴善寺也从此走向了崛起之路。

当时的北周王朝仍然沿用汉长安城的旧址作为都城。由于历时已久，城垣建筑破旧，城中地方狭窄，最严重的问题是水患和土壤盐碱化时刻威胁着都城的安全。环境的急剧恶化，使得长安故城已经不适宜继续作为都城了。于是隋文帝决定在长安城南营建一座新城，名曰“大兴城”，即后来的唐长安城，而大兴善寺在整个大兴城的规划里占据着极其重要的位置。

新规划的大兴城位于汉长安城之南，它北起龙首原，南到凤栖原，八水环抱，区域内有六道高岗，地形类似于《易经》的乾卦。晋代所修的遵善寺恰好位于乾卦的九五贵位之上。于是隋文帝决定以此为基础，营建新的国寺。

北周王朝原本的国寺名叫陟岵寺[1]，位于长安城旧址附近，是北周明帝宇文毓为纪念自己的父亲北周太祖宇文泰而建，又名“大陟岵寺”。其名取自《诗经·魏风·陟岵》。诗云：“陟彼岵兮，瞻望父兮。……陟彼屺兮，瞻望母兮。”[2]意为追思，孝敬父母。都城新址确定后，隋文帝下令将陟岵寺南迁，与遵善寺合为一寺，并以自己曾经的封号“大兴郡公”中的“大兴”二字和寺庙所在地“靖善坊”中的“善”字，为新寺取名作“大兴善寺”。自此大兴善寺一直坐落于此，延续至今。

二

在隋唐时期，大兴善寺是一座极其辉煌的寺院，既是汉传佛教密宗的发祥地，又是唐长安三大译经场之一。

公元八九世纪，汉传佛教密宗在唐朝的上层人士中极为流行，因此也被称作“唐密”。密宗，也作“密教”或“秘密教”，是大乘佛教、印度教和印度民间信仰相互融合而产生的佛教宗派，也是印度佛教后期最有影响力的佛教宗派。早在佛教产生之初，僧侣之中就已有各种经咒、散说、仪轨等流传。这些经咒、散说、仪轨等后被称作“杂密”。真正意义上的密宗，又称作“纯密”，大约形成于公元六至七世纪的印度，其宣扬“即身成佛”的理论，宣称口诵真言咒语（语密），手结契印（身密），心作观想（意密），三密同时相应可以即身成佛；其主要特征为高度组织化的咒术、礼仪、俗信。

早在南北朝时期，佛教的杂密就开始由印度经西域陆上丝绸之路，或者东南亚海上丝绸之路向中国传播。隋大兴善寺中著名的“开皇三大士”那连提黎耶舍、阇那崛多和达摩笈多正是其中杰出的代表。

盛唐时期，善无畏、金刚智、不空等人又将纯密介绍到了中国。三人以大兴善寺为基地，传播佛教密宗，影响巨大，因此又被后人合称为“开元三大士”。

---

①陟岵寺：以“陟岵”为名的寺院在全国有很多，著名的有两座：其一，为北周明帝宇文毓所建，位于长安，又名“大陟岵寺”。其二，为北周静帝宇文阐所修的嵩山陟岵寺，即后来的“少林寺”。

②［唐］孔颖达：《毛诗正义》，[清] 阮元《十三经注疏》，中华书局，1980 年版，第 358 页。

三者中又以不空成就最高。不空驻锡大兴善寺，不但完成了密宗的金刚界部和胎藏界部密法的翻译，而且还翻译了大量的显宗经典。因而不空又与鸠摩罗什、玄奘、真谛并称“中国佛教四大翻译家”，也为大兴善寺赢得了“唐长安三大译场”的美名。

不空最早将密宗金刚界部密法和胎藏界部密法合二为一，创立了“金胎不二”的法门。他还提出了佛法护国论、正法理国论和佛国本土论等政教思想，强调佛法要为国家统治服务，因此取得了唐朝统治者的信任，也为密宗的兴盛和密宗中国化打下了坚实的政治基础。不空之后，一行、惠果、义净等人继续着密宗中国化的进程。晚唐时期，由于政局动荡，密宗逐渐式微，虽然也涌现出了诸如三朝国师智慧轮这样的高僧，但毕竟已经不如往昔。

盛极一时的密宗在中国虽然衰微，但经由空海、最澄等域外弟子将之传到了日本、朝鲜、马来西亚、印度尼西亚等地，使其扬名于海外，影响久远。各国信众追根溯源，公推大兴善寺为汉传佛教密宗的祖庭。

三

如今的大兴善寺非常的独特，它栖身于西安市最繁华地段之一的小寨商圈，但却又独立于周边的喧哗，是一座闹中取静的寺院，表现出一种宁静、庄严之美。

大兴善寺外的兴善寺西街是“西安文化地标之一”。放眼望去尽是古色古香的建筑，街上绿树成荫，花坛罗布；有飞天、开皇三大士、金刚杵等精美的佛教雕塑点缀其间；还有长椅供游人以娱以暇，美不胜收。

兴善寺西街是西安人淘书的好去处，寺前的旧书集市依然如故，赫赫有名的万邦书城、伴山书屋，也搬到了此处，你总可以在此淘到心仪的书籍。在书店旁的休闲咖啡厅要一杯咖啡，享受读书之乐，何其快哉！街上还有一所叫作“知无知空间”的会所，汇集了很多西安城里的社会贤达和文艺青年。会所每周还会举行人文讲座和读书会等活动，不定期还会有钢琴、小提琴、古筝等中西乐器演奏表演，充满着人文雅趣。

每逢周末，“周末集市”就开张了，有玉器古玩、书法绘画、民俗摄影，还有陕西特色刺绣、皮影、泥塑。现场挥毫泼墨的书画家总是能引起行人的围观。前来游览的上至耄耋老者，下到少年儿童，更多的是附近大学的俊男美女，他们在购物之余，自在地享受着传统文化之美。

寺门隔开了红尘与佛国两个世界。走进大兴善寺的山门，背后小寨的嘈杂声就仿佛一下子被隔绝了。大兴善寺的明代山门仿佛有一种魔力，能够镇压邪见、欲念，使人常得清静之感。人就好像真正身处于“庄严国土”。今天的大兴善寺已经是装点一新。歇山式的山门也被装饰得更加华美，二层的青砖小墙围栏也换或了汉白玉栏杆。新山门也许更加贴近尘世，表现了大兴善寺的“利乐有情”的一面。

或许是因为属于汉传佛教，历史上大多时候又是显密同修，大兴善寺的造像大多还是慈眉善目的，不同于藏传佛教造像大多是青面獠牙的恐怖形象。大兴善寺中最潇洒的莫过于天王殿里的韦陀菩萨像，此像为明代木雕，脚踩祥云，高大威猛，目视前方，表情栩栩如生。大兴善寺的韦陀菩萨像最与众不同的一点是他很和善，金刚降魔杵很随意地搭在肩上，据说这代表着本寺是大寺院，各地游方僧侣可以在此免费吃住三天。另外，很有意思的是寺内的普贤殿前立了一尊关公像，降魔帝君成了金刚手菩萨[①]的护法。其实这也是说得过去的，就是不知道这座关公像是不是以前山门殿楼上的那一尊。

密宗从名字上就给人一种神秘的感觉，密宗祖庭更让人浮想联翩，仿佛天然的带有一种异域风情。隋“开皇三大士”的那连提黎耶舍、阇那崛多和达摩笈多，唐“开元三大士”的善无畏、不空和金刚智皆来自印度和斯里兰卡等南亚地区国家。甚至唐密最后的辉煌，土生土长的长安人遍觉大师智慧轮也经常被我们误会成印度人。

密宗的修法方式是以幻除幻，需要有一颗坚强勇猛有力的金刚之心，降服诸多烦恼魔。持松法师（密林阿阇梨）的《密教通关》一书中说：“言密宗者，即以三密为宗也。三密者，身、口、意三种，与心、佛、众生三种三三平等。所谓身等于口，口等于意，意等于身。又如来三密，行者三密，众生三密，一如平等。”[②]

如今的大兴善寺中松柏更加苍翠，花草树木的种类也更加繁多，身临此境，

①金刚手菩萨是佛教中一切金刚护法的统辖者，八大菩萨之一，与观世音菩萨、文殊菩萨合称“三族姓尊”。金刚手菩萨形相有多种，但最常见者为一面二臂三目。

②持松法师：《密教通关·显密名义》第一，《持松法师论著选集》，华东师范大学出版社，1993年版，第3页。

令人心旷神怡。闭上眼睛，观想诸佛菩萨，纵使心中有些顽固的烦恼习气，也会得到自在。

融入红尘又超脱红尘，大隐于市，这是大兴善寺的风情。

编著者

2021年2月

目　录

第一章　大兴善寺的历史沿革

第二章　大兴善寺与密宗

第三章　大兴善寺的高僧大德

第四章　大兴善寺的历代住持

第五章　历代名人与大兴善寺

第六章　大兴善寺的社会影响

第七章　大兴善寺的震古烁今

第八章　大兴善寺所藏碑刻文物

附　录

第一章　大兴善寺的历史沿革

公元 581 年，隋文帝下诏修建大兴善寺。隋大兴善寺是在西晋遵善寺和北周陟岵寺的基础上增建而成的。它位于隋大兴城的九五贵位之上，是隋朝最重要的皇家寺院，即国寺。唐朝时期，大兴善寺又成为汉传佛教密宗祖庭、“长安三大译经场之一”。自隋朝初年到唐朝末年的三百余年中，大兴善寺一直保持着辉煌的地位，是隋唐佛教兴盛的重要见证。

大兴善寺山门

第一节 大兴善寺的修建背景

大兴善寺兴建之初，隋王朝尚未完成统一，它所面临的社会矛盾十分复杂：南北的统一、社会经济的恢复、国家意识形态的建立和民众信仰的调和等一系列问题深深地困扰着这个新兴的王朝。当时，佛教在民众中影响极大，对国家政治生活也有着重要影响，包括隋文帝家族在内的南北朝贵族大部分都笃信佛教。在这种情况下，隋文帝选择佛教作为国家统治思想的辅助，决定兴修国寺——大兴善寺也就变得理所应当。

一、南北朝至隋初的社会政治

南北朝末年，近三百年的战争和分裂局面给中国社会带来了巨大的伤痛，社会经济凋敝，人口锐减，人民生活在水深火热之中。在北方地区这种情况尤其严重，大量的民众沦为了流民，严重影响社会稳定。

因为在现实生活中寻找不到出路，人们只能从宗教中寻找慰藉。在这种情况下，佛教宣扬“四谛（苦、集、灭、道）”“众生平等”“因果报应”等教义，教人们忍受苦难，积累福报，寻求来世幸福，这在一定程度上能够给予人民心灵上的抚慰，因此佛教迅速在中国的南北大地上兴起。就南方而言，“南朝四百八十寺”的盛况，大家已经耳熟能详。在北方地区，佛教也已经成为一种不可忽视的社会力量。从北魏开始，统治者就通过大力提倡佛教，安抚民众，到了隋初，佛教已成为北方广大民众的普遍信仰，仅在北周统治区，僧侣的数量就达到了三百余万。

佛教的兴盛导致大量民众出家为僧，僧人们脱离生产，导致社会劳动力锐减，严重影响国家经济的恢复发展，由此也引发了北周武帝灭佛事件。北周武帝时期，下诏使“三方释子减三百万，皆复军民，还归编户”[①]。简单粗暴的行政手段并不能从根本上解决国计民生的问题，反而激起了信仰佛教的民众的强

① 费长房：《历代三宝记》卷十一，文渊阁《四库全书》，上海古籍出版社，1987年版，第124页。

烈反抗。

有鉴于前朝佛教政策的弊病，隋文帝登基后采取了大兴佛教，争取人望的办法，利用柔性的手段化解国家统治与宗教信仰的矛盾。

另外，隋文帝杨坚是以臣子的身份代北周而自立的，因此他的登基不符合传统的儒家纲常伦理。杨坚必须找到一个新的思想武器使自身的统治合法化，而佛教恰好能够给予其统治以思想理论上的支持。

在佛教历史上有一位广受赞颂的圣王——古印度孔雀王朝的阿育王。阿育王前半生杀父亲，弑兄弟，败坏纲常，奉行武力扩张政策，造下了无边杀孽；后半生信奉佛教，停止扩张，与民休息，并大力支持佛教的发展。佛教史尊其为"护法名王""无忧王"，并以他作为"放下屠刀，立地成佛"的典范。隋文帝弑君篡位也存在着道德上的污点，因此杨坚希望像阿育王一样，通过大力传播佛教来化解自身的污点，为自己统治的合法性提供理论依据。

二、隋文帝与佛教的渊源

隋文帝杨坚出身于关陇贵族家庭，其父为北周柱国大将军、大司空、随国公杨忠。南北朝时期，佛教盛行，很多皇室贵族都信奉佛教，杨家也是如此。

隋文帝从小就与佛教结下了不解之缘。隋文帝出生于西魏大统七年（541）六月十三日，是随国公杨忠的嫡长子。当时的杨忠已经35岁，按照古代的人均寿命计算已是人到中年，膝下还没有子嗣，这是一件相当让人苦恼的事情。因此，在得知妻子吕苦桃怀孕的消息后，杨忠一家人无比重视。在妻子即将临盆的时候，杨忠把她送到了同州（今陕西大荔县）般若寺分娩，祈求神佛能够保佑妻子和腹中的胎儿母子平安。

杨忠是当时西魏最有权势的"八柱国"之一，佛寺内的比丘尼自然不敢怠慢。伴随着在吕苦桃产房内一声婴儿嘹亮的啼哭，安宁祥和的古寺中顿时异象突起，杨坚出生的厢房内骤然发出一阵霞光紫气。随侍之人和诸位比丘尼都感到惊异不已。新生儿相貌奇特，头上角出，额上有五柱入顶，龙颔，目光外射。其母吕苦桃最初接过婴儿的时候，由于惊讶于婴儿的相貌，竟然失手差点将婴儿掉到了地上，幸亏被智仙比丘尼接住。

杨忠希望孩子以后能够健康成长，养成坚韧、坚强的品质，因此为他取名叫作杨坚。智仙比丘尼则赠给婴儿一个乳名叫"那罗延"，意思为"金刚不坏"。智仙告诉杨忠夫妇，此子非比寻常，俗世间恐怕难以养育。为了求得儿子的平安，于是杨氏夫妇就将杨坚寄养在寺院之中，交由智仙比丘尼来养育，直到他13岁时才由父母接回家中。

家族信仰的影响和智仙比丘尼的教导对杨坚产生了深刻的影响。杨坚在登基做了皇帝后，还经常对周围的人说："我的前世是和尚，曾做过释迦牟尼的弟子，是佛家的金刚，所以我心中有佛法。"因此，隋文帝也被僧俗信众称作"大兴菩萨"。

隋文帝终其一生笃信佛教，提倡佛教，守护佛教。他在位期间也是中国佛教发展最为繁荣的时期之一。

三、隋文帝的佛教政策

隋文帝一方面致力于传统儒学的复兴，坚决维护儒家思想作为根本统治思想的地位；另一方面又推崇佛、道，将其作为维护统治的重要手段。在他的推动下，三教合流的趋势开始出现。

隋初，文帝在儒臣牛弘等人的支持下重设太学，收集、整理儒藏，重建纲常礼教。当时的儒生"负笈追师，不远千里；讲诵之声，道路不绝。中州儒雅之盛，自汉魏以来，一时而已"[①]。对于道教，文帝也非常重视，文帝的年号"开皇"就是道教名词。当时著名道士苏元朗还开启了道教内丹学说。因为就在民众中的影响力而言，三教之中以佛教最盛，所以隋文帝在位时期大力提倡佛教，并将佛教作为维护其统治的最为重要的辅助手段。在隋朝短暂的38年里，共修建佛堂和雕像等数万座，度化僧尼50余万人。

事实上，隋文帝是以皇帝的身份来宣扬佛教，并特别强调佛教必须要服从于皇权。隋文帝曾下诏说："朕位在人王，绍隆三宝，永言至理，弘阐大乘。"[②]隋文帝在给佛教领袖天台智顗的敕书中，要智顗"奖进僧伍，固守禁戒"，"宜相劝励，以同朕心"[③]。他曾对僧人灵藏说："律师度人为善，弟子禁人为恶，言

---

①［唐］魏徵：《隋书》卷七五《儒林传》，中华书局，1973年版，第1706页。

②［隋］费长房：《历代三宝记》卷十二，文渊阁《四库全书》，上海古籍出版社，1987年版。

③［唐］释灌顶：《国清百录》卷二，严可均：《全隋文》，商务印书馆，1999年版，第34页。

隋文帝杨坚

虽有异，意则不殊。”[①]

隋文帝通过各种办法将私自剃度的僧人转化为持有官方度牒的合法僧侣，一方面，虽然将大量私度僧侣转化为合法僧侣，但是相对于全国庞大私度僧人的数量来说只占少数；另一方面，其将佛教僧侣纳入了官方的管理之下，有利于国家统治。

开皇时期，由于长期的战争及分裂局面留下的社会问题仍相当复杂，尤其是南北统一后南北士族及民众间的对立仍旧比较严重。隋文帝以杰出的政治智慧并借助佛教在民众中的影响，调和了南北之间的对立局面。在他统治时期，全国人民得到了相对和平稳定的生活环境，出现了“户口滋盛，仓库盈积”的繁荣局面，史称“开皇之治”。

① ［唐］道宣：《续高僧传》卷二十二，中华书局，2014 年版，第 835 页。

第二节 大兴善寺的选址及得名

大兴善寺的规划与隋大兴城同步。它坐落在隋大兴城的九五贵位上，选址十分讲究。寺名中的“大兴”二字取自于隋文帝曾经的封号“大兴郡公”，和都城“大兴城”同名；其寺名中的“善”字则来自于寺址所在地“靖善坊”。隋文帝以自己曾经的封号命名了新都城，又命名了这座寺，足见其对大兴善寺所寄予的期望和感情。

一、营建新都

北周末年的时候，汉长安城故址已经使用了780年之久，早已经不堪负荷。它的城市、宫殿设施陈旧，不足以显示一个新兴王朝的威仪。城区土壤盐碱化严重，地下水也受到了严重的污染，居民的饮水也遇到了严重的困难，找不到适宜直接饮用的甜水。当时的渭河时常泛滥成灾，每遇夏秋两季，长安居民睡觉都不能安枕，就连贵为天子的隋文帝也是如此。《隋唐嘉话》记载：“隋文帝梦洪水没城，意恶之，乃移都大兴。”[①]虽然隋文帝因在梦中遭遇洪水而决定迁都的传说显得并不可靠，但是这也说明汉长安城确实已经不适宜做都城了。

于是隋文帝决定另外选址营建新都，新都的选址任务就落在了著名城市规划专家、建筑学家宇文恺的身上。按当时的风俗，在长安城附近适合作为城址的地方，渭水以北有秦故都咸阳，但因秦二世亡于此，用作都城不吉利；渭水以南有周的沣京、镐京，汉的长安城，两朝国祚绵长，因此隋的新都选址以渭水以南为上。从地形上看，汉长安城附近只有灞、浐、潏河之间的这块平原最为开阔，尤其是龙首原以南，地势相对较高，而且开阔平整，极为适合营造新都。相传，有一次宇文恺来到汉长安城东南的龙首原考察地形，他站在高岗之上，向四周眺望，发现自龙首原向南有六道高冈，像极了易经的乾卦。宇文恺

---

① ［唐］刘餗撰，程毅中点校：《隋唐嘉话》卷上，中华书局，1979年版，第3页。

将这个发现报告给了隋文帝，隋文帝听后十分欣喜。

当大兴城的选址确定了以后，宇文恺又开始了新都的规划工作。大兴城的布局具有强烈的象征意义：宫城象征北极星，居于北方正中；皇城百司衙署象征紫微垣，环绕北辰；外郭城象征拱卫北辰的群星。因此唐人即有诗云："开国维东井，城池起北辰。"[①]

隋开皇二年（582），文帝正式颁诏，命左仆射高颎为营建新都大监，太子左庶子宇文恺为副监，太府少卿张煲为监丞，营建新都。新都营建速度很快，九个月主体即完成。

二、五冈唐镇

大兴城按照乾卦六爻布局，以朱雀门大街为中轴线，东西街道、市坊左右对称，呈现棋盘状格局。唐代诗人白居易形容说："百千家似围棋局，十二街如种菜畦。"[②]六爻的九二位和九五位是大兴城布局的重点。

乾卦中的九二、九五皆为极其尊贵的位置。《易经·乾卦》曰："九二：见龙在田，利见大人。"[③]《象》曰："见龙在田，德施普也。"[④]比喻君子走出低谷，开始广泛地向社会施予德泽。《易经·乾卦》曰："九五：飞龙在天，利见大人。"[⑤]意指尊贵的君子有大造化，大有作为；《象》曰："飞龙在天，大人造也。"[⑥]喻指君子处世得意，其事业如日中天。此两爻意义极为特殊，意指天子。因此大兴城（唐长安城）的九二、九五之位，非皇家不能享用。

经过君臣一番商讨，认为九二位居北方，宜在其上营建宫室；九五位在南，置大兴善寺和元都观（玄都观）镇压气运。事情决定后，马上开始了营建工作。据《唐会要》记载："初，宇文恺置都，以朱雀门街南北尽郭，有六条高坡，象乾卦，故于九二置宫阙，以当帝之居，九三立百司，以应君子之数，九五贵位，

---

①本诗一作张子容作，一作孟浩然作。见张奇：《〈长安早春〉诗作者及张子容及第考》，《乐山师范学院学报》2006年第2期，第24页。

②［清］彭定求等：《全唐诗》，中华书局，1960年版，第5041页。

③郭彧：《周易》，中华书局，2006年版，第4页。

④郭彧：《周易》，中华书局，2006年版，第5页。

⑤郭彧：《周易》，中华书局，2006年版，第7页。

⑥郭彧：《周易》，中华书局，2006年版，第7页。

山门内侧的五冈唐镇

不欲常人居之，故置元都观、兴善寺以镇之。”[①]因此，大兴善寺的规划在隋大兴城规划中至为重要，它的兴建甚至还要早于大兴城。

隋文帝开皇二年，大兴善寺建成。寺院建成后，它不仅是长安城最大的寺庙，而且组建了全国最大译场和最为豪华的译经队伍，更是全国最高僧官——昭玄僧统的驻地。一时间，无论是宗教影响力，还是政治影响力在全国都是无与伦比的。

几经历史变迁，长安城屡屡遭到破坏。或许真的因为位于“九五之尊”的特殊位置，大兴善寺在很长的历史时期内都得到了保存，它的寺址自建成起直到如今都未曾改动。今天的大兴善寺仍是西安规模最大的佛教寺院之一，至今在它的山门内门额上仍旧题写着“五冈唐镇”四个大字。

① ［宋］王溥：《唐会要》卷五十，中华书局，1990 年版，第 867 页。

三、大兴善寺的得名

隋文帝非常重视大兴善寺的修建工作，在听到寺院修建成功的消息时非常的欢喜，并亲自为其取名。

大兴善寺寺名之中的“大兴”二字和新都“大兴城”的名号均来自隋文帝曾经的封号“大兴郡公”，寺名中的“善”字则取自于寺院所在地“靖善坊”。隋文帝将二者合二为一，故命名为“大兴善寺”。

费长房在《历代三宝纪》中这样记载：“二年仲春，即便就译。季夏诏曰，殷之五迁，恐民尽死。是则以吉凶之士，制长短之命。谋新去故，如农望秋。龙首之山，川原秀丽，卉物滋阜，宜建都邑，定鼎之基永固，无穷之业在兹。因即城曰大兴城，殿曰大兴殿，门曰大兴门，县曰大兴县，园曰大兴园，寺曰大兴善寺，三宝慈化，自是大兴。”①

骆天骧《类编长安志》的“大兴善寺”条说：“初曰遵善寺，隋文承周武之后，大崇释氏以收人望，移都，先置此寺，以其本封名焉。”②

杜牧的《樊川诗集注》也讲：“万年县所领朱雀门街之东靖善坊，大兴善寺尽一方之地。初曰遵善寺。隋文承周武之后，大崇释氏，以收人望。移都，先置此寺，以其本封名焉。寺殿广崇，为京城之最。”③

另外，大兴善寺还有“舍卫寺”的别称。据《宋高僧传》卷二十一“唐成都府法聚寺法江”条记载：“又长安大兴善寺，本隋舍卫寺也，至唐先天中火灾，殿宇荡然，唯遗基耳。”④法江虽为成都府法聚寺僧人，但曾在大兴善寺居住过，因此也被称为“大兴善寺异僧”。史料中并没有将大兴善寺更名为“舍卫寺”的记载，因此“舍卫寺”当是大兴善寺的别称，是形容其如同释迦牟尼佛的“舍卫精舍”。

---

①［隋］费长房：《历代三宝记》卷十二，文渊阁《四库全书》，上海古籍出版社，1987年版，第127页。

②［元］路天骧撰，黄永年点校：《类编长安志》，三秦出版社，2006年版，第127页。

③［唐］杜牧著，［清］冯集梧注：《樊川诗集注》，上海古籍出版社，1978年版，第86页。

④［宋］赞宁撰，范祥雍点校：《宋高僧传》，中华书局，1987年版，第551页。

歷代三寶紀卷第九 譯經 西秦 北涼 元魏 高齊 陳氏 莚

開皇十七年翻經學士臣費長房上

西秦北涼魏齊陳五錄者此亦乘時拯世利民宣化君也乞伏國仁隴西鮮卑世居苑川為南單于前秦敗後遂稱秦王仍都子城尊事沙門時遇聖賢行化達彼仁加崇敬恩礼甚隆旣播釋風仍令翻譯相承五主四十四年為夏所滅魏還吞夏沮渠蒙遜臨松盧水胡世為匈奴左大沮渠即官為氏因藉前涼遂便自立遷治姑臧遇曇無讖法師譯大般涅槃大集經等三主四十三年為魏所滅拓拔珪字涉壞雲中五原虜為秦護軍苻氏敗後遂即尊号稱魏都恒至第三主大武帝伏蠢世信納邪言毀壞佛法誅僧破寺涉歷七年惡疾交身薨後還復四主在北至孝文帝宏世遷京洛陽改姓稱元始服冠冕至孝明帝溯平元年靈太后胡氏造永寧寺起九層木浮啚高九十丈上有寶剎復高十丈去地千尺離京百里即遥

見之初欲築基掘至黃泉下得金像三十二軀太后信為法之祥徵是以營造窮極世工剎上金寶瓶容三十五石寶瓶下有承露金盤一十一重周匝輪郭皆垂金鐸復有鐵鏁四道引剎向浮啚角四角鏁上亦有金鐸鐸大小皆如一石甕浮啚九級角角皆懸金銅鈴鐸合上下有百三十鐸浮啚四面面別各有三門六窓並皆朱漆扇上各有五行金鈴其十二門二十四扇合有五千四百枚鈴下復鏤金鐶鋪首窮造製之巧極土木之工庶民子来匪日而作佛事精妙不可思議繡柱金鋪駭人心目至於秋月永夜高風寶鐸和鳴聲響諧韻中霄晃朗昰爐燿空鏗鏘之音聞十餘里浮啚北有佛殿一所形如太極中有丈八金像一軀等身金像十軀繡真珠像三軀金織成像五軀玉像二軀作工奇巧冠於當世僧房樓觀一千餘間雕梁粉壁青鏁綺疏難得而言栝柏椿松扶疏簷霤叢竹香草布護階庭是以常景製寺碑云須弥

《历代三宝纪》

隋文帝以自己曾经的封号来为此寺取名足以证明此寺的重要性。文帝以“大兴”来命名此寺的真正动因我们已无法得知，或为真诚的信仰，或为求取吉祥，或为收服人心，又或为统治需要，这一切都不重要。但毫无疑问，它寄托着文帝对隋王朝国运的无尽期盼和祝福。

更重要的是此后这座以“大兴善寺”为名的寺院引领了中国佛教界三百余年；在此设立的“大兴善寺译场”，更是留下了丰厚的佛学宝藏；以它为基地开宗立派的“唐密”，影响遍及东亚、东南亚，在中国佛教史上留下了浓墨重彩的一笔。

第三节　大兴善寺的建筑布局

据《长安志》记载，隋唐时期的大兴善寺面积广阔，“尽一坊（靖善坊）之地”[①]。靖善坊西邻朱雀大街，北接光福坊，东靠靖安坊，南临兰陵坊；全坊大约呈正方形，东西长、南北宽均为350步，总面积约28万平方米，规模十分的宏大。[②]隋唐时期的大兴善寺建筑布局相对比较自由，呈现美妙的园林式建筑群。五代之后，寺院的规模有所缩小，式样也逐渐演变成了轴对称形的禅宗寺院式样。但无论如何在大多数时间里大兴善寺的建筑布局、建筑规模和风物景观在长安城的各寺院中都是首屈一指的存在。

一、隋唐时期的建筑布局

据现代考古实测发现大兴善寺东西长562米，南北宽525米，总面积约为29.5万平方米，比历史记载略大。换句话说就是唐代大兴善寺基址面积相当于今天大兴善寺的3倍。

广阔的面积也给了建筑师相对自由的发挥空间。隋唐时期的大兴善寺的格

①［宋］宋敏求：《长安志》，《文渊阁四库全书》第587册，上海古籍出版社，1987年版，第123页。

②王贵祥：《唐长安靖善坊大兴善寺大殿及寺院布局初探》，《中国建筑史论汇刊》2014年第2期。

局大体上分为“寺”和“院”两部分，“寺”是弘法布道的场所，“院”为僧侣的住所和接待宾客的地方。“寺”又以舍利塔和大殿为中心，周边为讲堂和其他殿阁。虽然整个建筑群本身比较方正，有着相对清晰的中轴线，但是并非为严格的轴对称格局。院为园林式建筑，点缀分布在寺的周边，或呈外包式，或呈腹缀式，或呈穿插式。寺中有人工水涧溪流沟通自然水系，象征佛法源源不断；寺间的僧院曲径通幽，柳暗花明似大德境界无穷，使得寺院充满了魅力。整个大兴善寺建筑群将典雅庄重的庙堂和清幽寂静的僧舍结合，浓厚的人文气息和灵活多变的自然山水融为一体，使得自然环境与人文气息相得益彰。

（一）弘法布道的场所——寺

因为大兴善寺的规格与皇家太庙等同，所以其建筑规模相较其他寺院要大不少，建筑形制的等级更高，也更加华美壮丽，这在“寺”中表现得比较明显。大兴善寺的“寺”内比较著名的建筑有大殿、发塔（释迦牟尼佛发舍利塔）、方等戒坛、文殊阁、转轮藏经殿、天王阁、大士阁等。

1. 舍利塔

寺内的释迦牟尼佛发舍利塔大约在建寺之初就已经建成，位置大约在大殿前中庭的东南。塔内供奉着释迦牟尼佛的发舍利。发塔的形制史籍无具体记载，或为印度佛塔形制，或为密檐式佛塔。塔下有堂，其中供奉着舍利旃檀像和《佛说时非时经》。

唐大历九年（774），不空三藏示寂。次年，为怀念不空，唐代宗又出内库钱于寺南，为“三朝帝师”不空修建了“不空三藏舍利塔”。不空舍利塔在寺的西南，塔内有壁画，东墙为曹画，西墙为尹琳画。曹不知何许人也，尹琳为当时名家，笔法犀利，尤善画以神佛和狮子为题材的宗教画。

2. 大兴善寺大殿

大兴善寺大殿是整个建筑群的中心，它的形制与太庙大殿相同，庄严宏伟。据道宣《续高僧传》记载：“兴善大殿，铺基十亩，棂扇高大，非卒摇鼓。”[①]依据宋敏求《长安志》说法：“寺殿崇广为京城之最（号曰大兴佛殿，制度与太庙

---

①［唐］道宣撰，郭绍林点校：《续高僧传》，中华书局，2019年版，第1257页。

大兴善寺内景

同）。总章二年（669），火焚之，更营建。又广前居十二亩之地。”[①]按照形制应为开门十三间，进深五间的宏伟建筑，其大小与唐洛阳宫乾元殿相仿，是北京故宫太和殿的两倍。

兴善寺大殿前的庭院大约有百余亩之阔。历史上对大兴善寺殿前庭院并没有具体记载，但是我们可以参照同时兴建的玄都观的殿前庭院。玄都观号称有“百亩中庭”，刘禹锡有诗云：“玄都观里花千树”，足见其大。大兴善寺的建设规格甚至比玄都观还要略高，有“百亩中庭”应该是肯定的。

3. 传法堂

大兴善寺中有传法堂，位置在大殿之后。传法堂是因惟宽禅师住大兴善寺的时候曾在这里说法而得名。白居易有《西京兴善寺传法堂碑铭（并序）》，其碑文曰：“王城离域，有佛寺号兴善寺，（寺）之坎地，有僧舍名传法堂。先是大彻禅师晏居于是寺说法，于是堂因名焉。”[②]坎地，就是北方。以此可以推断传法堂在兴善寺大殿的背后。

4. 四阁

四阁是指文殊阁、转轮藏经阁、天王阁、大士阁，它们分散在兴善寺大殿的周边。大历八年（773），唐代宗敕命在大兴善寺内修建了文殊阁；元和四年（809），唐宪宗又下令建造转轮藏经阁。大和二年（828），唐文宗“得梵像观音，移大内天王阁于寺中，作大士阁。唐末独二阁存焉。”[③]

5. 曲池与后堂

大兴善寺北原来有曲尺形的池塘，面积较大，池西南是后堂。因为这里风景秀丽，清幽宜人，唐朝人经常写诗赞美它。大历十才子之一的卢纶有《题兴善寺后池》云：“隔窗栖白鹤，似与镜湖邻。月照何年树，花逢几遍人。岸莎青有路，苔径绿无尘。永愿容依止，僧中老此身。”[④]李端《宿兴善寺后堂池》笔

---

① ［宋］宋敏求：《长安志》，《文渊阁四库全书》第587册，上海古籍出版社，1987年版，第123页。

② ［清］董诰等：《全唐文》第七部，卷六百七十八，中华书局，1983年版。

③ ［清］沈青崖：《陕西通志》卷二十八，祠祭一（寺观附），文津阁四库全书（影印本），商务印书馆，2006年版。

④ ［清］彭定求等：《全唐诗》，中华书局，1960年版，第3170页。

下的曲池则更美，“草堂高树下，月向后池生。野客如僧静，新荷共水平。锦鳞沉不食，绣羽乱相鸣。即事思江海，谁能万里行。”[①]

关于这座池塘还有一段很神异的传说。据唐段成式《寺塔记》“靖善坊大兴善寺”条记载：“寺后先有曲池，不空临终时忽然涸竭。至惟宽禅师止住，因潦通泉，白莲藻自生。今复成陆矣。”[②]每有领袖群伦的大德高僧入住，泉水就会涌出；大德圆寂，泉水就会涸竭；真是非常神奇！

6. 其他建筑

其他建筑有行香院、方等戒坛、中门、钟楼等建筑。大兴善寺行香院也较为出名，位置大约在寺前正南，是接待香客的地方。据史料记载，行香院正堂的后壁上有元和年间的著名画家梁洽所绘的两棵松树，清新脱俗；其曼殊堂的外壁有泥金帧，内部的彩塑非常精妙。[③]行香院向北经甬道可到达中门，中门上有吴道玄（吴道子）所绘的壁画。

方等戒坛建成于中唐时期，位置不详。其为唐肃宗敕令建造，是唐代首座方等戒坛。唐代宗笃信密教，对方等戒坛又进行了完善。大兴善寺有钟楼或钟台，但没有鼓楼，法鼓放在转轮藏经殿。其《大唐兴善寺钟铭》曰：“欲使云和之乐，共法鼓而同宣；雅颂之声，与梵音而俱远。乃命凫氏，范兹金锡。响合风雷，功侔造化。”

（二）僧众居所——院

“寺”周边的僧人居所称之为“院”。大兴善寺的僧院数目不详。但我们可以参考与大兴善寺地位相若的大慈恩寺。大慈恩寺内“凡十余院，总一千八百九十七间”，大兴善寺僧院的数目当与此相仿。

大兴善寺各院之中最为有名的是翻经院。翻经院是大兴善寺历代大德翻译经书和居住的地方，著名的“开皇三大士”“开元三大士”、惟宽禅师等都曾在这里居住过。唐代诗人白居易曾拜在惟宽禅师门下为俗家弟子，他居住在长安时经常来此拜访惟宽禅师。他被贬谪地方后，曾借咏紫薇花来怀念长安，怀念

---

① ［清］彭定求等：《全唐诗》，中华书局，1960 年版，第 3247 页。

② ［唐］段成式：《寺塔记》，人民美术出版社，1964 年版，第 2 页。

③ ［唐］段成式：《寺塔记》，人民美术出版社，1964 年版，第 2 页。

大兴善寺。他写道："紫薇花对紫微翁，名目虽同貌不同。独占芳菲当夏景，不将颜色托春风。浔阳官舍双高树，兴善僧庭一大丛。何似苏州安置处，花堂栏下月明中。"①

另有，大教注顶院，是遍觉大师智慧轮生前所居。

其他的各院大多由所住高僧来命名，名并不固定，比较有名的有素和尚院、道深院、广宣上人竹院、寂上人院、汤禅师院等。

素和尚院为高僧守素所居住的院落，位于寺廊之南。守素是唐元和年间的著名高僧，道德高深，深得时人所敬重，与宰相郑絪交好。素和尚院的青桐非常有名。

道深院，为晚唐禅宗高僧道深所居。唐代诗人张乔有《题兴善寺僧道深院》，诗曰："江峰峰顶人，受法老西秦。法本无前业，禅非为后身。院栽他国树，堂展祖师真。甚愿依宗旨，求闲未有因。"②

广宣上人竹院，为晚唐高僧广宣所居。广宣佛法精深，文采斐然，与宰相权德舆、王涯，诗人韩愈、杨巨源等交好。唐代诗人杨巨源有《春雪题兴善寺广宣上人竹院》，诗云："皎洁青莲客，焚香对雪朝。竹风催淅沥，花雨让飘摇。触石和云积，萦池拂水消。只应将日月，颜色不相饶。"③

寂上人院，为寂上人居所。寂上人，法号不详，为北禅高僧，曾住在大兴善寺。郑谷有《题兴善寺寂上人院》，诗云："客来风雨后，院静似荒凉。罢讲蛩离砌，思山叶满廊。腊高兴故疾，炉暖发余香。自说匡庐侧，杉阴半石床。"④陆龟蒙有《寒夜同袭美访北禅院寂上人》，诗曰："月楼风殿静沉沉，披拂霜华访道林。鸟在寒枝栖影动，人依古堞坐禅深。明时尚阻青云步，半夜犹追白石吟。自是海边鸥伴侣，不劳金偈更降心。"⑤

汤禅师院，为汤禅师的住所。汤禅师法号不详，与唐代小说家段成式交好。段成式曾作《题汤禅师院诗》。诗曰："有松堪系马，遇钵更投针。记得汤师句，

---

①［唐］白居易：《白居易诗集校注》卷十九，中华书局，2006年版，第1561页。

②［清］彭定求等：《全唐诗》，中华书局，1960年版，第7310页。

③［清］彭定求等：《全唐诗》，中华书局，1960年版，第3720页。

④［清］彭定求等：《全唐诗》，中华书局，1960年版，第7718页。

⑤［元］辛文房：《唐才子传校正》，江苏古籍出版社，1987年版，第255页。

高禅助朗吟。”[①]

（三）大兴善寺的著名景观

大兴善寺的环境绿化、景观营造也是长安一绝。寺内广植花木，既有青松、翠竹、贝多树、青桐等高大乔木，也有牡丹、凌霄花、杏花、荷花等名花异卉，这些花木将大兴善寺装点得清静幽美，颇富自然情趣。

唐代时，大兴善寺的古松则是闻名于当时。唐段成式《寺塔记》记载，当年大兴善寺不空三藏塔前多老松，“岁旱则官伐其枝为龙骨以祈雨。盖三藏役龙，意其树必有灵也”[②]。唐人崔涂的诗《题兴善寺隋松院与人期不至》云：“青青伊涧松，移植在莲宫。藓色前朝雨，秋声半夜风。长闲应未得，暂赏亦难同。不及禅栖者，相看老此中。”[③]唐代诗人许棠有诗《和薛侍御题兴善寺松》赞曰：“何年劚到城，满国响高名。半寺阴常匝，邻坊景亦清。代多无朽势，风定有余声。自得天然状，非同涧底生。”[④]有时候孤松也是美的。唐代诗人刘得仁的《冬日题兴善寺崔律师院孤松》曰：“为此疏名路，频来访远公。孤标宜雪后，每见忆山中。静影生幽藓，寒声入迥空。何年植兹地，晓夕动清风。”[⑤]著名诗僧无可也曾作咏孤松诗《寄兴善寺崔律师》曰：“沐浴前朝像，深秋白发师。从来居此寺，未省有东池。幽石丛圭片，孤松动雪枝。顷曾听道话，别起远山思。”[⑥]唐人喜欢用竹子装点居所，因此兴善寺也是“竹树森繁，园圃周绕”。

最有意思的是大兴善寺素和尚院的青桐，别的地方的青桐树每到夏日，树上就不断往下淌树胶，而大兴善寺素和尚院的青桐是不淌树胶的。关于这件事还有一段传说：素和尚院的青桐都是素和尚亲手栽植的，非常爱惜它们。元和年间，经常有朝廷的公卿大夫来素和尚院访问、避暑。有一次，宰相郑絪带着几个丞郎来这里避暑，被树胶弄得不厌其烦。临走时与素和尚开玩笑说：“我给

① ［唐］段成式：《寺塔记》，人民美术出版社，1964 年版，第 2 页。
② ［唐］段成式：《寺塔记》，人民美术出版社，1964 年版，第 2 页。
③ ［清］彭定求等：《全唐诗》，中华书局，1960 年版，第 7778 页
④ ［清］彭定求等：《全唐诗》，中华书局，1960 年版，第 6982 页。
⑤ ［清］彭定求等：《全唐诗》，中华书局，1960 年版，第 9988 页。
⑥ ［清］彭定求等：《全唐诗》，中华书局，1960 年版，第 9161 页。

大兴善寺秋景

您把这几株青桐伐掉算了，伐一棵青桐，我给您补栽一棵松树，您看怎么样？”晚上，素和尚手抚青桐说道：“我种了你二十余年了，你常因为流汗而被人厌恶。如果明年你再流汗，我只能把你砍了当柴火烧。”从此以后素和尚院的青桐树再也不敢淌树胶了。[①]

除了松、竹、青桐之类，大兴善寺还有大量移自异域的贝多树、菩提树等植物。无数的植物将大兴善寺装点得树木成荫，优雅宜人，令人心向往之。唐代诗人张乔有诗曰：“还应毫末长，始见拂丹霄。得子从西国，成阴见昔朝。势随双刹直，寒出四墙遥。带月啼春鸟，连空噪暝蜩。远根穿古井，高顶起凉飙。影动悬灯夜，声繁过雨朝。静迟松桂老，坚任雪霜凋。永共终南在，应随劫火烧。”[②]

唐朝时期，大兴善寺的牡丹更是名满长安。唐人记曰：“兴善寺素师院，牡丹色绝佳。元和末，一枝花合欢。”[③]

唐朝时期，大兴善寺虽然经历了数次较为严重的火灾，但是因为受到了唐朝皇帝（武宗除外）的大力支持，所以依然保持着较大的规模。大历年间，诗人卢纶这样形容大兴善寺的美景。其《春日陪李庶子遵善寺东院晓望》诗云：“映竹水田分，当山起雁群。阳峰高对寺，阴井下通云。雪昼唯逢鹤，花时此见君。由来禅诵地，多有谢公文。”[④]到了唐末，大兴善寺仍然保持着较好情形。诗人郑谷云：“寺在帝城阴，清虚胜二林。藓侵隋画暗，茶助越瓯深。巢鹤和钟唳，诗僧倚锡吟。烟莎后池水，前迹杳难寻。”[⑤]

二、明清时期的建筑布局

大约从唐朝末年开始，密宗在中土式微，大兴善寺也逐渐变成了一个禅宗寺院。到了明清时期，大兴善寺的布局已经与后世无多大差别，属于典型的汉

---

①［唐］段成式：《寺塔记》，人民美术出版社，1964 年版，第 2 页。

②［清］彭定求等：《全唐诗》，中华书局，1960 年版，第 7324 页。

③［唐］段成式：《酉阳杂俎前集》，《唐五代笔记小说大观》，上海古籍出版社，2000 年版，第 701 页。

④［清］彭定求等：《全唐诗》，中华书局，1960 年版，第 3170 页。

⑤［清］彭定求等：《全唐诗》，中华书局，1960 年版，第 7757 页。

传佛教禅宗寺庙建筑。

（一）唐代之后佛教寺院布局的变化

隋唐的佛寺也被称为“浮屠祠”，多以舍利塔为核心，呈中心对称的园林布局。隋唐时期供养大型佛像的大殿逐渐取代了舍利塔在寺院中的中心位置。中唐之后，禅宗一枝独秀，其提倡的“伽蓝七殿制”成为佛寺布局的定式。所谓“伽蓝七殿制”即寺院建筑主体为七堂，即山门、佛殿，僧堂、深房、库房、西净、浴室。对于大兴善寺这种比较大的寺院来讲，还有讲堂、经堂、禅堂、塔、钟楼、鼓楼等建筑。

唐末战乱中，大兴善寺被战火焚毁。宋初，大兴善寺得到重建。重新恢复后的大兴善寺已经演变为一座禅宗寺院，其寺院的布局基本遵照“伽蓝七殿制”，与其他禅寺无异。原本位于寺院中心的佛塔则被移出了寺院，另辟塔院供奉。

（二）明清时期大兴善寺的布局

明初洪武年间，德满禅师在大兴善寺残破的寺址上重修寺庙，采用的正是“伽蓝七殿制”。但是最初规模较小，只有两进院落。明永乐年间，云峰禅师又主持修造了山门、殿堂、钟楼。

到了清代，经历多次修缮，大兴善寺又重新成了西安城首屈一指的大寺。清代顺治、康熙两朝，地方官员受敕命，集资重建大兴善寺。顺治年间，先后重建了方丈、大雄宝殿和围墙。康熙年间，又重修了山门、方丈殿、钟楼、鼓楼等。这时大兴善寺成了一座主体五进四重，兼有东西跨院的大型佛寺。

明清时期的大兴善寺融合了中国传统宫廷建筑和祭祀建筑的元素，整体成方形，南北沿中轴线对称，布局稳重，结构整齐严谨，气势磅礴。自南往北依次是山门、天王殿、大雄宝殿、法堂，之后是藏经楼。左右有东西配殿，包括伽蓝殿、祖师殿、观音殿、药师殿等。东跨院为僧人生活区，西跨院有舍利塔、禅堂、云水堂等，可接待云游僧侣。

近代及中华人民共和国成立后，大兴善寺又经历了数次修缮。虽然增添了一部分建筑，外观也更加华美，但寺院布局基本保持了明清大兴善寺的建筑布局。

第四节 大兴善寺的兴衰

大兴善寺的前身之一的“遵善寺”始建于晋武帝泰始二年（266），距今已有 1700 余年；“陟岵寺”的建立不晚于北周武成二年（560），距今已 1460 年；合并后的大兴善寺距今有 1400 多年。按照任何一种说法，它都是西安现存历史最为悠久的佛教寺院之一。

一、大兴善寺的创建

大兴善寺是在遵善寺和陟岵寺两寺的基础上增建而成的。

大兴善寺前身之一的遵善寺建于晋武帝泰始至太康年间（265—289）。关于遵善寺的记载不详，但可以肯定的是它是历史最悠久的寺院之一。后来大兴善寺的寺址是以它的寺址为基础设立的。

大兴善寺前身之一的陟岵寺，又名“大陟岵寺”，其原址不详，但应不在今大兴善寺址区域内。《续高僧传》记载：“寺即前陟岵寺也……移都南顿，寺亦同迁于遵善里，今之兴善是也。”①这表明陟岵寺的原址大约在汉长安城旧址附近，但具体位置已经无从考察。关于陟岵寺的创立时间则有两种说法：

其一，创建年代不详，但应不晚于西魏。据历史记载，西魏时期的高僧智藏曾住于陟岵寺；北周文帝宇文泰曾于长安陟岵寺外建追远、中兴等五寺，度僧千人；北周武帝宇文邕时期，高僧道安曾住陟岵寺，这些均说明陟岵寺的创建应不晚于西魏，甚至更早。

其二，建于北周明帝时期，是北周明帝宇文毓为纪念自己的父亲宇文泰所修建的，是北周的皇家寺院。“陟岵”有追思、孝敬父母的意思。《诗经·魏风·陟岵》云：“陟彼岵兮，瞻望父兮。……陟彼屺兮，瞻望母兮。”②在北周明帝的《修起寺诏》中说：“孝感神通，瞻天罔极。莫不布金而构祇园，流银而成宝殿……

---

① ［唐］道宣：《续高僧传》卷二十四，中华书局，2014 年版，第 924—925 页。

② ［唐］孔颖达：《毛诗正义》，《十三经注疏》，中华书局，1980 年版，第 358 页。

可令太师晋国总监大陟岵、大陟屺二寺营造。”陟岵寺的原址应不在今大兴善寺处，而是由其他地方迁来此处的。

还有说陟岵寺是北周明帝宇文毓为了追思独孤信而建造。[①]明帝时期宇文护专权，独孤信为维护皇权而死。宇文毓出于对独孤信的追思和补偿，明帝下令建造了陟岵寺。

北周大象二年（580），杨坚担任丞相，下令将陟岵寺搬迁到了遵善寺寺址，并将两寺合并，还进行了扩建，取名“大兴善寺”。《续高僧传·僧猛传》云：“大象二年，敕高僧僧猛住大兴善寺，讲扬《十地》。”[②]根据《续高僧传》的说法，大兴善寺的兴建有可能还要早于大兴城。

二、大兴善寺的发展和兴盛

隋唐时期是大兴善寺最为辉煌的时期，曾经在很长的时间里肩负着全国最高佛教管理机构的职能，而且还是全国最大、最著名的佛教译经场。

（一）隋朝

大兴善寺建成后，隋文帝就将其定为隋朝的国寺，是隋朝昭玄寺[③]和国立译经场所在地。

大兴善寺具有超高的规格。据《长安志》记载，寺建成后，其正殿崇广为京城之最，制度与太庙同。大兴善寺的首任住持是灵藏大师，他同时兼任着隋朝管理全国僧尼事务的昭玄都僧官的职务。大兴善寺后来继任的昭玄统僧猛、昭玄统昙延及其随员等均住大兴善寺。[④]

开皇七年（587），隋文帝召慧远、慧藏、僧休、宝镇、洪遵、昙迁入京为“六大德”，并有僧众300余人入寺供养，令其为国行道。又在寺内创设译场，隋开皇时，先后有被称为“开皇三大士”的那连提黎耶舍、阇那崛多、达摩笈多

---

①杜斗城、吴通：《隋代独孤皇后与佛教关系述论》，《新疆师范大学学报（哲学社会科学版）》2014年第3期，第54页。

②［唐］道宣：《续高僧传》卷二十四，中华书局，2014年版，第924—925页。

③昭玄寺，隋朝时期全国最高佛教管理机构。

④李永斌、李心苑：《密宗祖庭大兴善寺的历史地位与密法传承》，《法音》2017年第4期，第42页。

和高僧彦琮等在此译经。

（二）唐朝

唐太宗至唐穆宗的近二百年间，大多数皇帝都尊崇佛教，因此大兴善寺一直保持着较高的地位。

唐太宗贞观三年（629），太宗令以波颇主寺内译场。

唐中宗神龙年间，“韦庶人（中宗韦皇后）追赠父贞为酆王，改此寺酆国寺。唐睿宗景云元年（710），复旧。”①

唐开元四至八年（716—720），印度密宗僧人善无畏、金刚智住大兴善寺翻译佛经。天宝五年（746），金刚智弟子不空重返长安，被玄宗皇帝册封为“智藏法师”，住持长安大兴善寺。善无畏、金刚智、不空三人先后在此共翻译了密宗典籍 500 余部，大兴善寺也因此成为与草堂寺、大慈恩寺齐名的长安三大译场之一，中国佛教密宗祖庭的圣地。后世僧俗信众尊称三人为“开元三大士”。②

唐天宝十五年（756），著名密宗高僧不空住持大兴善寺。不空精通佛法典籍，修为高深，世称“不空三藏法师”，为玄宗、肃宗、代宗三朝国师。不空曾在寺内进行息灾咒法，并设灌顶道场与戒坛，首开中土密宗灌顶之风。大兴善寺遂成为密宗的中心道场。唐朝著名的天文学家僧一行也曾长期驻锡大兴善寺，修习密法并进行天文、历法、数学的研究。

唐武宗会昌灭佛时，寺院损毁，陷入沉寂。唐宣宗大中年间，著名密宗高僧智慧轮住持寺院，大兴善寺一度复兴。③其间，日本僧人圆仁、圆珍等曾于大兴善寺接受密法传承。至五代周世宗时，僧人被勒令还俗。

---

①［元］路天骧撰，黄永年点校：《类编长安志》，三秦出版社，2006 年版，第 127 页。

②不空的活动时间主要在天宝年间及之后，严格意义上不是开元年间的高僧，“开元三大士”只是通俗的称谓。

③景亚鹂、王原茵：《西安大兴善寺建置沿革与文化遗存》，《文博》2013 年第 5 期，第 93 页。文章认为从唐元和年间开始，大兴善寺就已经演变为禅宗寺院，笔者认为大兴善寺正式演变为禅宗寺院应在五代时期。

三、大兴善寺的衰落与复兴

五代末，后周世宗柴荣灭佛，大兴善寺也随之凋零。宋代，大兴善寺已成为了永兴军路京兆府的一座极为普通的寺院。因此，在宋元时期大兴善寺声名不显，也未见涌现高僧大德，一直比较寂寥。

到了元末明初，有德满禅师在此“鼎新梵刹”。但这个时候大兴善寺已经由一座密宗寺院转变成禅宗寺院了。明永乐年间，云峰禅师住持大兴善寺，并弘扬禅宗，历经磨难，多方化缘，集资修造了山门、殿堂和钟楼。

清朝初年是大兴善寺重修比较频繁的一个时期，不但修复了明朝时期的原貌，而且犹有过之。

清初，大兴善寺经历了两次较大规模的修建和一些小规模的修葺工作。第一次大规模的修建是在清顺治五年（1648），僧人麸斋修建了住持室、大雄宝殿以及禅堂廊庑，其后于康熙二十四年（1685），憨休和尚募集资金，增修了山门；康熙三十年（1691），约恭和尚多方化缘，募资修缮了方丈、殿廊和钟、鼓楼。第二次大规模的修建是在康熙三十三年（1694），由川陕总督笔帖式、平安纳为首的缁素人等发起，历经十年，先后修建了前殿、钟鼓二楼、大殿、十王祖堂、弥勒殿等建筑。清同治年间，寺院建筑再次被毁，仅存山门和钟、鼓楼。同治五年（1866）到光绪二十六年（1900），经过陕西僧俗信众长期募资，大兴善寺的主体建筑陆陆续续得到了修缮。1900 年，光绪来到西安，经信众请求，为大兴善寺题写了“觉悟群生”的匾额。

近代，国家多难，天灾人祸不断，大兴善寺也遭遇了数次打击。但在一些有识之士的支持下，大兴善寺勉力坚持，其影响也走出了西北，并再次走向世界。

1931 年，近代著名慈善家朱子桥将军采取以工代赈的方式对大兴善寺进行了比较全面的修复，并礼聘高僧倓虚法师为佛学养成所所长，兼任大兴善寺住持。朱子桥将军还与陕西佛教会会长康寄遥等人一起在大兴善寺内兴办佛学养成所（后改佛学院），此举得到了杨虎城、冯钦哉、王一山、张溥泉等陕西军政当局要员的支持。

1943 年，太虚法师、于斌、冯玉祥等人组织了中国宗教徒联谊会，并于 1945 年在大兴善寺创设了“世界佛学苑巴利三藏学院”。

第二章　大兴善寺与密宗

大兴善寺是汉传佛教八宗之一——密宗的祖庭。汉传佛教密宗又被称为“唐密”。唐开元至天宝年间，印度僧侣善无畏、金刚智、不空等将流传于印度的佛教密宗带到了中国。后经不空、一行，以及惠果等人的改造，密宗完成了中国化的过程。密宗虽然在中国昙花一现，但其经典、仪轨对汉传佛教其他宗派及日韩佛教产生了深远的影响。

第一节　密宗的传入与中国化

密宗，也称密教，秘密教、瑜伽密教、真言乘等，因主张通过修习三密瑜伽获得悉地（圆满、成就的意思）而得名。简单地说，密教是佛教中秘密教的简称，它是相对于显教而言的[①]。《大智度论》四说：“佛教有两种，一秘密，二现实。”

---

①所谓“显教”，密教称其他佛教宗派的教义为“应身佛”，释迦牟尼公开宣说“显”之教，故称。佛教认为佛有“三身”（三佛）：法身、报身、应身。所谓“应身”，指佛为了度脱世间众生，随三界六道之不同状况和需要而显之身。此或指释迦牟尼之生身，或指变现混迹于世间之天、人、鬼、龙等。

一、密宗的形成

公元6—7世纪的印度，在政治上处于分裂局面，出现了许多封建小国。这个时期，由婆罗门教演变而来的印度教逐渐在印度大部分邦国及地区获得了统治地位，佛教衰落。为了适应时代的变化，佛教内部出现了一些借鉴印度教教义和形式的秘密教派，称作“密教”。“密教产生之初是大乘佛教、印度教和印度民间信仰的混合物，它以高度组织化的咒术、礼仪、俗信为其特征，宣扬口诵真言咒语（语密），手结契印（身密），心作观想（意密），三密同时相应可以即身成佛。”①

密教是印度佛教发展后期影响最大的教派。密教相对于大乘佛教其他教派而言，在组织上要严密得多，因此也更加的顽强。在印度式微后，密教与印度教联合共同抵御伊斯兰教对印度的侵袭，前后达200余年。

二、密宗的传入

印度密教后经陆上丝绸之路和海上丝绸之路传入中国。大约从公元2世纪开始，佛教的一些咒术和密仪开始传入中国，并逐步与中国文化相融合。我们大体上将佛教密仪的传播分为三个时期：杂密时期，纯密时期，密宗中国化和外传时期。

（一）杂密时期

在我国，习惯上把公元3世纪的前半期，也就是三国时期及以前就开始传入我国的各种佛教经咒、散说、仪轨等称为“杂密”。

自三国时期开始，佛教的思想逐步向中国传播，其中包含着一些咒术和密仪。从公元2世纪到公元8世纪中的600年间，约有100多部陀罗尼经和咒经被翻译成了汉语，其中最著名的有东晋时期帛尸梨蜜多罗译的《大灌顶经》12卷，唐初阿地瞿多译的《陀罗尼集经》12卷，都属于陀罗尼经和真言的汇编性质。

另外，印度、西域来华的很多僧侣也精通佛教咒术和密仪。比较著名的有

---

①吕建福：《中国密教史》，中国社会科学出版社，1995年版，第1页。

西晋永嘉四年（310）来华的佛图澄（232—348），相传他“善诵神咒，能役使鬼物”[①]；公元421年在河西姑臧（今甘肃武威市）传教的昙无谶（385—433），“明解咒术，所向皆验，西域号为大神咒师”[②]；北魏宣武帝永平（508—511）初年来到洛阳的菩提达摩（？—528），“兼工咒术”，“莫测其神”。中国高僧玄奘、义净等也都传译过密法。

在这个时期，完全意义上的和体系化的密宗还未形成，东传的只是零散的经文、咒语和密仪，因此习惯上也称之为“杂密”。

（二）纯密时期

8世纪中前期，《大日经》《金刚顶经》等传译后，所出现的体系化的密教称之为“纯密”，或者“汉密”“唐密”。

佛教密宗正式形成以后，开始在中国弘传纯粹密教（“纯密”）。盛唐年间，密教经印度高僧善无畏（637—735）、金刚智（669—741）、不空（705—774）等人介绍到中国。从唐开元年间直到会昌年间，密宗一直比较兴盛，出现了很多信仰密宗的著名中国僧侣，比如，一行、惠果、义净等。在唐武宗会昌法难之后，密宗仍保持了相当长一段时间的辉煌，也涌现出了像晚唐时期三朝国师智慧轮这样的高僧。

关于“纯密”的传入有这样一段故事。根据《开元释教录》的记载，大约在唐玄宗开元之前有法号名无行的高僧，西游印度学习佛法，得到了密法真传，但不幸的是他在学成归国途中圆寂了。于是朝廷将其所携带的梵文经书迎回长安，藏在华严寺中。据《三国佛教略史》记载，开元四年（716）前后，善无畏携带部分梵文典籍来华。来华后，善无畏又得到了华严寺所藏梵文经书中最主要的一部分。在宝月和一行（673—727）的协助下，善无畏在洛阳大福先寺、长安大兴善寺等处翻译《大日经》及相关经卷。唐开元八年（720），印度金刚智率弟子不空来到了长安。玄宗敕令他们居住在大兴善寺。[③]金刚智和不空是中土

---

①张国刚：《从神僧佛图澄到“花和尚”鸠摩罗什》，《文史知识》2018年第5期，第76—77页。

②［南梁］释僧祐：《出三藏记集》，中华书局，1995年版，第539页。

③［日］岛地墨雷等：《三国佛教略史》，上海佛学书局，1930年版。

密宗的创始人，他们合作翻译了密宗的另一部根本经典——《金刚顶经》。《大日经》和《金刚顶经》的翻译，使得密宗两大根本经典全部实现汉化，是系统密宗东传中国的标志性事件。

直至惠果法师（746—805），先从不空三藏学习金刚界密法，后又从善无畏弟子玄超学习胎藏及苏悉地诸法。惠果创造性地将二者融会贯通，倡立“金胎不二”的法门（通过习修佛法获得佛果的门户）。在不空、惠果时期，中土密宗达到了鼎盛。

大约在7世纪初，密教经由缅甸传入到了我国云南地区，称之为“滇密”。7世纪末期，印度密教传入西藏后，逐渐和苯教结合，逐渐形成了“藏密”。另外，也有把公元8世纪受印度教性力派影响而兴起的坦多罗佛教（包括金刚乘、易行乘和时轮乘）称作密教的；也有把“金刚乘”称为纯密的，都是不完全的。

（三）密宗的中国化

早在汉初佛教传入的时候，佛教的密咒术、方术就开始依附于中国阴阳五行、谶纬、神仙、鬼神信仰等等，之后又与儒、道等家的思想和礼仪相互交融。

佛教各宗派在传入我国后，为了争取中国中央政府的支持，自然而然地就汇聚到了长安、洛阳等行政中心。出于自身发展需要，他们需要迎合一部分上层需要和民众风尚，从而与我国的社会情况相适应，于是就从儒家、道家和民间信仰中汲取了很多的内容，也做了相当多的改变。

在最早杂密的经典中，就已经出现了印度文化与中国文化混杂的情况，密宗的中国化初显端倪。在东汉时期的《安宅神咒经》中写道：

> 佛告：日月五星，二十八宿，天神龙鬼，皆来受教明听……青龙白虎，朱雀玄武，岁月劫杀，六甲禁忌。……百子千孙，父慈子孝，男女忠贞，兄弟良顺，崇义仁贤，所愿如意。[①]

从这则咒文中，我们既可以看到道教的鬼神，又可以看到儒家的道德说教。日月五星、二十八宿是中国古代天文知识；青龙、白虎、朱雀、玄武是道教的神；六甲禁忌就是奇门遁甲，是中国的传统方术。佛教对中国传统文化的汲取

①吕建福：《中国密教史》，中国社会科学出版社，1995年版，第14页。

寶殿
光大法門
佛

大雄宝殿

已经相当明显。

进入纯密时期，我国的僧侣对印度密教有了更系统、全面的认识。纯密经典不断被译出，密教仪轨逐渐定型，但是佛教对中国传统知识的摄取反倒更加突出。这些是密宗中国化的重要标志。不空《供养十二大威德天报恩品》中说：

> 焰魔天与诸五道冥官、太山府君、司命行疫神、诸饿鬼等俱来入坛场，同时受供。[①]

善无畏译《阿吒薄俱元帅大将上佛陀罗尼经修行仪轨》中说：

> 南斗注生，北斗注杀，天曹府君，太山府君、五道大神、阎罗大王……山神王、风神王、树神王……汝等受我香华供养。

从上述经咒中我们可以看出密教的神坛中有众多道教的神仙、佛教的神祇和民间自然崇拜的精灵。例如，南斗、北斗、泰山等是道教信仰；阎罗王是佛教南方守护；山神、风神、树神是自然精灵。这些元素后来也成了中国民间信仰的基本特征。

唐末到宋代，三教合流的趋势更加明显，密宗信仰和道家信仰互相摄取，几乎难辨你我。道家的阴阳、五行；佛教的三毒（贪、嗔、痴）；婆罗门的四大（指地、水、火、风，世界万物和人之身体，均由四大组成）在僧俗群众口中，几乎已经混为一体。唐末智慧轮大师是唐密最后的辉煌。五代以后，虽然密宗作为一个宗派潜迹了，但是密宗的诸多元素却深深镌刻在中国社会的肌体之中。如长安百姓民间求雨仪式，喜欢用不空三藏舍利塔旁柏树的树枝编成龙的形状，名曰“三藏驭龙”，据说非常灵验。

第二节　密宗的教义与仪轨

密教认为其他大乘佛学是学佛的初始阶段，称为“波罗蜜乘”；密教则是学

---

①吕建福：《中国密教史》，中国社会科学出版社，1995年版，第15页。

佛的高级阶段，称为“金刚乘”；只有修习密教才能真正获得“悉地”（圆满成就）。大乘佛学[①]因此在密教体系中就成了修行的基础部分，密教也需要对大乘教理有所资取，因而大乘佛学也就成了密教的附庸。[②]密教的基本信仰是五方佛，基本教义有“六大为体”“四曼为相”“三密为用”“金胎两部”和“因、根、究竟”等等。

一、密宗信仰：五方五佛

“五方五佛”简称“五方佛”，又称“五智佛”“五禅那佛”“五方如来”“五智如来”，源自密宗金刚界思想。金刚界思想认为东、南、西、北、中五方，各有一佛住持，分别是中央法身佛毗卢遮那佛（大日如来），代表法界体性智；东方香积世界阿閦佛（金刚不动如来），代表大圆满智；南方欢喜世界宝生佛（也作宝相佛、开敷华王如来），代表平等性智；西方极乐世界阿弥陀佛（无量寿如来），代表妙观察智；北方莲花世界不空成就佛（也作微妙声佛、不空成就如来、天鼓雷音如来），代表成所作智。密宗行者仅靠念咒，建曼荼罗无法达到“即身成佛”的境界，还必须具有五禅那佛（大日、阿閦、宝生、弥陀、不空成就）的五种智慧（法界体性智、大圆满智、平等性智、妙观察智、成所作智）。

---

①大乘，“乘”意为“乘载”（船、车）或道路。大乘佛教，是在公元 1 世纪左右形成的佛教派别，自称能运载无量众生从生死大河之此岸达到菩提涅槃之彼岸，成就佛果，而贬称原始佛教和部派佛教为小乘。二者的主要区别在于：第一，小乘把释迦视为教主，大乘则提倡三世十方有无数佛，并进一步把佛神化；小乘追求个人自我解脱，把“灰身灭智”，证得阿罗汉（修行的最高果位）作为最高目标，大乘宣传大慈大悲、普度众生，把成佛度世，建立佛国净土作为最高目标。第二，在义学上，小乘着重于三十七道品（意为达到佛教觉悟，趋向涅槃的途径）的宗教道德修养；大乘倡导以六度（六种从生死此岸到达涅槃彼岸的方法或途径）为内容的菩萨行。

大乘佛教在印度本土有三个发展时期，后期大乘在 7 世纪以后，佛教义学逐步衰微，密教起而代之，至 13 世纪初在印度绝迹。其从印度本土传出的大乘佛教，属于北传佛教（传入中国、朝鲜、日本、越南等国家）。自西汉末年开始，佛教从西域传入中国，至隋唐而臻于鼎盛。大乘佛教的主要经典有《般若经》《维摩经》《大般涅槃经》《法华经》《华严经》《无量寿经》等。小乘佛教的主要经典是《阿含经》。

②吕澂：《印度佛学源流略讲》，上海人民出版社，1979 年版，第 244—247 页。

大雄宝殿内供奉的五方五佛

二、密宗基本教义

密宗相信宇宙是大日如来的法身所化，由“六大”（地、水、火、风、空、识）组成。

（一）六大为体

“六大为体”是密宗关于宇宙本源的认识和解释。密宗认为“六大”（地、水、火、风、空、识）是大日如来的法身，是构成世界万物的本体，是构成一切物质现象的根源及生存条件。在“六大”（又称“六界”）中，地、水、火、风，这“四大种”是构成一切物质现象的基本因素；“空界”为现象生成的必要条件；“识界”即众生的意识（六识），为众生生存的基本条件。“六大”为宇宙万有，因而皆具众生心中，而这一点佛与众生体性是相同的。“法界缘起”“种子相续”等学说，就是讲“六大为体”的本体论的。但又认为对宇宙万物的本性的认识，是“诸佛菩萨”之外一切“凡人”（众生）所不能感受和认识到的，“非依如来加持感应之力不能识得”[①]。

①李冀诚、丁明夷：《佛教小百科：密宗》，河南教育出版社，2005 年版。

（二）四曼为相

“四曼为相”也作“四曼相大”。“四曼”指四种曼荼罗，即大曼荼罗（描绘佛、菩萨的形象）、三昧耶曼荼罗（描绘象征佛、菩萨的“器仗”，如刀剑莲花等、“印契”即手势）、法曼荼罗（表示诸佛、菩萨种子）、羯磨曼荼罗（描绘佛、菩萨的威仪事业，以及佛、菩萨的铸像、画像、捏像等）四种，或略称为大、三、法、羯四曼。“相大”指体、相、用三大中之“相大”。以“相大”之观点来说明曼荼罗，谓之“四曼相大”。依《大日经》建立的曼荼罗，称为“胎藏界曼荼罗”，表示本觉之理（指先天固有的佛教觉悟。人心本来寂静不动，无生无灭，称“本觉”），又名“因曼荼罗”；依《金刚顶经》建立的曼荼罗，称为“金刚界曼荼罗”，表示始觉之智（指通过后天修习，启发先天“本觉”而形成的佛教觉悟），又名“果曼荼罗”。相对于依据其他经典所立的“别尊曼荼罗”而言，此“金、胎二部”称为“慈德曼荼罗”。

（三）三密为用

“三密”分为“法佛三密”和“众生三密”。“法佛三密”是如来自证的三密，唯佛与佛相知，十地（菩萨修行的十个阶位）等觉菩萨亦不能见闻。六大法界（地界、水界、火界、风界、空界、识界）的体相，总摄一切色法。世间万物是佛的“身密”；世间一切声响是佛的“语密”；总摄一切心法，内证三摩地，乃至一切心念觉照，是佛的“意密”。故此称为“用大”。

“众生三密”，即语密（即宣扬口诵真言咒语）、身密（手结契印）、意密（心作观想）。修行者经过长期修习佛法，凭借三密的加持（一般指以佛力佑护众生，密教解为大日如来与众生互相照应）作用，与佛的三密相契合，称为“三密相应”。三密相应者，则可以转而成就佛身（由聚积功德和觉悟而成就之佛体）。

（四）金胎两部

中国、日本和韩国的密教僧侣习惯把佛、菩萨像画在纸张和绢帛之上，也称作“曼荼罗”。“金胎两部”，是以大日如来为中心的“金刚界曼荼罗”和“胎藏界曼荼罗”两部曼荼罗合起来的简称。

金胎两部是说明大日如来（毗卢遮那佛）的“理”（本有的觉悟，即真如佛性）、“智”（由修习佛教道理所引生的辨别现象，判定是非善恶的认识能力）两德，说明“理”德的一部分称为“胎藏界曼荼罗”；说明“智”德的一部分称为“金刚界曼荼罗”。大日如来的“理”“智”两德宏大、幽深、玄远，用语言文字不能清晰地表达出来，因此需要借助彩绘丹青的图画、形象来开示诱导初入密宗法门的人，使他们能从曼荼罗的图画形象标志里感悟到自己本身具有的理（身）、智（心）两部功德。金胎两部又称“色心两部”或“理智两部”。理为本有，属因位；智为修成，属果位，故又称“因果两部”。胎藏为发心之始，包含万行，如东方为生长万物之首；金刚为证得之位，显现万德，如西方为成熟万物之终，故又称东、西两部。

（五）因、根、究竟

在佛教词语中，所谓“因”，是指能产生结果的原因。“根”，意谓“能生”，具有促进增生作用（“增上”）的根本。如“眼根”能生“眼识”，“耳根”能生“耳识”。“究竟”，也可称作“至极”，意思是指达到最高境界。而“菩提”（意译为“觉”“智”等），是指对佛教“真理”的觉悟，也译为“道”，是指通向佛教涅槃之路。“涅槃”（圆寂），是指佛教全部修习所要达到的最高理想，一般指熄灭“生死”轮回而后获得的一种精神境界。

《大日经》（全称《大毗卢遮那成佛神变加持经》）曰：“菩提心为因，大悲为根本，方便为究竟。”发菩提心，修菩萨行，成如来果，乃是修佛证道之不二法门。菩提心为上求佛道、下化众生之觉悟心，乃佛法之精髓。然诸法皆有缘起，生起菩提心亦需因缘具足，否则菩提难生；修习方法皆为佛、菩萨令六道众生发菩提心，种成佛因所设之善巧方便，或诵经、或称名、或忏悔、或发愿、或塑画形象、或瞻礼赞叹、或布施供养、或解说因果，种种法门，不一而足；理法兼容，皆达佛道，学者宜深心体会，依法而行。

三、密宗仪轨

（一）皈依

所谓“皈依”（信奉），指佛教的入门仪式，表示对佛、法（教义）、僧三者归顺依附，谓身心归向、依托，故也称“三皈依”。“藏密”（藏传密教）讲“四皈依”，除佛、法、僧外还有皈依上师。“唐密”（汉传密教）皈依仪式如下：第一，至灌顶作法，先礼四方，绯帛覆面；第二，以二中指持华鬘（用珠玉串成的装饰品)，饮誓水；第三，告不应轻阿阇梨（导师），视之犹金刚萨埵（金刚手菩萨)；第四，次掷华鬘，令睹曼荼罗（大日如来佛像)；第五，香水灌弟子顶，授金刚名（密号、灌顶名)。然后根据弟子的根器，教给四种成就的法门(通过修习佛法获得佛果的门户)，学习各种真言（咒语)、手印（配合所修的本尊而做出的各种手形。若作手印诵诸咒法，易得成验)、仪式等。

（二）方等戒坛

所谓“戒坛”，指僧徒传戒之坛。所谓“戒”，指行为、习惯、道德、虔敬等。从广义上讲，善恶习惯皆可称戒，善习称善戒，恶习称恶戒。佛教通常当作善戒、净戒使用，特指为出家和非出家的信徒指定的戒规，用以防非止恶。

唐代方等戒坛于唐代宗永泰元年（765)，始建于长安。方等戒坛是依大乘佛教的规定而建立的戒坛，故名，主要作用是按照大乘佛教的律法剃度僧尼。大乘佛教不拘根器，广大、平等，故此称为“方等戒坛”。唐代宗敕令方等戒坛每次临坛高僧大德为 10 人，后来成为定式。《僧史略・下》曰：“代宗永泰元年三月二十八日，敕大兴善寺，方等戒坛所须，一切官供。至四月，敕京城僧尼，临坛大德各置十人，永为常式。所言方等戒坛者，盖以坛法本出于诸律，律即小乘教也。小乘教中须一一如法，片有乖违，则令受者不得戒，临坛人犯罪，故谓之律教也。若大乘方等教，即不拘根缺缘差，并皆得受，但令发大心而领纳之耳。方等者即周遍义也。”[①]唐武宗会昌灭佛后，方等戒坛一度沉寂，会昌之后方等戒坛又重新恢复。

（三）灌顶仪式

所谓“灌顶”，本为古代印度国王即位的一种仪式，国师以“四大海之水”，灌于国王头顶，表示祝福。佛教密宗的“灌顶”即仿效此法，凡弟子入门或继承阿阇梨之位时，必须先经本师以水或醍醐[②]灌洒头顶。灌谓灌持，表示诸佛的护念、慈悲；顶谓头顶，代表佛行的崇高。其“灌顶”的含义是“授权”“传道”“培育”等意思。

---

①丁福保：《佛学大词典》“方等戒坛”条，中国书店出版社，2011 年版。

②酥酪上凝聚的奶油。

唐密的灌顶仪式已不可考。我们可以参考日本真言宗的灌顶仪式来了解唐密灌顶仪式。在真言宗中，灌顶只有获得阿阇梨果位的大师才能够行使。灌顶大体上分为两类：一是结缘灌顶；二是传法灌顶。结缘灌顶是针对一般信众，分为“胎藏界灌顶”和“金刚界灌顶”。日本真言宗高野山在每年的五月三日至五日会举行春季“胎藏界灌顶”；十月一日至三日举行秋季“金刚界灌顶”。“传法灌顶”是结合学修弟子的修炼，按修炼进度分段传授灌顶：有光明灌顶，放光照佛子的头顶；甘露灌顶，用甘露水给佛子灌顶；种子灌顶，观想一个种子密咒；执印灌顶，手结印契，加持于行人的五个地方；最后一种灌顶由诸佛来完成，只施于九地菩萨。

（四）胎藏界曼荼罗

“胎藏界”是密教对本具理性（菩提心）的喻称，类似禅宗认为的人人皆有佛性，更类似唯识宗认为的人的佛性藏在种子“阿赖耶识”之中。密宗认为宇宙万物皆为大日如来佛的显现，表现在其“理性”（本有的觉悟，即真如佛性）方面，称胎藏界。所谓“胎藏”即隐藏不显，犹如母胎内含藏子体，是就其为觉悟的本原而言之，有理（佛性）、因（觉悟之基因）、本觉（本性清净，为成佛依据）三个主要意义。密宗认为人人皆具佛性，理性摄一切诸法，具一切佛功德，这种理性犹如种子，深藏母胎中，需要通过修炼将其解放出来。

胎藏界曼荼罗是根据《大日经》的经义进行图绘的。唐代僧人、密宗创始人善无畏（637—735）翻译的《大日经》中，把胎藏界用图绘示，称“胎藏界曼荼罗”。《大日经》的核心教义，就是“菩提心为因，大悲为根本，方便为究竟”三句。因此，胎藏界曼荼罗的组织原则就是为了标志这三句的意旨，从而绘出三重现图的曼荼罗。

胎藏界曼荼罗的图位有三种：其一，经疏曼荼罗，即根据《大日经》和《大日经》的各疏中所说的图位。如《大日经》《具缘品》所说的属于“大曼荼罗”（描绘佛、菩萨的形象），表示身无尽庄严藏；《转字轮品》所说的属于“法曼荼罗”（表示诸佛菩萨种子），表示语无尽庄严藏；《秘密曼荼罗品》所说的属于“三昧耶曼荼罗”（描绘象征佛、菩萨的器杖、印契），表示意无尽庄严藏。《具缘品》所说的大曼荼罗是各曼荼罗图位的基本依据。其二，善无畏阿阇梨所传曼荼罗，是善无畏三藏在《摄大毗卢遮那成佛神变加持经入莲华胎藏海会悲生曼荼罗广大念诵仪轨供养方便会》和《大毗卢遮那经广大仪轨》中所说的图位。

胎藏界曼荼罗

其三，现图曼荼罗，现行流布的图画曼荼罗中的位次。

（五）金刚界曼荼罗

“四曼”（四种曼荼罗）又各有三种曼荼罗：第一，都会曼荼罗（也作都门曼荼罗，或普门曼荼罗），诸尊聚集一起；第二，部会曼荼罗（部分诸尊），例如佛部的佛顶曼荼罗、莲花部的十一面观音曼荼罗等；第三，别尊（一门）曼荼罗，以一尊为中心的释迦曼荼罗、如意轮曼荼罗。

金刚界曼荼罗与胎藏界曼荼罗皆以大日如来佛为中心，属于都会曼荼罗。金刚界曼荼罗，又作西曼荼罗、果曼荼罗、月轮曼荼罗，为密宗两部曼荼罗之一。《金刚顶经》为其基础。现图金刚界曼荼罗为九个曼荼罗会所组成，故又称九会曼荼罗、金刚九会曼荼罗、金刚界九会曼荼罗。

图绘中央为成身会，如大日如来垂迹应化等诸身，以化济众生，为从果向因之顺序。依照“从果向因”的下转门之意义，第一会即是成身会，其下向左依顺序为：成身会、三昧耶会、微细会、供养会、四印会、一印会、理趣会、降三世羯磨会、降三世三昧耶会。如逆向上转，以示行者修证之阶段，则为从因向果之顺序。依“从因向果”的上转门而言，其意表示菩萨修行之次第，或真言行者断除惑障及开发心地之次第。第一会乃颠倒顺逆而指降三世三昧耶会，即降三世明王自现三昧耶形，降伏贪（贪爱、贪欲）、瞋（仇恨和损害他人的心理）、痴（愚昧无知，不明事理）三毒，以去除成道之障难。由三昧耶形变现为羯磨身，现大忿怒之相，左足踩踏大自在天，象征断除烦恼障，右足踩踏乌摩妃，象征断除所知障，此即降三世羯磨会。既于前二会断除三毒二障（烦恼障，能障碍涅槃；所知障，能障碍觉悟），则得般若之理趣，如是欲、触、爱、慢等象征内外心境之十七尊皆示现本初不生之体（般若波罗蜜多），此即理趣会。成就五相成身观时，行者自身即为本尊大日如来之体，乃赅摄一切诸尊于一体，此即一印会。须得四佛加持（佛力佑护），始能决定成佛之义，其时四佛现前，围绕大日如来，此即四印会。诸尊皆以宝冠、花鬘等礼献予大日如来，呈现诸佛供养（以香花、灯明、饮食、衣服等供佛、菩萨之亡灵）之仪，此即供养会。显现他受用身，而有现智身、见智身、四明等，显示遍入微细金刚中之禅定（专注一境）之相，此即微细会。于道场观中，结如来拳印，由种子字而转变为三

金刚界曼荼罗

胎藏界曼荼罗

金刚界曼荼罗

昧耶形，此即三昧耶会。复由三昧耶形转变成威仪具足之毗卢遮那如来羯磨身，此即羯磨会。[①]

四、密宗核心经典

（一）《大日经》

《大日经》，即《大毗卢遮那经》，是《大毗卢遮那成佛神变加持经》的略称。全书共七卷，为唐代天竺僧人善无畏与僧一行共译，前六卷为正经，第七卷讲密宗供养方式方法，是密宗的主要经典之一。

《大日经》是密教作为一个有组织的思想体系开始出现的标志。佛学界一般认为该经产生于七世纪上半叶的西南印度。《大日经》崇拜大日如来（大毗卢遮那，意为“伟大太阳的光辉”），大日如来是佛身种种的显现，是一切“智慧中之智慧”。另外，密教根据《大日经》等经典还建立了一套繁琐的、秘仪的实践体系。以《大日经》等为主的思想和实践常被称为右道密教。

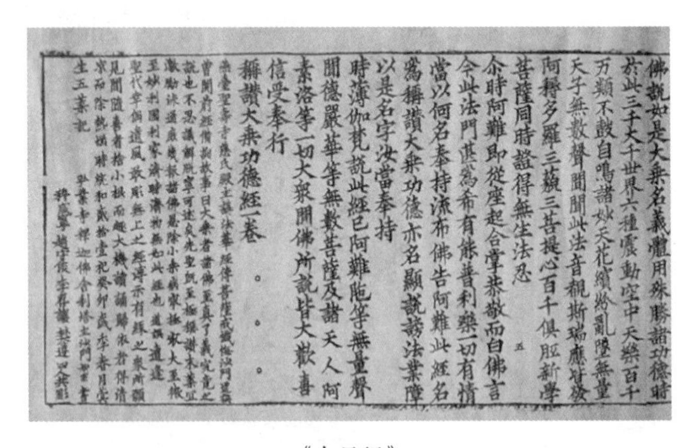

佛說如是大乘名義體用殊勝諸功德時
於此三千大千世界六種震動空中天樂百千
万類不鼓自鳴諸妙天花繽紛亂墜無量
天子無數聲聞聞此法音覩斯瑞應皆發
阿耨多羅三藐三菩提心百千俱胝新學
菩薩同時證得無生法忍
尒時阿難即從座起合掌恭敬而白佛言
今此法門甚為希有能普利樂一切有情
當以何名奉持流布佛告阿難此經名
為稱讚大乘功德亦名顯說諸法業障
以是名字汝當奉持
時薄伽梵說此經已阿難陁等無量聲
聞德嚴華等無數菩薩及諸天人阿
素洛等一切大衆聞佛所說皆大歡喜
信受奉行
稱讚大乘功德經一卷

《大日经》

①韩金科：《法门寺地宫唐密曼荼罗世界全面破译》，《世界宗教研究》1995年第3期，第134页。

《大日经》经文讲的是大日如来在金刚法界宫为金刚手秘密主等说法的故事。密教认为此经能开示一切众生本有的清净菩提心，其所持无尽庄严藏的本有本觉的曼荼罗，凡能悟入这本有清净菩提心者身、语、心三密方便。据佛教传说，此经原有广本十万颂，系龙猛菩萨[①]入南天竺铁塔，亲承金刚萨埵的传授后诵出。龙猛又摄取十万颂本要义，编成略本三千余颂。因此《大日经》的梵文原本有广、略两种版本。根据一行和尚《大日经疏》记载，善无畏所翻译的《大日经》有三千余颂，大概是《大日经》梵文略本的译本。

（二）《金刚顶经》

《金刚顶经》，全称《金刚顶一切如来真实摄大乘现证大教王经》，又称《金刚顶瑜伽真实大教王经》《摄大乘现证经》，为唐代僧人不空翻译，三卷，详述密教独特的修行仪轨，与《大日经》合称密宗两大根本经典。《金刚顶经》出现以后，密教开始称为金刚乘。

《金刚顶经》产生于公元七世纪末的东南印度，该经以大日如来为受用身，宣扬人们心作观想时依次出现的“五相”可以成为正觉，经修行可达到的坚实境界——金刚三昧生种种智慧。它是以瑜伽秘仪为中心的一大体系，在实践中还吸收了印度教性力崇拜（认为性力是宇宙万有创造的根源）和大乐思想，因此被称为左道密教。

《金刚顶经》由十四处十八会之说法而成。佛教传说龙猛菩萨于南天竺之铁塔内自金刚萨埵受持该经十万颂，再传至龙智、金刚智。金刚智乘船来我国之途中遇到风暴，所携带经典大部损毁或流失，仅剩其中很少的一部分被传译弘布。相传《金刚顶经》有四种：一为法尔恒说本，二为塔内安置本，三为十万颂广本，四为四千颂略本，即十八会中初会四大品。

金刚智所译为十万诵（偈颂）的一部分，故称略出，即《初会金刚顶经》，为金刚界入坛灌顶的依据。《初会金刚顶经》共四卷，首卷讲受法者资格，坛场

---

①龙猛菩萨，即龙树菩萨，又作龙胜菩萨，南印度人，公元2—3世纪印度佛教哲学家。他是佛教中观学派的奠基人，发展了空性的学说；著作丰富，有“千部论主”之称；在佛教史中地位崇高，有“第二代释迦”之称，对汉传佛教诸派影响深远，有“八宗共祖”的称号。

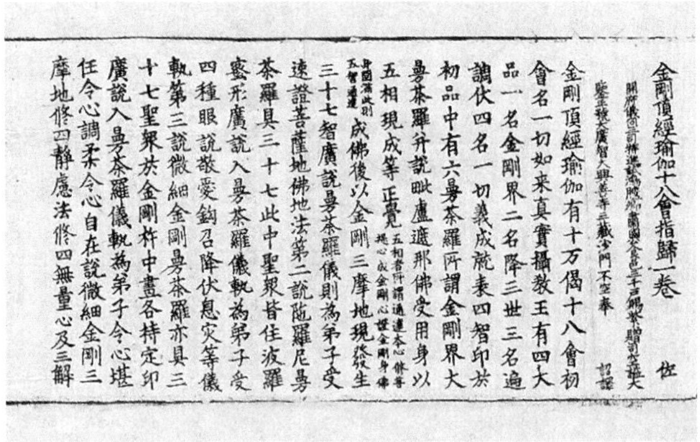
金剛頂經瑜伽十八會指歸一卷
開府儀同三司特進試鴻臚卿肅國公食邑三千戶賜紫贈司空謚大
監正號大廣智大興善寺三藏沙門不空奉　詔譯
金剛頂經瑜伽有十万偈十八會初
會名一切如来真實攝教王有四大
品一名金剛界二名降三世三名遍
調伏四名一切義成就表四智印於
初品中有六曼荼羅所謂金剛界大
曼荼羅并說毗盧遮那佛受用身以
五相現成等正覺
成佛後以金剛三摩地現發生
三十七智廣說曼荼羅儀則為弟子受
速證菩薩地佛地法第二說陀羅尼曼
荼羅具三十七此中聖衆皆住波羅
蜜形廣說入曼荼羅儀軌為弟子受
四種眼說敬愛鉤召降伏息灾等儀
軌第三說微細金剛曼荼羅亦具三
十七聖衆於金剛杵中畫各持定印
廣說入曼荼羅儀軌為弟子令心堪
任令心調柔令心自在說微細金剛三
摩地修四靜慮法修四無量心及三解

《金刚顶经》

选定等；第二卷说五相成身观及灌顶；第三卷叙作曼荼罗法及 37 本尊和总供养；第四卷为赞颂、念诵、别供养及入坛受法程序。此经的注疏很多，最重要的是不空翻译的《金刚顶经义诀》《十八会指归》《金刚顶经中略出五章》。

（三）《苏悉地经》

《苏悉地经》全名为《苏悉地羯罗经》，凡三卷，共三十八品。唐开元十四年（726），输波迦罗（即善无畏三藏）译。“苏悉地”是梵语“殊胜的成就”，因此也叫作《妙成就法》或《妙成就作业经》。《苏悉地经》与《大日经》《金刚顶经》合称“密教三部大经”，收于《大正藏》第十八册。本经广说有关佛部、莲花部、金刚部等三部悉地成就的仪规，用以诠释金刚、胎藏“两部不二”的意旨，内容包括持诵、灌顶、祈请、护摩、成就、时分等。

第三节　密宗的衰落

密宗是汉传佛教八宗之中成立最晚的宗派。它在印度佛教之密教基础上，不断与中国传统文化相融合，并形成了新的本体论、心性论、实践论；它在丰富中国佛教文化内涵的基础上又保持着自身鲜明的特色，是汉传佛教不可或缺的一部分。其在唐朝，尤其是盛唐曾经盛极一时，但在唐朝之后却逐渐走向了衰落。

一、密宗的传承

密宗形成于盛唐时期。在盛唐、中唐走向了辉煌，却于晚唐步入了衰落。唐开元年间，密教五祖中的善无畏、金刚智和六祖不空先后来唐弘扬密教，开启了汉传佛教密宗一脉，其中以不空的贡献最大。不空三藏是第一位真正将金刚界、胎藏界两部大法集于一身的高僧，并开启苏悉地法门。不空之后是一行和惠果。一行禅师天才纵横，从理论上为“金胎两部”的融合打下了基础，从实践上将密宗仪轨和中国传统文化融合在了一起。由于一行和尚俗事繁多，并且英年早逝，因此他在密宗具体的传承方面影响不大。密宗第七祖青龙寺惠果阿阇梨集金刚界、胎藏界两部大法，完善苏悉地法，最终形成密宗“两部一具，金胎合曼”的重要特色。

密宗在中国的流传短暂而又辉煌，在惠果之后密宗遇到了会昌法难，此后逐渐式微，但传承尚未断绝。惠果的弟子众多，对于密教传承有杰出贡献的有义操和法润。义操、法润有弟子法全。法全有弟子智慧轮。遍觉大师智慧轮是晚唐密宗最后一位闻名的大阿阇梨。唐朝之后，密宗在汉地的传承仍然不绝如缕，但是传承体系已经不甚明确。

按照日本真言宗的说法，惠果阿阇梨预感到密教在中土即将式微，便将衣钵传给了弘法大师空海，让空海带回日本，等到时机成熟再回传中土。近代的一些中国高僧也认为“唐后再无秘密法”，但是这种观点并不符合实际情况。事实上，惠果大师的付法弟子很多，仅掌握金胎两部的弟子就有惠应、惠则、惟尚、誓弘、惠日、空海、义满、义明、义照、义操、义愍等十余人。惠果大师之后还有大兴善寺义操大师、青龙寺法全和尚、大兴善寺智慧轮三藏等曾被封为国师的密宗领袖，但晚唐时期密宗在中国盛极而衰也是确实存在的事实。

宋代，汉传佛教密教式微，来自印度的无上瑜伽部（佛顶部）密法开始传入汉地；元代，又有藏传佛教密宗传入汉地，但未见汉传佛教密宗在教义上的重要发明。

明洪武年间，朝廷镇压弥勒教等民间秘密宗教，密宗也连带遭到了禁止。明永乐年间，明成祖以严重冲击道德伦理为由，打击密宗喇嘛教，汉传密宗也遭到了严厉打击。此后，汉传佛教正统密宗只能以地下形式在僧人与居士间秘密传法。

二、密宗的消亡

在唐朝之后，经历代朝廷对密宗的屡次打压，密宗作为一个体系完整、传承清晰的教派在中国已经消失了，但是它的教理作为一种思想已经深刻地融入中国佛教思想及中国传统文化之中。它的教理、修法、仪轨与大乘佛教显宗的禅宗、华严宗、唯识宗、天台宗诸派的教理、仪轨阴阳相应。其与禅宗、华严宗、天台宗相融合后，中国佛教也形成了“显密圆通”的特色。

尽管如此，密宗的修法、仪轨等却多有缺失。幸运的是密宗东传日本后，却在异邦生根开花。其东传日本后所形成的日本东密（真言宗）和台密的传承谱系相对完整，也较多地保留了密宗的修法、仪轨等内容。

三、显密圆通

宋辽时期，很多显宗僧人也能够兼通密法并有所发明，其中最具代表性的是辽代的鲜演、觉苑和道殿，尤其是道殿大师。

鲜演、觉苑和道殿均出自华严宗，他们从华严宗“诸教圆通”的教义出发，积极汲取法相唯识学的基本义理和密教的修仪。

鲜演曾被辽道宗赐号“圆通悟理”，他特别强调诸宗融通会解，不可偏废。觉苑被辽道宗赐号“总秘大师”，他经常运用华严教义阐释密教经典，将华严宗与密教结合来阐释自己的佛学思想。觉苑的代表作《演秘钞》就是典型的引显入密的作品。

道殿（1056—1128），俗家姓杜，辽代著名佛学大师，圆通融合，显教义理，开汉地“准提法”之先河，当时就被人们称为“圣僧”，后又被辽道宗敕封为“显密圆通法师”，后世尊他为“道殿祖师”。

道殿出身华严宗，自修密部诸法，没有明确的密教师承。道殿最重要的著作是《显密圆通成佛心要集》（简称《成佛心要》），在此书中，道殿提倡“显密并行，性相和会”。《成佛心要》虽然仍以华严宗《普贤行愿品》为统领，但是他特别推崇密教的基本立场；《成佛心要》的内容分为四门：显教心要、密教心要、显密双辩和庆遇述怀。其中特别值得指出的是他对准提法的改造。他的新准提法修法仪轨包括净法界真言、护身真言、六字大明咒和一字大轮咒，改“开元三大士”从印度带来的“印度式准提法”为“中国式准提法”。在他的弘扬下，准提佛母信仰才真正意义上得到了发扬光大。《成佛心要》对后世佛教的修行仪轨产生了持久的影响，直到近代仍然被修行者所奉行。

除此之外，汉传佛教其他的宗派对密教的教义、仪轨也多有借鉴，比如中国佛教僧人日常念诵的《楞严咒》《大悲咒》、“十小咒”等咒语就来自密宗真言；吃饭前念诵的“变食真言”和“蒙山施食法”等都是密法；还有著名的《药师法》《准提法》《孔雀明王法》《秽迹金刚法》等都是密宗法门。

第四节　密宗的东传

密宗虽然在中国逐渐走向衰落，但别传东瀛的支系却在日本将密宗发扬光大。密宗东传日本过程中最为重要的人物有四个：空海、最澄、圆仁和圆珍。空海受金胎二部密法于青龙寺大阿阇梨惠果，回国后开日本高野山真言宗一脉；最澄虽以习天台为主，但其在中国也曾随顺晓大师受金胎两部大法；圆仁和圆珍先后求学于玄法寺法全和大兴善寺智慧轮，三者开辟了日本比叡山天台密宗一脉。密法的东传使得密宗法脉在中国隐迹后，却在日本得到了较为完整的保留。

一、密法东传的故事

关于唐密传入日本有这样一个故事：

在会昌法难之前，青龙寺的惠果和尚预料到佛教将有一场大的劫难，而自己已经时日无多，更让他着急的是自己心仪的付法弟子还没有找到。

有一天，青龙寺里来了一名日本留学僧。惠果慧眼一观，就知道这就是自己一直在寻找的法子。他心里十分高兴，问道：“你到长安有一段时间了，为什么今天才来找我？”留学僧恭敬地答道：“半年前我就来过您的门前，但是您的门槛太高，我只是一个小沙弥，不敢进来。”惠果摇摇头说：“你就是我要找的法子呀！我已经时日不多，现在是靠密法在延长寿命。我会在最短的时间里，把金胎两部大法传授给你，等你修成之后，我再替你灌顶。然后你赶紧离开长安。”留学僧问：“师父您为什么如此着急啊。”惠果说：“大难将至，我恐密法将会在中国失传。你学成之后，速速返回家乡，在你的国家弘扬。不然的话，密法恐怕就会在这个世界上断绝了啊！”这个留学僧就是后来的弘法大师空海。

在此后的三个月里，惠果将两部大法悉数传给了空海，而空海也是夜以继

惠果大师与空海大师（线刻）

日地努力学习。惠果看到后非常满意。很快空海就掌握了两部大法，惠果阿阇梨于是就为他举行了灌顶仪式，并赐予他传法大阿阇梨的果位。

终于到了要离开的日子，空海泪流满面，依依不舍。惠果和尚却面带微笑地说："你是未来密法的大成就者，应当欢喜才是。"并嘱托他说："义明供奉，弘法于禹域！"[①]空海跪地向师父磕了三个响头，然后一抹眼泪，毅然走上了东归的道路。

---

①此句应出自《真言付法纂要抄》："义明供奉。此处而传。"关于此句的解释主要有两种：一说义明和尚负责中国的密法传承，空海负责向日本传法，其根据是《大唐神都青龙寺东塔院灌顶国师惠果阿阇梨行状》记："义明供奉，亦授两部大法。"一说"义明"应为"意明"，全句意为："你有义务，有责任彻底领会并供奉这两部大法，将来把它回传到中国。"

后来，惠果和尚的预言得到了验证。唐会昌年间，唐武宗对佛教进行了严厉的打击，史称“会昌法难”。密宗在此期间也遭到了沉重的打击，法脉断绝。因为惠果和尚的未雨绸缪，空海带着密法漂洋过海回到了日本，在日本开创了真言宗一脉。空海就是继惠果衣钵的“密宗第八祖”。空海开创的日本真言宗以东寺为根本道场，所以又叫作“东密”。

这个故事或许并不完全符合史实，因为在惠果之后，中国还有义操、义真、法润等法嗣，直到晚唐，中国还出现了遍觉法师智慧轮这样的大阿阇梨，但从另一方面来看，它反映了东密与密宗的紧密关系，东密是密宗法脉的重要继承者。

二、空海与日本真言宗

公元9世纪日本僧人空海（弘法大师）来大唐求法，后拜在长安青龙寺惠果大阿阇梨门下受金胎两部密法，学成回国后在教王护国寺创立日本真言宗。

弘法大师空海（774—835），俗名佐伯真鱼，出身日本赞岐国（今香川县）的贵族家庭。空海自幼熟读儒家经典，通晓《论语》《诗经》《尚书》《左传》等儒家典籍。偶读《虚空藏求闻持法》，发愿出家，后在东寺（教王护国寺，因在京都罗城门之东，故名）受具足戒。空海在来华前就已经具备了较为深厚的中国文化基础和佛学基础，甚至具备一定的梵文知识，曾撰写过《三教指归》这样的作品。

公元804年，空海与最澄随第十八批日本遣唐使一起乘船来到中国，学习佛法。空海仰慕密宗，来华主要为学习佛教密宗瑜伽妙法。

空海在长安学习期间，遍访名师。他曾向醴泉寺般若三藏、牟尼室利学习《华严经》，随兴善寺昙贞学习梵语，为学习密法打下了良好的基础。

当时惠果大师驻锡青龙寺，广收门徒，传授密法。惠果大师为青龙寺东塔院灌顶国师，历经代宗、德宗、顺宗三朝，地位尊崇，佛法高深，精通奥秘，来自各地的求学僧侣信众常常有数千人之多。

空海为求密法辗转来到长安青龙寺，拜在密教付法大阿阇梨青龙寺惠果门下。惠果大师通显密内外群经，启迪后进不遗余力。空海拜在青龙寺惠果大师门下后，努力钻研胎藏界和金刚界曼荼罗法。惠果大师非常喜欢空海，对他关怀备至。空海学有所成后，惠果亲自给他灌顶，赐号“遍照金刚”，授予他密教正宗嫡传传法大阿阇梨的资格。

公元806年，空海携带大量的佛典经疏、儒家的诗文典籍、佛教法物等，启程返回日本。空海回国后，在东寺展开弘法活动。其所弘扬的密法受到了日本朝野的欢迎和嵯峨天皇的支持。日本弘仁七年（816），天皇敕准空海以高野山为真言宗的总本山，允许空海在此修观弘法。同年，空海开高野山金刚峰寺，作为传法修观的根本道场。

空海极力宣扬密宗“即身成佛”的理论，强调佛教之中密宗真言教最高，华严宗、天台宗等显教居次，密宗之法最为殊胜。空海还对密宗教义重新进行了逻辑阐释，并提出了密教“判教理论”（即佛学宗派比较理论）。他将佛教分为“显教”和“密教”两大类，显教是基础，而密法才是佛陀的终极奥义。空海的判教理论分为横向教派比较和纵向成佛心因比较，显示出了十分强大的逻辑能力。后来他所著的《十住心论》和日本禅宗曹洞宗初祖道元的《正眼法藏》被日本学者合称为日本思想史上的“双璧”。

空海除宣扬佛教密宗外，还将从中国学到的文化积极向日本民间传播。比如他仿唐县学制度在平安京设立综艺种智院，聘请僧俗教师讲授学问，不分贵贱皆可入学，极大地推动了日本的平民教育。空海法师还根据汉语切韵法和梵文字母发明了平假名字母，为日语的发展做出了突出贡献。

日本仁明天皇承和二年 （835），空海大师在高野山入灭。日本贞观六年（864），清和天皇追赠他为“大僧正法印大和尚”。日本延喜二十一年（921），醍醐天皇加谥空海为“弘法大师”。空海的著作宏富，最著名的有佛学著作《显密二教论》《十住心论》和文学理论著作《文镜秘府论》等。

三、最澄、圆仁、圆珍与台密

除了日本真言宗，日本天台宗也有密教传承，称为“台密”。天台宗密教是由日本天台宗的最澄、圆仁在比叡山和圆珍在园城寺所传的密教。日本天台宗并非纯粹的密宗教派，它是“台、密、禅、律”同修，以天台宗的“三谛圆融”统一密宗和禅宗的教义，主张“圆密一致”。

（一）最澄

日本天台宗初祖最澄（767—822），俗姓三津首，滋贺县大津市人。三津首家族相传为东汉献帝苗裔。

最澄少年时即从滋贺县国分寺高僧行表出家。行表精通禅宗北宗、天台宗、律宗等诸派教义。在他的影响下，最澄打下了良好的佛学基础。后来，最澄又

空海大师

在日本东大寺受具足戒，系统学习由鉴真等高僧带到日本的天台宗经籍。

最澄与空海同时来华，但是并未赶往长安，而是奔赴浙江天台山学习天台宗教义。最澄初随道邃、行满学习天台宗教义，后又随善无畏和金刚智的再传弟子顺晓大师受金胎两部大法及其他诸学，又随翛然法师学习牛头禅法。返回日本后，最澄杂糅天台宗、禅宗与密宗等诸家教义，在日本比叡山创立日本天台宗，提倡“圆密一致”。

日本淳和天皇弘仁二十三年（822），最澄于比叡山延历寺圆寂。日本贞观八年（866），清和天皇追谥他为“传教大师”。

（二）圆仁

圆仁（793—864），日本天台宗第四祖，俗姓壬生氏，日本下野（今栃木县）人。圆仁自幼丧父，礼大慈寺广智和尚出家。15 岁时，又到比叡山延历寺拜最澄为师，学习天台宗佛法。后来华求法，在长安大兴善寺、青龙寺、玄法寺等处接受密教传承。圆仁提倡理密、事密、理同事别之说，于显密之中更偏向密宗教义，圆寂后谥号“慈觉大师”。

唐文宗开成三年（838），圆仁随日本遣唐使团来华。圆仁先是在扬州开元寺师从宗睿学习梵语，从全雅阿阇梨习金刚界诸尊仪轨等大法，后又在长安大兴善寺就元政阿阇梨习金刚界法，在青龙寺就义真阿阇梨受胎藏、苏悉地两大法，在玄法寺就法全阿阇梨受胎藏大法，从宝月学悉昙（梵语，意为成就），从宗颖习天台止观，前后历时 10 年。

圆仁通晓汉语，熟悉中国文化，其足迹遍及今江苏、安徽、河南、山西、陕西、河北和山东七省。唐文宗开成五年（840），圆仁在巡礼大兴善寺时，曾多次到翻经院向元政和尚求教，并礼拜了翻经院南的不空三藏舍利塔。他还亲身经历了 842 年至 845 年残酷的“会昌灭佛”运动，对于灭佛运动期间那些悲剧性的历史事件的描述极具史料价值。另外，他还忠实记录了中国普通百姓的生活，这是在历朝历代的正史中被忽略的内容。他用独特的视角观察大唐帝国政府及充满魅力的中国文化，忠实记录下了公元 9 世纪中国人的生活全景画面。

圆仁大师著有《入唐求法巡礼行记》，是和玄奘大师的《大唐西域记》，马可·波罗的《东方见闻录》齐名的古代游记。

《入唐求法巡礼行记》

（三）圆珍

圆珍（815—891），日本天台宗第六祖，谥号“智证大师”。

圆珍是弘法法大师空海的外甥。15岁师事比叡山延历寺义真，受菩萨戒。27岁就成为“一山真言学头”。唐宣宗大中七年（853），圆珍来华求学。先于福州开元寺和存式法师学习华严宗的经典《妙法莲华经》《华严经》《俱舍论》等，再于天台山国清寺研习天台宗章疏。唐大中九年（855）到达长安，从青龙寺法全受瑜伽密旨，从般若怛罗学梵语，受传法阿阇梨位灌顶，还向大兴善寺智慧轮三藏学习胎藏、金刚两部秘法。圆珍非常崇敬智慧轮，回国之后还数次上表向智慧轮请教。

大中十二年（858），圆珍携带经疏千余卷回国。十年后开创比叡山园城寺传法灌顶道场。同年，升任天台宗第五代座主。圆珍笃信密教，相信密教比圆教殊胜。圆珍曾著有《大日经指归》《授决集》《法华玄义略要》《法华论记》《讲演法华仪》等，其中《授决集》是圆珍大师研习密教的心得，后来成为天台宗寺门派（密法派）的根本圣典。圆珍大师还著有游唐日记《行历抄》，但如今已大部散失，仅存札要。

圆珍

唐朝以后，密宗在中国的法脉传承逐渐消亡，但密宗在日本的传播却一直保持着比较兴盛的状态。日本佛教的两大中心高野山和比叡山皆有密法传承，影响极为广泛深远。

四、慧超与新罗密宗

密宗在朝鲜半岛也有流传，不空三藏的弟子慧超，惠果大师的弟子惠日、悟真等皆是新罗僧人。

（一）新罗僧人慧超

慧超是新罗国僧人，先后受法于金刚智和不空。据记载，开元七年（719），16岁的慧超在广州初次与金刚智相遇。据此可推断慧超大约生于公元704年前后。[①]另有人认为慧超是20岁来华，当生于700年前后。[②]

---

①罗振玉：《慧超往五天竺国传残卷（活字本录文后记）》，《敦煌石室遗书》第4种，诵芬室本，第14页。

②丁福保：《佛学大词典》中的“慧超”条，中国书店出版社，2011年版。

慧超在广州与金刚智相遇后，遂拜在金刚智门下，学习密宗。后来慧超又经海路前往天竺游历。他在天竺，遍访佛教圣踪，终究学有所成。唐开元十五年（727）前后，慧超又经陆上丝绸之路回国。开元二十一年（733），慧超正式追随金刚智从事密宗经典翻译。开元二十八年（740），慧超在长安荐福寺担任了《大乘瑜伽金刚性海曼殊室利千臂千钵大教王经》的“笔受”一职。

唐大历八年（773），慧超又在大兴善寺随不空三藏受法，成为不空的入室弟子。第二年二月，慧超向唐代宗上《贺玉女潭祈雨表》，得到了代宗的欣赏。六月，又被选为皇家法事的七持诵僧之一。不空非常信任慧超，让其携自己所翻译的佛经到五台山乾元菩提寺，开辟五台山道场。慧超在五台山作《一切如来大教王经瑜伽秘密金刚三摩地三密圣教法门》，叙述密宗教义，对于弘扬密宗贡献颇大。

慧超的《往五天竺国传》一书，是研究唐代时期西域史地的重要文献。因此，慧超也被后世称赞为与玄奘、义净齐名的唐代著名的佛教学者和旅行家。

（二）惠日和悟真

惠日和悟真皆为入唐求法的新罗僧人。唐建中二年（781），惠日和悟真来到了长安，拜在青龙寺惠果门下。

据《惠果阿阇梨行状》和《青龙寺惠果和尚之碑》记载，惠日和悟真在青龙寺接受惠果大师灌顶，并受胎藏界、金刚界和苏悉地三部大法。学成之后，惠日和悟真携带密宗经典三十余部，返回新罗。回国后在朝鲜半岛大力弘扬密教。

学习密教的朝鲜僧人一般都是显密双修，比如华严宗大师元晓也曾接受密法灌顶，所以后世的朝鲜虽然没有独立存在的密宗教派，但是密法修持的法门却一直存在。

第五节　密宗的回归

近代以来，无数的仁人志士为复兴中华传统文化而努力。一些佛教高僧为了复兴密教，补全佛法，走上了赴日求法的道路。近代僧人赴日学习密法真言的活动为密宗的复兴打下了牢固的基础。在弘扬中国传统文化的今天，佛教作为中国传统文化的重要组成部分也迎来了复兴的伟大机遇。释如本法师在《佛学问答》中说："法不孤起，仗境方生，道不虚行，遇缘则应。"[①]迎回密宗，补全汉传佛教传承缺憾遇到千载难逢的机会。

一、近代的赴日求密活动

20 世纪初，我国出现了一场盛大的佛教复兴运动。在这个过程中，赴日本学习密宗成为颇具影响力的事情。其中最早赴日留学的是江西桂伯华居士，此后又有僧人纯密，再有大勇、持松、显荫、又应、王弘愿、顾净缘等人东渡日本，引回失传已久的密宗，在国内从而掀起了学习密法的热潮。

（一）赴日求密的学僧（居士）

宣统二年（1910），江西桂伯华居士东渡日本，到高野山学习真言宗。他是为近代东渡日本学密的第一人。但是桂伯华于民国四年（1915）客死于日本，并未完成将真言宗引回中国的初衷。

近代第一个将真言宗引回中国的是广东潮州开元镇国禅寺的释纯密。[②]释纯密，广东潮州人，密宗法号"森印"。民国十年（1921），纯密在王弘愿居士帮助下东渡日本，到高野山学习真言宗。第二年冬天，接受高野山宝寿院主高冈澄心大阿阇梨传授两部大法，并得到灌顶职位。民国十二年（1923），天德院主金山穆韶大阿阇梨又重新授予他传法灌顶阿阇梨职位，并传授他秘密灌顶并悉昙章、两部各尊仪轨等法。民国十三年（1924）春，纯密学成回国，在潮州、广州等地弘扬密宗。当时接受纯密灌顶的弟子很多，其中不乏时彦名流。民国二十三年（1934），纯密从日本东京购请真言宗金胎两界全部经像、法器。经过两年多的筹备，纯密在潮州北门七星桥万寿庵旧址创办了近代中国最早的真言宗坛场——苏悉地园。

近代在中国弘扬密宗影响最大的是大勇、持松两位僧人和王弘愿居士。早在民国七年（1918），王弘愿就曾翻译日本密宗僧人权田雷斧的《密宗纲要》一

①释如本法师：《佛学问答》第三辑，河北省佛教协会（内刊本），2002 年版，第 112 页。

②释惠原法师：《潮州市佛教志·潮州开元寺志》，潮州市宗教局，1992 年版。

书，并邀请太虚法师为之介绍发行。1921 年，日本僧人觉随来北京弘扬密宗，劝太虚法师到日本学习密宗。太虚认为密宗与自身“人间佛教”的理念不符，遂以“无即身成佛之野心”为由婉言拒绝。太虚虽然拒绝了赴日的邀请，但却支持学僧东渡西行，学习世界各地的佛教。

在太虚的支持之下,其弟子大勇与月霞法师的弟子持松于 1922 年联袂东渡，赴高野山随金山穆昭阿阇梨学习东密。经过一年多时间的学习，取得传法阿阇梨职位后回国。

1924 年，持松回国后任武汉洪山宝通寺住持，并在信众的请求下主持为期七天的“仁王护国大法会”，每日接受灌顶的信众不下百人。1925 年，持松再次东渡。他先后在比叡山延历寺学习台密；在高野山学习东密和梵文。1927 年，持松回国，往来沪、杭、宁、汉等地讲经传戒，灌顶传法。中华人民共和国成立后，持松任上海静安寺住持，在寺内设置真言宗坛场，复兴密宗。持松佛学造诣深厚，兼通显密，著有《密教通关》《大日经住心品撰注》《金刚大教王经疏》《金刚界行法记》《密教图印集》《施诸饿鬼食法注》等多种佛学著作，对弘扬密宗贡献巨大，被弟子尊为“密宗复兴初祖”。

大勇法师回国后应邀在上海、杭州、武汉等地灌顶传法，仅在武昌佛学院的院董、员工、学僧之中就有 237 人接受灌顶。大勇法师后来入哲蚌寺改学藏密，住持太虚大师创办的“汉藏教理院”，培育出了大批的汉藏佛教人才。

僧侣之中赴日学习密法的还有显荫法师，著名诗僧苏曼殊，谈玄法师等。谈玄法师还获得了台密、东密两大传法阿阇梨位，译有《台密纲要》，对于台密的回归贡献颇大。

在居士中，弘扬真言宗影响最大的是王弘愿和顾净缘。王弘愿于 1926 年东渡学法于丰山新义派大阿阇梨权田雷斧。归国后，在潮汕、广州、香港等地灌顶传法，并广州解行精舍，弘扬真言宗新义派教法。顾净缘于 1928 年东渡日本学东密、台密，得阿阇梨果位。归国后在上海发起“畏因同学会”，并创办《威音》佛学杂志，影响很大。他的弟子吴立民居士曾任中国佛教文化研究所所长。

赴日学密的居士还有江味农、陈济博、程宅安等。其中程宅安所著《密宗要义》是重要的密宗研究入门读物。

密宗回归，虽然盛极一时，但是受两种因素困扰又迅速地陷入了低潮。究其原因主要有两点：一是日本屡次侵华，中日关系破裂；二是藏密的冲击，藏密宣扬印度密教后期无上瑜伽部法门，吸引了很多中国僧众转习藏密。

密宗回归热潮虽然短暂，但它推动了密宗在中国的复兴，对于中国近代佛教哲学研究产生了非常积极的作用，对于中国佛教整体的发展影响也非常巨大。

（二）近代迎回密宗过程中的问题

虽然密法的回归主要受阻于近代中日关系，但是中日文化之间的差异，东密的修法与中国传统道德及僧规有较大冲突，人才的缺乏，以及对于密宗修行戒律、仪轨等方面缺乏有效的执行，也困扰着近代密宗的回传。

首先，中日文化之间的差异。这种差异主要表现在东密与汉地文化主流精神的矛盾。中国文化以儒、道为主流，重人事，耻言怪力乱神；现实生活中有强烈的人本主义和实用理性价值取向，追求道德的圆满。密宗遵鬼神，轻现实人生，与中国传统人文精神旨趣有较大隔阂。

其次，东密的修法与中国传统道德及僧规有较大冲突。比如东密有上师带妻的惯例。在王弘愿居士邀请下，70 岁的日本丰山派管长权田雷斧大阿阇梨来华访问，并邀请权田登坛灌顶。权田雷斧来华期间身边还带着一个不足二十岁的小妾，有悖于中国佛教戒律。这件事引起了中国佛教界包括太虚、印光在内的诸大德的强烈不满。

再次，是人才的缺乏。中国人注重以人为本，宗教氛围相对比较淡薄。持松法师曾经为继承人伤透了脑筋，他曾写了一首以“秘密超众妙”为开头的藏头诗，作为测试弟子天赋的印证，但是始终没能找到有缘的僧人来传承他的学问。选来选去，最终把密法传给了一名青年医生，就是后来杨毓华居士。

最后，对于密宗戒律、仪轨执行方面的缺失。造成这种情况的原因一方面是由于民国时期诸人在日本留学的时间大多比较短暂。比如大勇法师在日本满打满算只学习了不足一年，金山穆昭阿阇梨认为他的学习只拘于表象，没有登堂窥奥。学习时间短就只能学习一些较为基础的部分，而较为高深的部分根本就没有时间参悟。另一方面，传承法脉者的身份不合规制也是一个重要问题。权田雷斧曾说：“白衣传法世间希，只为支那佛法微。”[①]居士作为传法大德对密教来说也是不合规范的。还有就是密法在形式上的不规范和对修行者修法要求不

---

①吴言生：《盛世真言之二：民国时期唐密的走红及走衰》，凤凰网佛教，2018 年 5 月 15 日。

严。密宗对于传承在形式要求非常严格，必须如律如仪，庄严的曼荼罗坛场的建立程序非常繁琐。而对于近代的学密者来说，在家中设立坛场，在不完备的坛场中施行灌顶传法也是常有的事。密宗要求修好四加行法之后，才能接受灌顶，近代接受灌顶的人动辄数百上千，很不严肃。

文化间的冲突，人才的缺乏，戒律、仪轨执行方面的缺失，使得民国的密法回传热难以持久，密法回传的历史任务仍然任重道远。但是它也使得失传千载的唐密走进了公众视野，他们的努力也为以后密法的回传打下了基础。

二、宽旭阿阇梨与密法回归祖庭

1997年，西安青龙寺主体工程重建完成。夕阳下，乐游原上这座中断香火900余年的密宗祖庭青龙寺重新焕发出夺目的光彩。释宽旭被西安市佛教协会礼请为西安青龙寺住持。望着巍峨的仿唐建筑群，宽旭发下了宏愿："我要学习密法，让密法回传中华。"那一年，宽旭只有27岁。

（一）结缘密宗

宽旭15岁时出家，拜在长安兴教寺常明老和尚门下。常明老和尚是禅门临济正宗第四十四世法嗣，德高望重，佛学造诣深厚。跟随常明长老，宽旭打下了坚实的佛学基础。1988年，宽旭考入了普陀山佛学院进修。其间，勤奋好学的宽旭受到了一代宗师普陀山妙善老和尚的欣赏，因此被推举为普济寺副监院。五年后，宽旭学成归来。这时的宽旭已经成为一个佛法根底深厚，对禅宗、天台宗、净土宗诸派教理有着深刻领悟的青年僧侣。

归来之后，宽旭先是在兴教寺担任监院，协助常明老和尚建设兴教寺，在此期间，兴教寺修整了大殿、廊坊、卧佛殿等建筑，宽旭工作勤勤恳恳，表现非常突出。于是西安佛协礼请他担任青龙寺住持。

当上了青龙寺住持的宽旭发下了"让密法回传中华"的宏愿，从此开始系统地学习密宗的知识。很快，宽旭的密宗知识有了突飞猛进的增长。

他对唐代佛教密宗在政治史、宗教史、社会史中的重要意义也更清楚。

在一次讲座中，他说："以文化意义而言，密宗是中华传统文化，特别是佛教文化的重要组成部分，它凝聚着观念、信仰、仪式、音乐、美术、雕塑、建筑、习俗等丰富的文化内涵。以哲学意义而言，密宗的宇宙本体论和心性论，既与天台、华严等宗派相近，又有自己的鲜明特点，是中国佛教哲学的重要组成部分。对其进行探索，能够丰富中国传统哲学，尤其是佛教哲学的内容。就道德价值而言，密宗及整体佛教所提倡的珍爱自然观念、去恶从善观念、平等慈悲情怀、自利利他思想、入世奉献精神等，都蕴含着优秀的道德意识，对其进行阐释和弘扬，无疑会对精神文明建设，尤其是道德建设有着特殊的启迪意义和积极作用。”[①]

他认为研究传承唐代佛教密宗，“不仅具有重要的学术价值，更具有重要的现实意义。”“研究、探讨唐密，对我们深入认识中华传统文化，继承传统文化的优秀精华具有重要价值。”[②]

（二）唐密重回祖庭

2008 年 7 月，宽旭法师又荣膺大兴善寺住持。三年后，又升座为大兴善寺方丈。身兼密宗两座祖庭大兴善寺和青龙寺的住持、方丈，宽旭“让密法回传中华”的愿望更加迫切了。

2016 年，国家宗教局及外事部门批准了宽旭法师赴日学习密法的请求。5 月，宽旭法师抛开名寺方丈的身份，焚香祈愿后，毅然踏上了东行求法的道路。他的目标是从日本真言宗根本道场高野山将从青龙寺传到日本的密宗法脉回传中华大地，接续密宗传承。当然，在他的面前还有很多的困难等着他去克服。

面对中日文化的差异和佛教信仰的差异，宽旭坚持文化自信，大胆的拿来。佛教在线总干事安虎生评价他说：“宽旭法师作为‘公派’教职人士，到日本学习迎取汉传密宗法脉，不仅是个人勇于面对法脉传承断失的问题，更是中国佛教界珍视自身优秀传统，勇于与其他民族和国家文化进行交流合作的体现，是一种高度的文化自信。”[③]在高野山学习正宗的密法，经常要在梵文和日语之间

---

①释宽旭：《宽旭方丈解惑：唐代佛教密宗为何物？有何现实意义？》，中国西藏网，2018 年 11 月 27 日。

②释宽旭：《宽旭方丈解惑：唐代佛教密宗为何物？有何现实意义？》，中国西藏网，2018 年 11 月 27 日。

③宋家丽：《汉传密宗失传千年后因缘成熟，从海外重回祖庭》，中国西藏网，2016 年 12 月 28 日。

大兴善寺雪景

不断地切换。面对语言隔膜，45 岁的宽旭尽量地挤出时间增强日语。为了尽快回国弘法，他特意嘱托高野山方面将教相、事相各种科目安排得非常紧密，每天只能休息三到四个小时。宽旭的所作所为得到了日本高野山的一致认可。

在高野山的坛上伽蓝，宽旭从普通僧人做起，按照密宗修行的次第，发奋学习，艰苦修行。坛上伽蓝的御影堂前就生长着那棵著名的“三钴松”。传说空海大师从唐朝回国时，将一只“三钴杵”投向了日本方向，归国后发现“三钴杵”挂在高野山的这棵松树上。这棵松树的松针也如同三钴杵，是三针的，所以被称为“三钴松”。于是空海大师决定将高野山作为真言密教的修道场。从此以后，很多人认为“三钴松”的落叶有神异的功能，经常有人将落叶当作护身符带回家。

经过为期半年的紧张学习和艰苦修行，2016 年 11 月 3 日，宽旭法师终于得到了传法阿阇梨位灌顶，圆满结业。1200 年前，空海在青龙寺修法三个多月，学成密法返回日本。1200 年后，宽旭法师又在日本坛上伽蓝修行半年，将密法迎回了祖庭，达成了青龙阿阇梨惠果 “义明供奉，弘法于禹域”的夙愿。失传已久的密宗法脉得到了接续，汉传密宗重回祖庭，完成了近代以来佛教界复兴密宗的宏愿。

密宗回归祖庭是一件可喜可贺的事情。而宽旭阿阇梨还有更远大的抱负，他还想还原 1200 前大兴善寺密宗传法的盛况，建立永久的坛城，让密宗传承永不断绝。宽旭阿阇梨的未来仍然是任重而道远。衷心祝愿宽旭阿阇梨能够达成所愿，也祝愿大兴善寺能够永放光华！

第三章　大兴善寺的高僧大德

隋唐时期，大兴善寺是一座超高规格的皇家寺院。隋朝的大兴善寺，其建设规制类比太庙，远比一般皇家寺院更加尊荣。唐朝时期，又历经太宗、玄宗、肃宗、代宗等几朝皇帝地不断扩建、修缮，事实上隋唐大兴善寺的规制早已超过了皇家的太庙。大兴善寺作为隋唐时期的皇家寺院，还长期肩负着两种职能：一是官方管理天下僧众的职能；二是官方译经场的职能。因此隋唐时期很多高僧大德都曾与大兴善寺联系紧密，隋朝时期有“开皇三大士”和“六大德”；唐朝时期有“开元三大士”及一行、智慧轮、惟宽等高僧，不胜枚举。

第一节　开皇三大士

“开皇三大士”是隋开皇年间来华弘法的天竺高僧那连提黎耶舍、阇那崛多、达摩笈多的合称。

一、那连提黎耶舍

开皇二年（582），那连提黎耶舍（约 490—589）以 92 岁高龄入住大兴善寺，创建住持译场。尔后移住广济寺，被封为“外国僧主”。

（一）耶舍出家

那连提黎耶舍，是隋朝对耶舍的尊称。耶舍是北印度乌苌国（今属巴基斯坦）人，属刹帝利种姓。传说耶舍身材高大，形象奇特，高鼻，方目，目处正中，眼眶幽深，顶生肉髻，耸若云峰，双耳高耸，耳垂长大。南山道宣认为他的相貌乃是传法大德的相貌。

耶舍 17 岁发愿出家，到处寻访名师，学习佛理，21 岁受具足戒（大戒，受持者即取得正式僧尼资格），已经成为一名真正的僧人了。他听闻其他高僧赞叹释迦牟尼佛留下的种种遗址，有的说某国有佛祖留下的金钵，某国供奉着佛祖穿过的袈裟，还有一些国家供奉着佛祖顶骨牙齿神变而成的舍利，于是发愿瞻仰供奉。受具足戒后 5 年，他已经按照佛教规矩学完各种戒律，随即启程游方天下。他曾到达过佛祖曾经登临过的天梯石台，佛祖曾经驻锡过的龙庙、宝塔、寺院，一一顶礼膜拜，无一遗漏，并把他在游历过程中的一些奇闻逸事记录了下来。后来他就来到竹园寺学习。

（二）耶舍觉悟

当时的竹园寺是印度著名的佛教中心之一。耶舍在竹园寺一住就是十年。寺院里的高僧大德很多。有一位佛法精深的尊者告诫耶舍："若能静修，应获圣果。恐汝游涉，终无所成。尔日虽闻，情无领悟，晚来却想，悔将何及！"[①]耶舍游历的脚步遍及印度，北到喜马拉雅山，南至斯里兰卡，到处都留下了他的足迹。最后他回到了乌苌国潜心精修。

当时的乌苌国国王与释迦同姓，信奉佛法，人民都像爱戴亲人那样爱戴他。国王每日五更天就起床梳洗、礼佛，日出方才升殿理事，辰时又用香水沐浴佛像，香花伎乐竭诚供养，每日不辍。王宫之中，常设可供百余僧侣食用的斋饭，供僧侣自行取食。国王每天早晨坚持抄写十行经，与各位大德高僧探讨法义；午后与群臣量议治政；晚上入佛堂自奉灯烛。国主礼拜佛祖非常虔诚，一坚持就是 30 年。国王有 100 个儿子，都是诚实、孝顺、英武的人。整个家族，乃至国家都保持着释迦族的遗风。耶舍非常感动，也由此觉悟。

（三）东行弘法

耶舍学有所成，发愿北行弘扬佛法。耶舍与五名僧众结伴而行。喜马拉雅

---

① ［唐］道宣撰，郭绍林点校，《续高僧传》，中华书局，2019 年版，第 33 页。

山脉，路途险峻。去往摩柯支那国的路有两条：一是人道，非常艰险；二是鬼道，非常便利。有同伴误入鬼道，被鬼杀害。耶舍口诵观音神咒，得以脱身。后发现有毗沙门天王石像，手指人道。顺着人道前行，又遇到了山贼。耶舍又口诵观音神咒，再次得到了观音大士的庇护，贼人对其竟然视而不见。一路艰险，来到了西域的柔然。当时西突厥祸乱西域，一行人无法返回故里，于是继续东行来到中国。

北齐天保七年（556），耶舍来到了齐国都城邺城（今河北临漳县西南）。耶舍一行受到了齐帝高洋的礼遇，被安置在天平寺，并应高洋之请，开始译经工作。在邺城期间，耶舍共译出经论数十卷。耶舍精通佛教密咒，为北齐皇室贵族祈福祛灾，受到了各方敬重。被齐帝高湛任命为昭玄大统。耶舍为人慈悲慷慨，“所获供禄，不专自资，好起慈惠，乐兴福业，设供饭僧，施诸贫乏，狱囚系畜，咸将济之。市廛闹所多造义井，亲自漉水津给众生。”[①]

（四）耶舍入长安

北周建德六年（577），北周灭齐。耶舍被迫乔装打扮，四处躲藏。杨坚建立隋朝以后，天下随即平定。开皇二年（582），耶舍被隋文帝延请至长安，封为外国僧主，驻锡大兴善寺，主持译经工作。当时耶舍已经 92 岁高龄了。他叹曰：“我本外客，德行未隆，乘舆今降，重法故尔。内抚其心，惭惧交集。”[②]他不顾年迈，亦然行转精勤，与各位高僧大德一起，重新振兴长安的佛经翻译事业。

耶舍后又移驻广济寺。隋文帝及皇后时常亲临慰问，耶舍非常感动。开皇九年（589）的某一天，耶舍突然召集弟子，他说：“吾年老力微，不久去世。及今明了，诫尔门徒，佛法难逢。宜勤修学，人身难获，慎勿空过。”[③]说罢，就躺下来溘然长逝了，享年 100 岁。隋文帝尊他为“那连提黎耶舍”，并组织盛大的法会纪念他。

耶舍译经，分前后两期，前期为高齐时代，译经 7 部，52 卷（实为 51 卷）；后期为隋开皇年间，译经 8 部，28 卷。先后共译经论 15 部，80 余卷。那连提黎耶舍在华数十年，遭逢乱世，历经三朝，未能充分施展其才华。尽管如此，他

---

① ［唐］道宣撰，郭绍林点校，《续高僧传》，中华书局，2019 年版，第 35 页。
② ［唐］道宣撰，郭绍林点校，《续高僧传》，中华书局，2019 年版，第 35 页。
③ ［唐］道宣撰，郭绍林点校，《续高僧传》，中华书局，2019 年版，第 35—36 页。

仍为译经事业做出了重要的贡献。

二、阇那崛多

阇那崛多（527—804），隋朝译作“德志北贤豆”，简称“贤豆”，唐译“阇那崛多”，意译为“智密”，一译“志德”；本名为“因陀罗婆陀那”，意为“天帝所护佑者”，北贤豆（即北印度）犍陀罗国富留沙富逻城（今巴基斯坦白沙瓦）人。[①]

（一）崛多出家

阇那崛多，俗姓金步，意为孔雀之项，属刹帝利种姓。其父为犍陀罗国宰相，名跋阇逻婆啰，意为金刚坚。跋阇逻婆啰有五个儿子，崛多最小。崛多幼年便早发道心，发愿出家。其父母感到其意志坚定，于是同意其出家为僧。崛多在犍陀罗国的大林寺落发为僧，拜智贤大师[②]为师。智贤大师具有“阿遮利耶”[③]头衔，遍通三学（学佛者修持的戒学、定学、慧学，概括全部佛教内容），偏明律藏（佛教典籍经、律、论的总称），专修“宴坐妙穷定业”。崛多潜心修行，进步很快，24岁受具足戒，正式成为了一名僧人，接受供养。

（二）初次来华

崛多27岁那年，随师及同门共10人一起出国游方弘法。他们先是在迦臂施国（今阿富汗喀布尔附近）弘法，受到了国王的热情接待。国王敦请其师为法主，供养非常的周到。但为了弘法事业，一行人后又赶赴厌怛国（在锡尔河与阿姆河之间的绿洲）。厌怛国主要为葱岭西部的雪山、沙漠、戈壁地带，地广人稀，难以寻求补给。崛多为了供养师父和师兄弟甚至舍弃了具足戒。历经艰险，多亏神佛保佑，一行人才幸免于难。又经喝啰盘陀（塔吉克斯坦境内），越葱岭（帕米尔高原）、于阗国（今新疆和田县），到了吐谷浑国（今青海、甘肃

---

①黄心川主编：《南亚大辞典》，四川人民出版社，1998年版，第360页。

②智贤大师，梵语音“阇若那跋达啰郁波弟耶”，“阇若那跋达啰”意为“智贤”，“郁波弟耶”意为“和尚”。

③阿遮利耶，今译作“阿阇梨”，意为传授，或作正行，意思是指具有灌顶资格的大师。

一带），一路上越葱岭，涉流沙，风霜雨雪，于西魏文帝大统元年（535）到了鄯州（今青海乐都）时，死者过半。

北周武成元年（559），崛多一行人来到长安，被安排居住在草堂寺，师徒东来中国弘法的愿望终于达成。崛多重新登坛受戒，弘扬佛法的信念更加坚定。崛多努力地学习汉语和中华文化，水平提升很快。后来又和师父一起被周明帝请到宫中讲解佛法。虽然受到了皇室供养，但是却没有办法自由地弘扬佛法，于是上书恳请出宫。明帝为其建造了四天王寺，让其居住，崛多开始在此翻译经书。其间，他译出了《十一面观音神咒经》《金色仙人问经》等经文。谯王宇文俭奉命镇守四川，崛多后应谯王宇文俭之请，到四川成都担任益州僧主，住持龙渊寺，其间又译出了《妙法莲华经普门品重说偈》《佛语经》。

北周武帝宇文邕建德三年（574），武帝下令灭佛。武帝宇文邕非常敬佩崛多的学识，他告诉崛多只要他放弃佛教信仰，遵从儒礼，便给他高官厚禄。但是崛多坚持操守，坚决不从。即使宇文邕用死来威胁他，他也凛然不惧。宇文邕非常欣赏他的人品和才能，无奈之下便下令放还他西归故里。

一行人到达甘州（今甘肃张掖市）时，被突厥人发现。此时，其师智贤大师也病逝了，崛多及其他人被突厥人所扣留。不久，随行的同伴相继死去，只剩下了他一个人。崛多只好在突厥传教，突厥君民都非常尊敬他。他依靠着突厥百姓的供养，在北方的草原上漂泊传教。恰巧有北齐僧侣宝暹、道邃、僧昙等十人，结伴同行到西域寻访经书，但由于北齐灭亡，这些僧人只好逗留突厥。崛多与宝暹、道邃、僧昙等一起探讨佛法，将他们搜寻的新经书进行翻译，并勘定目录。他的翻译和前人有较大区别。虽然生活艰苦，但是众人志同道合，一起焚香礼佛，一起传播佛理，感觉很充实。

（三）再次入华

隋朝（581—618）建立后，佛教重新兴盛起来。于是宝暹、道邃、僧昙等人携带部分经书先来探路。开皇元年（581）冬季末，一行人来到了长安，受到了隋文帝的重视。下令将经书交给昭玄寺，让其寻访人才进行翻译。开皇二年（582）春就开始进行翻译。开皇二年夏，大兴善寺修建完成。文帝下诏曰：

> 殷之五迁恐民尽死，是则居吉凶之土，制短长之命。谋新去故如农望秋。龙首之山，川原秀丽，卉木滋阜，宜建都邑定鼎之基，永固无穷之业。在兹可域。城曰大兴城，殿曰大兴殿，门曰大兴门，县曰

大兴善寺祖庭

大兴县，园花池沼其号并同，寺曰大兴善也。于此寺中传度法本。

隋开皇五年（585），文帝准昙延等 30 余人所奏，遣使请崛多东来大兴城。此时崛多返回天竺的道路已经断绝，留居突厥已十年有余。接到隋文帝的邀请后，对于能够再入中原弘扬佛法，非常欣慰，于是随使节一道返回中原。当时文帝巡幸洛阳，急忙令人把崛多请到洛阳。天子召见崛多后，感到非常满意，频频召见他问询佛理，还没等到返回大兴城，就下令让崛多参与译经。

（四）译经在大兴善寺

开皇初，在大兴善寺搜集到的梵本佛经非常多，无论是经、律、论众部，还是大乘、小乘，显宗、密宗，内外兼备，应有尽有。自开皇五年（585）秋开始，崛多就是大兴善寺译场实际上的主持人。

崛多知识渊博，精通佛法和中外文化风俗，因此在翻译过程中非常自由流畅，语言驯雅，逻辑严密。很多时候，崛多都不用翻译来同传。给崛多作翻译记录简直是一种享受，佛理佛法圆通自如，文辞几乎无需修饰，笔录的人几乎不费什么力就能完成任务。此时的崛多已经成为可以和耶舍等先达比肩的一代大师了。

当时，在大兴善寺形成了以崛多为首的完备的翻译班子，由崛多主译；婆罗门僧达摩笈多，居士高天奴、高和仁兄弟等同传梵语；休法、粲法、经慧、藏洪、遵慧、远法等十位大德高僧与晖明、穆昙迁等纂僧监掌翻译和铨定宗旨；僧人明穆、彦琮对照梵本，进行再审复勘，并整理文义。

崛多为人性情纯良，品德高尚，求法虔诚不懈，博闻三藏，远究真宗；遍学五明（佛教的五种学问：声明、工巧明、医方明、因明、内明），兼闲世论。把总大兴善寺译场期间，总持通神咒之理，三衣一食始终如一，老而弥笃。隋滕王杨遵还跟从他受戒，奉他为师。他曾经受朝廷派遣处理瓯越事务，教益瓯越两道百姓，瓯越百姓都很怀念他。因为他，两道百姓信奉佛教的极多。

隋仁寿四年（604），阇那崛多圆寂，享年 78 岁。自从天竺来到中国，循历翻译佛经合 37 部，176 卷，代表作有《佛本行集经》《大威德陀罗尼经》等。

三、达摩笈多

达摩笈多（？—619），汉语意译为“法密”或“法藏”，南天竺罗啰国人，俗姓弊耶伽啰，意思为虎，刹帝利种姓。达摩笈多有兄弟四人，笈多居长。笈多笃爱佛法，发愿出家为僧。23岁那年，他不顾父母劝阻，舍身出家。

（一）求学历程

笈多来到中天竺界鞬拏究拨阇城的僧伽啰磨园出家。究拨阇城有“黄色花园”的美誉，僧伽啰磨园是当时天竺非常著名的一所佛教寺院。为了学习佛法，笈多拜了很多名师。有郁波弟耶[①]佛驮笈多、阿遮利夜旧拏达多、阿遮利夜普照等。

笈多先是修习大小乘经论，能够诵说行宾荼耶法，然后又进入苦行阶段，托钵行乞，再进入第耶那，全力念修。仅两年时间，笈多就受具足戒，成长为一名真正的僧侣。受具足戒后的三年，他仍然住在僧伽啰磨园修行，跟从老师研究学问。逐渐地，笈多基本掌握了老师所学，已经登堂入室。

普照大师应吒迦国王所请前往吒迦国弘法，笈多也在随行之列。一年后，普照大师回国，笈多则在外云游了四年。笈多离开吒迦国后，前往提婆鼻何啰，这里有一座著名的寺院叫作天游寺，是提婆鼻何啰国王所建立的国寺，梵语作“招斗提奢”，意为四方，即招待四方的云游僧侣。在这里，笈多接触到了许多来自天竺地区各国的僧侣，有信奉大乘佛教的，有信奉小乘佛教的，不一而足。从此笈多的见闻也更加宽广。有一次，笈多从一个北路来的商人口中得知东方有一大国名叫摩柯支那国，旧时名震旦（梵文，即中国），震旦皇帝笃信佛陀，礼敬三宝（佛教称佛、法、僧为三宝），佛教在那里很是兴盛。当时笈多志在游方，并没有太在意。

笈多带领五名伙伴又云游到了迦臂施国，在其国寺中又住了两年。这个时候笈多游历过很多寺院，参看了所能见到的大部分佛经，知识已经非常精深了，但冥冥之中好像有一种声音在远方召唤着他。在迦臂施国北方雪山北麓的商社中，他又听到关于摩柯支那国的消息，于是发愿东行，弘法利生。

（二）坎坷的东行之旅

离开迦臂施国后，笈多一行先后经过北天竺的薄佉罗国、波多叉拏国、达摩悉鬓多国。在这些国家笈多并不久住，大概的参拜一下各处的佛寺和了解一下风土人情，随即启程离开。

---

①郁波弟耶，邬波遮迦、邬波陀耶、郁波弟耶、优婆陀诃、捂波驮耶、捂婆地耶等都是“和尚”的意思，原意是指传法的教师。

笈多从渴罗槃陀国（今新疆塔什库尔干县）进入西域。在渴罗槃陀停留了一年，继续东行来到了沙勒国（即疏勒国，今新疆喀什市）。有一个同伴因为害怕前路艰险，转身回国了，有三人留在了沙勒王寺不愿继续前行。笈多只好停留在沙勒，等待新的同伴。笈多在沙勒住了两年，沙勒王十分尊重笈多，让笈多为沙勒僧侣、贵族讲解佛法。笈多在沙勒翻译了佛经两卷，偈（颂，佛经的体裁之一）两千余条。

两年后，笈多离开沙勒继续东行，来到了龟兹国（今新疆库车县），仍然停留在龟兹的王寺里，为龟兹僧人讲解佛经。龟兹王笃信大乘佛法，深明佛理，他与笈多一见如故。他希望笈多能留在龟兹，便经常把他请到宫里，但笈多心系中华，不愿停留。他偷偷地离开了龟兹来到了乌耆国（今新疆焉耆县），在阿烂拏寺讲学。过了两年来，他到了高昌（今新疆吐鲁番市高昌区），高昌汉文化盛行，僧侣多学习汉语。笈多在高昌和高昌僧侣学习了两年汉语。

笈多又启程赶赴伊吾（今新疆哈密市伊吾县），当时，恰逢西域发生战争，他们被迫陷入到了沙漠地带，到处是黄沙戈壁，没有一点绿色。为了活命，被迫把所携带的经书放置在路旁，翻山越岭去寻找水源，结果不但没能找到水，还让一行人陷入绝境。无奈之下，他大声诵读《观世音咒》，夜晚突降大雨，身心感到愉悦。天明时分，已经找不到来时的路了。于是他心中默念《观世音咒》，任意选了一个方向前行，结果竟然来到了瓜州（今甘肃敦煌）。

到了瓜州之后，笈多才发现自己竟然从丝路南道绕行到了北路，走了许多冤枉路。笈多向往华夏，历经近十年跋涉才来到中国。一起启程的伙伴，或返回，或留在西域，或已经逝去，只有笈多来到了中国，站在大隋朝的土地上，笈多悲喜交加。

（三）译经在大兴善寺

笈多来到河西后，旋即被文帝延请到了长安，并把他安排在一座皇家寺院，供养丰厚。笈多在长安住了不长时间，就基本上掌握了汉语。开皇十年（590），隋文帝就下诏令他参与经书翻译，并移居大兴善寺。

初到大兴善寺，笈多所学的大小乘经论都很深奥。中国本土的僧人对笈多所传佛法多有疑虑。但是笈多本人性格善良柔和，容貌威严祥正，礼仪周全；他生活非常俭朴，清心寡欲，对人诚恳，诲人不倦，对待别人超过了自己；他持戒恭谨，晨昏诵读功课，日日不辍；他贯彻佛家众生平等的主张，对贵贱人等都能一视同仁，和善待人。渐渐地，他以自己的人格魅力让其他僧侣敬服。后来他就成了大兴善寺译经场的住持。他“执本对译，允正实繁。所诵大小乘论，并是深要”。笈多译经有一个重要特点，他特别重视目录纲领，所有的经传不论哪家，务求保存其纲领。笈多的做法对佛法经典的保存功德无量。

隋炀帝即位后，他也非常崇信佛法。他重新营建了东都洛阳，并在洛阳上林园设“翻经馆”，征召博学笃行的僧侣，驻锡上林园传法。笈多也在炀帝征召之列。开始的时候，译经工作比较顺利，朝廷的供养比较正常，译者无需为生活发愁，新书不断地被翻译出来。但是大业末年，天下陷入战乱，大规模的经书翻译工作被迫中断。虽然生活艰苦，笈多自己却没有停下译经，他又对所翻经书进行了补缺和注释。

笈多于唐武德二年（619）卒于上林园。从开皇十年到大业末年，一共在华生活了28年，译经7部，合32卷。笈多的主要译著有《药师如来本愿经》《普乐经》等。

第二节 开元三大士

在唐玄宗时期，来自印度的高僧善无畏、金刚智、不空金刚曾先后住在西京长安大兴善寺。他们以大兴善寺为基地，翻译佛经，弘扬密宗法门，开创了中国汉传佛教密宗一脉，被后人尊称为“开元三大士”。

开元三大士

一、善无畏

善无畏（637—735），中印度人，出身释迦族，是释迦牟尼的叔父甘露饭王的后代，其家族为乌荼国王室。梵名戍婆揭罗僧诃，汉语译作“净狮子”。“善无畏”之名来自其所译《大毗卢遮那成佛神变加持经》，其中叙述菩萨修行的六个阶段存在六种“无畏”，第一种即“善无畏”。[①]

（一）放弃荣华，皈依佛门

善无畏天生仪表堂堂，英俊潇洒，品行出众，才能过人。父亲佛手王对他很是青睐，希望他将来能够继承国家，于是给了他很多锻炼的机会。善无畏 10 岁就统兵作战，屡立战功；13 岁继承王位，施行仁政，深得军民拥戴。

他的兄弟们嫉妒他的才能，图谋他的王位，称兵作乱。无奈之下，善无畏只能起兵讨伐。兄弟阋墙，刀兵箭矢加身，善无畏虽然镇压了叛乱，但是天伦已伤。按照当时的法律，叛乱者应该判处死刑。但是善无畏不忍兄弟遭诛，于是“忍而曲赦”。经此一事，善无畏心灰意冷，他眼含热泪告诉母亲，自己本来就无心于王位，他的志向是出家修行。他于是召集群臣说：“向者亲征，恩已断矣。今欲让国，全其义焉！”[②]母亲痛哭难过，但是看他志向坚定，只能同意了，但还是将传国宝珠留给了他，于是善无畏毅然离开了王宫。

出宫后，善无畏向南来到海滨，进入殊胜招提寺修习佛法。善无畏天纵之才，很快地入法华三昧。然后，他发愿聚沙建立一万座佛塔。在他建到九千多座的时候，有一条黑蛇窜出来咬伤了他的手指，但他仍然没有放弃，完成了他的志愿。

随后，他又跟随商船到印度各国游历。他每日在船上密修禅诵，口放光芒，他乘坐的船只整整三日都没有遇到风浪，走了上万里。一天，商船遇到了一群海盗，众人惊慌失措。善无畏一边安抚众人，一边口诵真言。他的真言引得七俱胝准提尊法身示现。这时候突然又出现了另一伙贼寇，他们打退了海盗，跪下来向善无畏忏悔归诚。在他们的引导之下，商船越过穷荒，又逾毒水，到达了中印度。

---

①周一良著，钱文忠译：《唐代密宗史》，上海远东出版社，1996 年版，第 130 页。
②［宋］赞宁撰，范祥雍点校：《宋高僧传》卷二，中华书局，1987 年版，第 17 页。

善无畏

善无畏来到中印度的摩揭陀国。在摩揭陀，善无畏遇到了他们的国王和王妃，摩揭陀王妃竟是善无畏的姐姐。姐姐得知善无畏舍弃王位的缘由后，感慨不已。是日，姐弟同游，慈云布阴，风清景和，善无畏心生感悟，境界得到了突破，达到了菩萨乘的境界。这时的善无畏风度翩翩，气魄豪爽，聪明睿智，超拔群英，五乘（指五种修行道路：人乘、天乘、声闻乘、缘觉乘、菩萨乘）贯通，三学（戒学、定学、慧学）精深，洞见佛法，妙达其源，艺术技能，见识广博。已是这样，他仍不满足，依然孜孜不倦地追求佛法的最高境界。

（二）求学那烂陀

辞别摩揭陀国王与王妃，善无畏怀着敬仰之情，来到了印度佛教中心那烂陀寺。他将母亲所赐的传国宝珠镶嵌在了那烂陀寺大佛像的额头上。佛像更加神圣庄严，像太阳一般光辉，又像月亮一样柔和。

那烂陀寺是印度佛教的中心，是密教兴起的地方，是高僧大德的聚集地。那烂陀寺里有一位圣僧叫达摩鞠多，是密教的领袖，掌握着密宗的诸多法门（指通过习修佛法获得佛果的门户，也指为便于宣讲佛法而划分的门类）。据说达摩鞠多已经800多岁了，但看起来只有40岁的样子。善无畏对他行五体投地的大礼，亲吻其足，拜他为本师。

有一天，善无畏发现师父钵中的食物不是印度本土的食物，于是就让旁边一个来自大唐国的僧人看。这个僧人发现钵中的食物正是大唐国的食物，而且饭菜还很新鲜，那油饼还是温的，粟饭仍是热的。不禁惊愕道："大唐离这里十万多里，这钵中食物应是早上才做的，而中午就到这里来了，太神速了！"众人听了都感到十分震惊，唯有善无畏表现得非常淡然（按：这说明善无畏悟出了其中的"秘密"）。鞠多对善无畏说："大唐国洛阳白马寺新建重阁，我适才去享受供养，刚刚返回。众人都惊容于色，只有你能够淡然处之。你可以接受大法的传承了。"于是鞠多授予善无畏总持瑜伽三密教。善无畏接受师父灌顶的时候，神龙围绕，森然在目；无量印契，一时顿受；为天人师，称曰三藏。"三藏"是特别尊崇的佛教上师的称号，于内为戒定慧，于外为经律论，以陀罗尼为总摄，是功德速疾之轮，解脱吉祥之海，是仅次于大觉（指佛，由"如来大觉于菩提树下觉诸法"而来）的阶位。在得到三藏称号以后，善无畏继续勤奋修学，前后五年时间，通达了密教的全部奥义，树立了正信正觉。

在此之后，善无畏开始了自己的游方生涯。善无畏为礼敬圣迹，不惧艰险，周行大荒。他曾入鸡足山为迦叶剃头，受观音摩顶；还曾入灵鹫山结夏，有猛兽为其前驱；还曾深入山洞，洞中显现释迦像，左右侍者栩栩如生，忽然光明如昼。

善无畏也掌握了很多的神通。有一年，中印度大旱，百姓请善无畏三藏求雨。善无畏作法后不久，众人便见观音大士在日轮中手执净瓶洒水于地，顿时欢欣鼓舞。他还锻金为贝叶，写《大般若经》，镕银起塔，等佛身量，在积功累德的道路上勇往直前。善无畏的母亲因为善无畏离开的时间太长了，以为他已经不在人世，故而日夜哭泣，导致双眼失明。善无畏去信问候，其母的双眼立即复明，明亮如初。

当时的印度佛教，教派林立，各教派各执己见，互不相让。而善无畏游学讲道的时候却能够顺着他们所执的见解去开导他们，帮他们破除执念，解开束缚，破除迷津，走上觉悟之路。听闻善无畏三藏说法犹如雨露，可以令众生大小皆得润泽；犹如清泉，虽然无形但却可以装在各种形状的容器中。他传授密法，教人以正觉正念破除执狂，即身观佛，得到他度化的百姓有很多。

在善无畏快80岁的时候，已经是印度鼎鼎有名的密教上师了。有一天，他的师父达摩鞠多降临，对他说："善男子，你与震旦（中国）有缘，弘扬大教，今可行矣。"[①]

（三）漫漫东行路

于是善无畏向师父顶礼膜拜（佛教礼节），辞别恩师，踏上前往中国的道路。善无畏行至迦湿弥罗国（今克什米尔地区），天色已晚，前方有大河阻断，却苦无舟楫，于是他默念咒法，飞跃而过。

他来到当地的一位长者家，请求借宿。长者笃信佛陀，礼敬三宝，但是信仰的却是小乘佛教。适逢长者家举行法会，有一罗汉从天而降，见到善无畏，非常惊讶，对善无畏说："我乃小乘之人，大德是登地菩萨。"于是请善无畏上座接受供奉。善无畏赠给罗汉法衣和经典，罗汉飞升而去。善无畏走到乌苌国（位于今巴基斯坦）的时候，遇到了一只白鼠。白鼠围着他转圈膜拜，还每天献给他金钱。

到了安西的碎叶城，善无畏应突厥王之邀，宣讲密教经典《大日经》，又应王妃之请布坛讲法。有老宫人以乳供养无畏，她手按双乳，乳汁化作三道飞箭射入善无畏口中。善无畏面不改色，告诉众人说此人是自己前世的母亲。离开碎叶城后，善无畏继续向东行进，在途中曾遇到了贼寇，他被贼寇连砍三剑，但挥剑者只听到敲击铜铁的声音，而善无畏毫发无伤。

善无畏行进到雪山大池，东去就是西域，善无畏顿生故土难离之感，身体感到有些不适。这时达摩鞠多从天而降，对他说："菩萨身同世间不舍生死，汝久离相宁有病耶？"[②]想到此身已然交付佛祖，对尘缘又有何留恋？善无畏顿时身心如洗，不治而愈。

途经吐蕃，善无畏与商旅结伴同行。路遇胡人劫匪，善无畏密运心印，劫匪于是得到了悔悟，跪下来请罪。

行至大唐西境，一日夜晚有神人在梦中对善无畏说："再向东就不是弟子我的辖界了。守护神州的是文殊师利菩萨。"说罢向善无畏顶礼，随即消失不见了。

到高昌时，又遇大河阻路，善无畏牵着驮经的骆驼准备过河。这时突然河

---

① [宋]赞宁撰，范祥雍点校：《宋高僧传》卷二，中华书局，1987 年版，第 19 页。

② [宋]赞宁撰，范祥雍点校：《宋高僧传》卷二，中华书局，1987 年版，第 19 页。

中龙王出现，龙王延请善无畏到龙宫去说法。于是善无畏在龙宫开坛弘法三日，龙宫中的龙族和其他众多水族纷纷得到了开悟。等到他牵着骆驼上岸时，衣服经卷竟然都没有被沾湿。

善无畏刚路过北印度的时候，他即将东来弘法的消息已经传遍了长安。唐睿宗听到善无畏不顾年迈东行传法的事后，非常感动。于是派僧人若那和将军史献赶赴玉门关一带迎接法驾，但没有接到。

（四）弘法中土

开元初年（713），有一天唐玄宗突然梦见有一僧人，形貌神韵异乎常人，醒来的时候仍然记忆犹新，于是便拿起画笔在宫墙上画了下来，很多人只看了一眼这个形象就像是被烙印一样记住了。开元四年（716），善无畏携带着梵本经卷到达了长安，唐玄宗举行盛大的朝会接见他。见面后，玄宗发现善无畏与自己梦中所见的高僧一模一样，立即拜善无畏为国师，并设置梵筵为善无畏接风洗尘。玄宗又特设宫内道场，以善无畏为上师，玄宗之兄宁王（李宪）、弟弟薛王（李隆业）等皆跪席捧器，接受他灌顶授法，一时间轰动朝野。

从善无畏开始，信仰毗卢遮那佛（大日如来）的贵族和百姓越来越多，密教开始在中国兴盛起来。

善无畏最初奉诏住在兴福寺南塔院，后又移到西明寺。翌年，又奉诏于大兴善寺菩提院译经，译出《虚空藏菩萨能满诸愿最胜心陀罗尼求闻持法》一卷，即梵本《金刚顶经》中《成就一切义品》的部分译文，并开始翻译密教的根本经典《大日经》。开元十二年（724），善无畏随玄宗驾入洛。奉诏于洛阳福先寺译《大毗卢遮那经》，此经梵文足足有十万颂，善无畏择其要者三千余颂，成七卷，由善无畏口译，沙门宝月译语，僧一行笔受，删缀辞理。一行又撰有注释集成《大日经疏》，共二十卷。

《大日经》是密宗两大根本经典之一，上符佛意，下契根缘，最为重要。此外，善无畏还译有《苏婆呼童子经》《苏悉地羯啰经》各三卷。此二经是密教具足咒戒，是秘密禁戒焉，倘若未曾入曼荼罗，是不适合读诵的。

善无畏性情喜爱恬静、简洁，经常静虑养神，时常开坛说法，奖劝初学者。善无畏说法使听者犹如“莲华敷于眼界”，又像被甘露滋润了心田。他的弟子中著名的有一行、玄超、宝思、义林、智严、喜无畏、道慈（日本僧）、不可思议（新罗僧）等。

开元二十年（732），善无畏上表奏请返回印度，玄宗不允。二十三年（735）十一月七日，善无畏三藏圆寂，享年99岁（出家80年），葬在龙门西山广化寺。

（五）善无畏的传说

在长安、洛阳等地，关于善无畏三藏的民间传奇故事有很多。

善无畏驻锡长安西明寺时，他居住的禅房是道宣律师（596—667）曾经的禅房。当时道宣已去世五十余年。道宣律师的神灵觉得善无畏很粗鄙，晚上用虱子投向善无畏。善无畏连呼："律师扑死佛子，律师扑死佛子。"道宣的神灵闻之，才知道善无畏是得道的菩萨，于是振衣作礼，向无畏致意。

善无畏善于求雨。有一年夏天关中大旱，玄宗派宦官高力士召善无畏，请他帮忙祈雨。善无畏说："天旱是天数所造成的，如果强行召唤龙王行雨，必然会对其他方面造成损害。"玄宗不听，说："因为酷暑难耐，人已经不能忍受，纵然有些风雷也算不了什么。"又遣高力士前来催促，强行令善无畏祈雨。还让司天监给善无畏准备了幡、幢、钹等祈雨法器。善无畏笑着说："这些东西不能用来祈雨，还是撤了吧！"他对高力士说："你先去，一会儿雨就来了。"他手托金钵，钵中有水，然后一边用小刀搅动，一边念诵咒语。咒语念完后，钵中水化作龙形，拇指大小，昂着头在钵内沉浮。无畏继续边搅边念，顷刻有白气自钵飞出。高力士骑马向皇帝禀报，回首间看到有白气从善无畏经堂向西驰去，就像一匹白色的素缎翻空而上，继而风雨大作。高力士疾驰到天津桥，风雨随即就到了，街边很多大树被连根拔起。高力士浑身湿漉漉地向皇帝报告。皇帝稽首，再三感谢善无畏。

后来善无畏又在邙山看到了一条巨蛇，感叹说："你难道想要水淹洛阳城吗？"于是不停地念咒。不久这条大蛇就死去了。后来人们认为这条大蛇是安禄山攻陷洛阳的征兆。

善无畏圆寂后，他的肉身长时间都没有腐坏，一些信众感到非常神奇，于是捐资建造了一尊佛龛将其肉身供养了起来。善无畏的肉身只是比生前有所缩小，皮肤发黑，骨骼隐隐显露，就像佛教传说的"金刚琉璃体"。信众门徒用香花、檀香供养他，用香汁、澡豆为他沐浴，玄宗还遣使供养他。后来的各朝各代一遇到旱涝灾害，就向善无畏肉身法相祈求保佑。

从唐武宗废佛之后，密宗在中国也逐渐衰微，而善无畏所传的"胎藏部密法"和金刚智所传的"金刚部密法"由不空继承，后传至惠果，再传至日本空海，形成了日本真言宗。时至今日，真言宗仍广泛地流传于日本。

二、金刚智

金刚智（662—741），梵名“跋日罗菩提”，汉译“金刚智”。金刚智自幼出家，精通佛教显密经典，专修密法。其应南印度摩赖耶国国王的请求，到中国传法，是中国汉传密宗的创始人之一，与善无畏、不空合称“开元三大士”。金刚智翻译了密宗最根本的经典之一《金刚顶经》及《七俱胝佛母准提大明陀罗尼经》等经书，传播金刚界曼荼罗，对汉传密宗发展影响深远。

（一）破门入释

金刚智是南印度摩赖耶国（今印度西南部马拉巴尔海岸一带）人。摩赖耶国，汉语意译作“光明国”，此国位于观音圣地补陀落伽山附近。金刚智出身婆罗门家庭，其父为建支[①]王师，善五明论（明，佛教用语，意为学问）。

金刚智年幼的时候就表现出了非凡的智慧，能够日诵万言，而且有过目不忘的本领。金刚智 10 岁时，因不满足家传的婆罗门教义，于是就在印度著名的佛教中心那烂陀寺剃度出家，改宗佛教，并拜寂静法师学习声明学。自从受戒之后，遍受十八部律。15 岁后又到西印度，用四年时间学习法称论师的著作。19 岁时，就已经通晓佛理。20 岁时，受具足戒，并花了六年时间学习大小乘佛教的各种戒律。接着又学习了显宗的《般若灯论》《百论》《十二门论》等著作。28 岁时，金刚智又在迦毗罗卫城，跟随胜贤论师学习《瑜伽论》《唯识论》《辩中边论》。31 岁时，他前往南印度，拜龙猛菩萨的弟子龙智学习《金刚顶瑜伽经》《毗卢遮那总持陀罗尼法门》及各种“五明论著”等密宗经典。七年后，金刚智接受了五部灌顶，显密通达，成了精通三藏的大法师。

辞别师父龙智，回到自己的故乡的时候，他已经成长为一位学识渊博，精通显密教典，密法精深的大德高僧了。当时摩赖耶大旱，金刚智登坛求雨。为了感谢金刚智，国王还专门建造寺院让他居住。

三年后，金刚智前往师子国（今斯里兰卡），登楞伽山瞻礼圣迹。在这次游历过程中，他听到东方的中国是一个幅员辽阔的伟大国家，这个国家的皇帝十

---

①建支，或作“黄支”，在今印度马德拉斯西南的康契普腊姆附近，或以为在今印度尼西亚苏门答腊岛西北部亚齐附近。

分崇信佛教，佛法隆盛，因此发愿东行弘法。他的愿望得到了摩赖耶国国王的大力支持。

（二）渡海东来

与善无畏不同，金刚智是沿海上丝绸之路乘船来到中国的。摩赖耶国国王派船护送金刚智，船上携带了许多梵本佛经和金银珠宝。先后经过了师子国，佛誓国[①]，裸人国（今尼科巴群岛）等地。当时的海上交通非常危险，在一次海难中，他所携带的梵本经书几乎损失殆尽。几度风雨，历经艰险，历时三年，终于唐开元七年（719）初抵达广东番禺。当时，广州刺史派了数百只船迎接金刚智一行。

听到金刚智东来的消息，唐玄宗立马下诏召金刚智进京。金刚智进京后几经辗转，先是居住在大慈恩寺，不久又移居大荐福寺、大兴善寺等。他每到一个寺院，必然会兴建大曼荼罗灌顶道场，度化四众弟子。每有大曼荼罗灌顶道场完成，都有灵异祥瑞之兆显现。

其时，大智、大慧二禅师及不空三藏等都对他执弟子礼。著名的天文学家、数学家僧一行也很钦佩金刚智的学问，经常向他请教。金刚智胸怀宽广，将金刚界曼荼罗毫无保留地传授给了一行。

来到京城后，金刚智即奉命译经。开元十一年（723），在助手东印度婆罗门大首领伊舍罗、嵩岳沙门温古的帮助下，于资圣寺译出《瑜伽念诵法》二卷，《七俱胝陀罗尼》二卷。开元十八年（730），在沙门智藏和一行的帮助下，于大荐福寺译出《曼殊室利五字心陀罗尼》《观自在瑜伽法要》各一卷。另外还翻译有《金刚顶经瑜伽修习毗卢遮那三摩地法》一卷、《千手千眼观世音菩萨大身咒本》一卷、《千手千眼观自在菩萨广大圆满无碍大悲心陀罗尼咒本》《不动使者尼罗秘密法》一卷等。金刚智性情极为仔细，凡发现旧译本中有缺少章句者，就会立即给予补足。

相传金刚智所译的陀罗尼法门、印契，极为灵验，洛阳、长安一带，不论

---

①佛誓国，室利佛逝国的省称。室利佛逝国，是梵文 Srivijaya 的音译，意为“光荣胜利”，是 7 世纪至 13 世纪印度尼西亚苏门答腊古国，都城约在今巨港，极盛时势力达西爪哇、马来半岛、加里曼丹西部。

在家出家，从其受学者甚众。密法的流行非常广泛。

（三）金刚智的故事

1. 金刚智求雨

金刚智曾随玄宗皇帝幸洛阳。御驾抵达洛阳的那一年，从正月到五月，连续干旱，滴水不降。玄宗聘请了许多僧道，做了许多场祈雨法事，但均无灵验。于是玄宗下诏延请金刚智结坛祈雨。于是金刚智就用不空钩，依照菩萨法，在自己的住处起坛，并亲自绘制七俱胝菩萨像。他说到七俱胝菩萨像开光之后，就能下雨。皇帝特别派遣一行禅师配合他。

到了第七天，菩萨像开光完成。中午烈日炎炎，不见一片云彩。午后，西北风顿起，风势极大，一时间飞瓦拔树，随后就下起了滂沱大雨。在他结坛的地方，屋顶被雷击穿一个大洞。洛阳的民众都说："当时看见有一条龙从金刚智的法坛处冲破屋顶飞走了。那个洞就是龙从屋顶飞出去时留下的。"这种说法一经传播，每天都有成千上万的百姓前来观看此洞。

当时，有些官员喜好儒道，排斥佛教。奏请皇帝下诏把西域僧人遣送回国。皇帝的近侍把这事转告金刚智。金刚智说："我是天竺人，并非西域僧人，因此不是朝廷所要遣返的对象，我也不打算回去。"过了几天，有司忽然传令要将他送到雁门关一带去。他只好向皇帝辞行，皇帝很惊讶，于是亲下手诏把他留在京城。

2. 沟通阴阳

玄宗皇帝很宠爱自己的第二十五公主，但不幸的是公主染上了重疾，久治不愈。于是皇上把她移到了咸宜外馆居住。有大约十天时间，公主均闭目不能语。为了尽最后的努力，皇帝敕令金刚智给公主灌顶。金刚智奉敕来到公主的住处后，先是选了两名七岁女童，用红绸遮面，让她们躺在地上，又让宦官牛仙童写敕书一纸，在公主的住所焚烧，随后金刚智又念起咒语真言。两个女童得法旨，记得一字不漏。金刚智令两名女童持敕书到阎罗王那里去。过了一会儿，阎罗王令公主已故的奶娘刘氏随二女把公主之灵魂护送了回来。公主立刻就醒来了，随即坐了起来，并能开口说话，言语正常。皇帝听到公主醒来的消息后，连侍卫也没带，就直奔公主住处。公主对父皇说："此乃定数，难以改变，此次回来只是想再睹圣颜，与父皇诀别。"过了半天时间，公主溘然长逝。自此之后，皇帝对金刚智更加崇敬。

当时玄宗皇帝最宠爱的妃子是武惠妃。皇上对武惠妃的宠爱甚至超过其他妃子之和。武惠妃的身体一直很好，没什么大碍。有一次金刚智见到她，劝她赶快营造金刚寿命菩萨像，并劝河东郡王在毗卢遮那塔中绘金刚寿命菩萨像，但两人并没有听从。金刚智对弟子说："此二人将不久于人世。"过了几个月时间，两人果然相继去世。

此类关于金刚智先知先觉的故事还有很多。

（四）金刚智圆寂

唐开元二十年（732）八月十五日，金刚智在洛阳广福寺对弟子们说："月圆之时，我当去矣。"于是穿戴整齐，开始礼拜毗卢遮那佛，绕着佛像走了七匝。回到了自己的住处后，向曼荼罗和译好的佛典焚香发愿。

遂礼，旋绕七匝后，退回本院，焚香发愿，顶戴梵夹并所译佛典。等到一切安排妥当后，坐在床上悄然圆寂，享年 71 岁，僧龄 51 年。开元二十年十一月七日，金刚智被葬于河南龙门伊川之畔，弟子们为他建塔旌表。他的衣钵传人不空三藏上奏朝廷，皇上敕谥金刚智"国师"称号。灌顶弟子中书

金刚智

侍郎杜鸿渐为金刚智撰写碑文，纪念他的德行。到唐代宗时，赐号金刚智“大弘教三藏”。

金刚智对于事理非常通达，所说之事也都很灵验，对于佛教的经论、戒律、咒术、秘籍等都很精通。凡交往过的人，金刚智只要见过其一面，便能够记住此人。他为人深沉，从来不将喜怒形于色。凡是与他有过接触的人都十分佩服他。其付法弟子有不空、一行、慧超、义福、圆照等人。金刚智经由海路，善无畏经由陆路，分别携带了金刚部和胎藏部两部密宗根本大法来到了大唐，来到了大兴善寺，为中国密宗奠定了基础，二人也被奉为汉传密法的始祖。

三、不空金刚

释不空（705—774），梵名“阿目佉跋折罗”，汉译为“不空金刚”。不空是著名的佛教译经师，一生翻译显密经轨总计 11 部 143 卷，因此，他与鸠摩罗什、真谛、玄奘并称为中国佛教史上的“四大译师”[①]。不空翻译的绝大部分经书为密宗典籍，为汉传密教的建立做出了贡献。他又与善无畏、金刚智一起被尊为开创中国密宗的“开元三大士”。

（一）拜师金刚智

不空生于唐中宗神龙元年（705），是南印度师子国人。也有说不空出身于北印度婆罗门家庭。不空是一个遗腹子，其父早逝，母亲康氏带着身孕投靠娘家。传说康氏在怀着不空的时候，遇到了一位精通相术的人，这个人对康氏说：“你必然会生一位菩萨。”说完就消失不见了。康氏感到很惊奇，于是沐浴更衣，念诵经文。过了三天，康氏坐着假寐，忽然梦到佛朝自己微笑。佛的双目有光流出，直入自己的头顶。康氏突然惊醒，遍体流汗，感觉孩子要降生了。不空降生的时候，产房大放光明，宛如白昼。不空是母亲怀孕了十二个月才生下的，生下来就能够说话，风神出众。他自幼就表现出对佛理非同一般的感悟力，就像生来就知道似的。这种现象大概只有神佛才能解释。

---

①关于佛教四大译师有两种说法：一种为鸠摩罗什、真谛、玄奘、不空；另一种为鸠摩罗什、真谛、玄奘、义净。

不空

不空的舅舅是一名海商，往来于印度到中国的航线上。他后来跟随舅舅一起在海上讨生活。不空 14 岁时在阇婆国（今印度尼西亚爪哇）遇见了密宗大师金刚智，后拜金刚智为师学习佛法。[1]起初，金刚智传授他梵本《悉昙章》及《声明论》，但是没有多久时间不空就都通晓悟解了。金刚智感到非常惊喜，又传授菩萨戒给他，并将他引入金刚界曼荼罗，还用掷花试验来考验他，结果让金刚智非常满意。他预言道："不空是将来让佛法大兴的人！"于是令其随侍受学，并带他一起来到了中国。

开元八年（720），师徒二人到了洛阳。不空年满 20 岁时，在洛阳广福寺受具足戒。此后，金刚智又带领不空在大唐西北游历、观风，增长见闻。不空年幼来华，学习能力很强，很快便通晓了中国的语文和文化。师徒二人回到长安

①也有人讲不空是来到中国后才结识金刚智的。

后，入住大兴善寺译经场。金刚智在翻译佛典时，不空经常随侍左右，一边学习，一边当助手。不空对佛法好像有天然的悟性，其学习《声明论》没有多长时间就通晓了，学习《文殊普贤行愿》也很快就掌握了。他的聪颖敏锐，大概如此。自从受具足戒后，不空对一切有部的学说表现了极强的理解力，而且能够迅速通达。

金刚智有瑜伽五部三密法，该法为毗卢遮那佛亲传之法。最初毗卢遮那佛将“金刚顶瑜伽秘密教王真言法印”传给了金刚手菩萨，千载以后，金刚手菩萨又将法印传给了龙猛菩萨，此后百年，龙猛菩萨又将此法传给了龙智阿遮梨耶，再后来龙智又传给了金刚智阿阇梨。一直以来，不空不断向金刚智祈求学习瑜伽五部三密法。过了三年时间，金刚智都没有应允。于是不空发愿回印度去学习新瑜伽的五部三密法。

不空离开长安，夜宿新丰。当天晚上师父金刚智竟然梦到了长安的神佛菩萨像全部都向东而去的场景。金刚智顿时醒悟了，急忙命人召回不空。金刚智高兴地对不空说：“我的法藏全部都会教给你。”次日清晨，金刚智为不空住持了灌顶仪式，授予他五部灌顶、护摩、阿阇梨法及《毗卢遮那经》、苏悉地轨则等。经过三年连续钻研，不空掌握了瑜伽五部三密法，成为“密宗付法第六祖”。

玄宗皇帝后来驾临洛阳，金刚智伴驾前往，住在广福寺，不空也在随侍之列。开元二十年（732），金刚智圆寂。开元二十九年（741），金刚智三藏灵塔修成。不空料理好师父的后事以后，奉师父遗命，前往师子国继续学习佛法，搜集佛经。

（二）返印求法

唐天宝元年（742），不空到达南海郡，但是信风未至，只好作短暂逗留。大唐岭南采访使刘巨鳞再三请求不空给自己灌顶。于是不空在法性寺建立道场，住持灌顶仪式，和刘巨鳞一起接受灌顶的还有广州的很多信众。不空三藏进入曼荼罗坛场，以金刚三密加持，念诵经行，竟然请得文殊师利菩萨现身。因刘公的缘故，广州的四众获得了前所未有机缘。

夙愿已了，不空辞别刘巨鳞，率门人含光、惠辩等僧俗 37 人登上了前往印度的航船。举州士庶汇集起来，站满了整个海滩，队伍绵延百余里。大家陈设香花，念诵经文，奉送大师西行。船队经过诃陵国（今爪哇中部）的时候，遇到了台风。众商旅都非常恐慌，不停地叩头膜拜，祈求上天宽恕自己。就连不空大师的弟子惠辩也吓得大声痛哭。不空三藏告诉弟子："今吾有法，尔等勿忧。"于是右手执五智菩提心杵，左手持《般若佛母经》，作法加持（以佛法佑护众生），才念诵了一遍，大风顿息，风清海澄。

复前行又遇到了大风，海中还有巨鲸出现。巨鲸喷水，海面上起伏的波涛就像大山一样迎面压来。情况比上次还要危急。商人们感到命在旦夕，跪下来恳求不空大师救命。大师体恤他们，作法护佑众人平安。同时，还令惠辩念诵《娑竭罗龙王经》。没过多长时间，各种灾难就都停息了。

到达师子国海口城的时候，师子国国王派遣使节迎接不空一行人。众人被安置在佛牙寺，受到了高规格的接待。不空大师则受邀进宫觐见国王。国王见到大师，感到非常喜悦，请大师入宫接受供养。每日以真金浴斛盛满香水，国王亲自持斛为大师澡浴，太子、后妃、辅相等人像王一样礼敬大师，直至七日满。

不空在师子国寻访到了精通秘法的普贤阿阇梨。不空向尊者献上所携带的金宝锦绣等礼物，请求尊者建立法坛，开十八会金刚顶瑜伽法门，传授毗卢遮那大悲胎藏。不空及弟子含光、惠辩同授五部灌顶。不空大师认为学无常师，遍寻密教大德和经典，研究寻找密教的真谛。

不空在南印度共收集到经、论、图集等五百余部，其中有本三昧耶诸尊密印，仪形色像，坛法标志等。不空对于经义和性相非常的执着，无不达到了追根溯源的境地。随着不断地学习，不空大师的境界也更加的崇高。有一天，师子国国王召集民众观看驯象戏。结果在此期间发生了意外，不知何故，大象突然受惊，在大街上狂奔。不空大师当街站立，口诵佛眼真言，手结印契。狂象冲到大师面前还剩数步时，就像被一堵墙挡住了，又好像被什么伟大的力量拉住了。不空大师慈祥地抚摸着大象的头，众象很快就安定了下来。为了表示感谢，大家为大师举行了五天的盛大法会。

不空大师在印度游历了很多地方，也留下了许多神奇的故事。天宝五年（746），不空大师再次踏上返回中国的道路。

（三）大唐弘法记

1. 玄宗朝记事

同年，不空顺利地回到了长安。抵达长安后，不空向玄宗皇帝进献了师子国国王尸罗迷伽的国书和金璎珞、般若梵甲、诸宝白牦等礼物。皇帝敕令不空大师暂住在鸿胪寺。不久后命大师入宫建立曼荼罗，为皇帝举行五部灌顶仪式。随后移住净影寺。天宝五年（746）夏末，关中大旱，皇帝请大师入宫求雨，皇帝希望下雨的时间能固定下来，雨也不要太狂暴。不空大师开坛，行大孔雀明王经坛法，不到三日，甘霖普降。皇帝对不空大师愈发器重。赐大师紫袈裟，并亲自为大师披擐。

又有一年，长安城发生风灾，皇帝敕令不空大师止风。大师持一银瓶，作法加持，须臾风止。后来有一只鹅，误打误撞地碰倒了银瓶，风声顿时大作。皇帝再请大师，大师随即息止了大风。皇帝敕封大师为“智藏”。

天宝八年（749），皇帝敕令西域僧人返回本国。不空大师走到南海郡，又接到了暂住岭南的敕令。天宝十二年（753），不空应河陇节度使哥舒翰所请到武威（今甘肃武威市），住在武威开元寺。不空在此为信众举行了盛大的灌顶法会，节度使以下士庶百姓数千人众，接受灌顶。后又应功德使开府李元琮之邀，为其举行五部灌顶，并传授金刚界大曼荼罗。当天道场发生巨大晃动，不空大师对李元琮说：“这是你的诚心所导致的啊！”天宝十五年（756）夏，玄宗皇帝诏召不空大师还京，敕住大兴善寺。

2. 肃宗朝记事

安史之乱（755—763）时期，肃宗皇帝銮驾先后在灵州、关中凤翔。不空大师经常秘密派人问候皇帝，并积极为收复两京献计献策。肃宗皇帝也经常秘密派使者会见大师，请其为大唐祈福，预言收复两京的时间。后来故事的发展果然如大师所料。

乾元年间（758—759），肃宗皇帝敦请不空大师在宫内建立道场及护摩法。肃宗皇帝还接受了转轮王七宝灌顶。上元末年（762），肃宗皇帝病重，延请大师作法，不空以《大随求真言》，拂除七遍，皇帝顿时好了起来。太监李辅国秉政，大师为了躲避朝中的祸患，上表请求到山中静修。李辅国令大师到终南山智矩寺修功德。入山后，大师整日念诵《大乐萨埵真言》，念诵的时候，大师浑身隐隐发出光亮，这个时候大师的修为已经接近圆满了。大师说：“众生尚未得到解脱，我自己怎么能安然解脱呢。”

3. 代宗朝记事

代宗皇帝继承大宝，对大师的渥恩更重，赏赐更加频繁。代宗皇帝还亲自为《仁王护国般若波罗蜜多经》和《大乘密严经》写序，两部经书颁行的那天，天空出现了庆云（彩云，祥瑞之兆），举朝上下庆贺，并将此事写进了国史。

永泰元年（765）十一月一日，皇帝下诏授大师特进试鸿胪卿，赐号“大广智三藏”，赐大师瑞锦褥十二领，绣罗幡三十二口，于大兴善寺立道场，又赐二十七天入道场大众斋粮，敕令近侍大臣及诸禁军使入灌顶道场。接受灌顶的僧俗之流，有五千余众。永泰四年（768）冬，大师上奏疏曰：“天下寺食堂中，特置文殊师利为上座。”皇帝许可，下诏宣告域内。

大历五年（770）夏五月，代宗皇帝诏请大师，往山西五台山替皇家修功德。这一年有彗星（兵灾之兆）出现，等到大师做完法事，妖星自伏。深秋，法师回到长安，皇帝遣人以御马狮子骢出城迎接大师。大师再三推辞，但皇帝不许，于是大师乘御马入宫奏对，皇帝非常喜悦，在宫中以斋饭宴请同行僧俗弟子，并赏赐了很多丝绸。

大历六年（771）春，御赐大师道场绣罗幡二十四口和绣缦天、绣额各一。十月，皇帝寿诞，大师献上前后所译经书。皇帝下令宣示中外，并编入一切经目录，并给协助译经的僧俗弟子赐绢五百一十匹。

大历七年（772）春夏之际，关中、洛阳一带大旱。皇帝下诏请大师祈雨。宦官李宪诚宣读代宗旨意：“使大师令三日内降雨。”于是大师建立坛场，依法祈请，不过一日，大雨丰足，而且没有造成任何灾害。皇帝非常高兴，设千僧斋犒赏大兴善寺弟子，并赐大师亲传弟子僧衣七套。冬天，不空大师上奏，在大慈恩寺建文殊阁。代宗皇帝为阁主，贵妃、韩王、华阳公主出资赞助，为修阁筹集了约三千万资财。

大历八年（773）春，皇帝赐大师绢二百匹及炼乳等物。五月，不空大师译成《萨路荼王经》一卷，皇帝又赐绢二百二十匹。冬十二月十四日，文殊阁上梁，一切费用皆由宫中负担，还对大兴善寺另有恩赐。

大历九年（774）正月，皇帝赏赐不空大师彩色丝绸六十匹。夏四月，又赐绢三百匹。六月十一日，皇帝下诏加封不空大师开府仪同三司，封肃国公，食邑三千户。不空大师数次推辞，皇帝不许。弟子们都很高兴，奔走庆贺。而不空大师感到不悦，说：“圣众俨如，舒手相慰，白月圆满，吾之去时。奈何临终，更窃名位。附令恳让。”

4. 不空金刚圆寂

大历八年冬腊月的一天深夜，不空大师自感即将离去，于是命弟子赵迁持笔砚，为其记下涅槃荼毗仪轨，并准许赵迁的后代以此为依据，给自己治理丧事。赵迁不断给师父叩头，恳请师傅慈悲，常住世间。大师笑而不语。

从大历九年春天一直到夏天，不空大师已经停止进食，也不睡觉。每日宣扬妙法，诫勖门人，言谈间说的都是《普贤行愿出生无边门经》，使弟子中受法较早的人属意《观菩提心本尊大印真诠阿字》，他说："此法证大觉身，若指诸掌。你等对于大法，应当像身家性命一样珍惜。闻此法不易焉！回想往日，我涉险冒危，为了学习佛法而奋不顾身，周游列国，往返十余万里。你等当心思此意，按照这个意向修行，不要为了利益而让自己的身家性命受辱，不要为了名而对我的丧事大操大办。这是我最后的叮咛，一定要牢记我的话。"

大历九年唐历六月十五日午时，不空三藏浴香水，换新服，端居正容，起草给皇帝的辞表。然后向北面瞻望皇宫的方向，侧卧，在大印身定中涅槃而去。他的灵魂虽然已登极乐，但身体依然如故，而且容貌气色更好。不空三藏享年70岁，僧龄50年。弟子惠朗，承接其大兴善寺灌顶阿阇梨之位。另外还有付法弟子数十人。皇帝哀悼大师，罢朝三日以示纪念，敕功德使李元琮知丧事，并赏赐大量的财物为大师治丧。

不空大师涅槃的时候，弟子们梦到千仞宝幢无故摧倒，文殊新阁忽然崩坏，大兴善寺整个院宇都在震动，金刚智大师传下来的宝杵在空中飞行。其后，大兴善寺后池池水一夜枯涸，林竹生实，庭花变色，发生了诸般异相。古书上说，释迦涅槃林木都变成了白色；孔子去世泗水为之逆流。古今的圣贤去世大概都会出现异象吧。

代宗皇帝追赠不空三藏大司空的名号，谥曰"大辨正广智不空三藏和尚"。不空三藏火化后，在余烬中得到了舍利数百粒，其中有八十粒入宫供奉。其顶骨舍利呈半透明状，十分神奇，皇帝特赐钱万余贯，在大兴善寺内造塔供奉。

（四）不空的译经与传教事业

不空三藏历任玄宗、肃宗、代宗三朝国师，地位尊崇。他品行高洁，不贪恋俗世资财。其在世时得到的赏赐非常多，但在圆寂前他给弟子留下遗嘱，将三代皇帝所颁圣旨、长年累月所积累下的御赐之物、自己搜集的梵本佛经及亲著的秘法图籍，皆赠送给国家。

不空将自己的一生都献给了译经和传教事业。由于不空地位崇高，获得的梵本佛经来源也非常广泛，主要有四类：皇家收藏、大兴善寺收藏、华严寺收藏及自己亲自下南洋搜寻的梵本。因此其所译经书范围十分广泛，遍及显密、大小乘佛教。据唐德宗贞元十六年（800）圆照和尚奉敕著作的《贞元释教录》记载，不空先后译出显密经轨总计11部143卷，其中大部分为密宗典籍，为汉传密教的建立做出了贡献。

不空拥有极高的天文学和文学修养。如在《文殊师利菩萨及诸仙所说吉凶时日善恶宿曜经》《金刚顶经义诀》中对古印度星相学就多有介绍。后来圆照和尚将不空的表文集为《表制集》，其文采斐然，圆照称赞他："冠绝古今，首出僧伦"。

不空被当时人称为"一切有部大戒师"。《不空三藏行状》说他居灌顶师位四十余年，受法（接受佛法）门人约万计，由他授比丘戒的弟子也有两千人。[①]接受灌顶的弟子就更多了，如玄宗、肃宗、代宗、德宗四代帝王都曾接受他的灌顶。

不空还被称为"一切有部大宗师"。不空的弟子很多，被不空认可能尽传五部之法的有六人，即金阁寺含光、新罗惠超、青龙寺惠果、崇福寺惠朗、保寿寺元皎和觉超，此六人也被当时人赞为"六哲"。不空圆寂后，惠朗年最长，继任付法大阿阇梨。另外，良贲、潜真、法崇等法师都向不空学习过梵汉名义和经论解诂。

第三节　大慧禅师——一行

大慧禅师俗家姓张，名遂，法号"一行"。一行禅师是我国古代著名的天文

---

①按：所谓"受戒"，是指佛教徒通过一定的仪式，接受佛教戒规，遵守修行。戒有五戒、八戒、十戒、具足戒等，因而受戒的仪式也各不相同。五戒（不杀生、不欺诳、不偷盗、不奸淫、不饮酒），是在家的佛教男女信徒终身应该遵守的戒条。十戒（不杀生、不偷盗、不淫、不妄语、不饮酒、不涂饰香鬘、不听视歌舞、不坐高广大床、不非时食、不蓄金银财宝），是佛教沙弥（7—20岁受过"十戒"的出家男子）、沙弥尼（7—20岁受过"十戒"的出家女子）所受的戒条。具足戒（大戒）与"十戒"相比，戒品具足；出家人受持此戒，即取得正式僧尼资格。比丘，指出家后受过"具足戒"的僧人；比丘尼，俗称"尼姑"，指出家后受过具足戒者。比丘戒有250条，比丘尼戒有348条。由此可见，佛教戒规具有鲜明的"劝善"功能。这是其信徒皈依佛门的重要原因之一。

学家，曾主持测定了子午线的长度，主持编修了《大衍历》，还主持制造了黄道游仪和水运浑天仪等天文测量工具。一行禅师还是密教的领袖，曾在大兴善寺修行。他精通金刚和胎藏两部密法，被后人尊为密宗“传持八祖”之一。他曾作《大日经疏》对密教的义理做了系统整理，对密教的传承影响极为深远。

一、一行禅师生平

一行禅师（683—727），祖籍河北巨鹿（今邢台），生于陕西武功，客居长安。[①]另说一行祖籍为魏州昌乐（今河南南乐县）。[②]

一行禅师的父亲名叫张擅，曾经担任过武功县令。一行禅师的家族与凌烟阁二十四功臣之一的襄州都督、郯国公张公谨同宗，大概都属于敦煌张氏的别支。[③]一行是张公瑾的从曾孙，但是一行家与郯国公家族的关系已经比较疏远。[④]

河北南部的邢州（今河北邢台市）、贝州（今河北清河县）一带自古就是方伎文化发达的地方。这个地方的人物在北朝至隋唐时期史书的《方伎传》中占有较大比重，其中比较著名的有北魏数学家清河人张丘建，北魏方伎名家巨鹿宋子人耿玄，北齐天文学家清河人张子信等。一行的父亲虽然官职卑微，但其在天文历算方面有一定的家学渊源。

一行年幼的时候就表现出了非同一般的特点，非常聪明，惹人喜爱。据《宋高僧传》记载，一行一家在唐玄宗开元年间居于长安兴唐寺。有一位邻居叫作王媪，她心地善良，经常给他家赠送衣物，还曾哺乳过婴儿时期的一行。《明皇杂录》则记载“一行幼时家贫，邻有王姥者，家甚殷富，奇一行，不惜金帛，常厚济之，约数十万。”“周给迭互，绷褓间抱乳汝（一行）。”[⑤]

---

①顾乃武、周楠：《论唐代僧一行与张公谨的宗族关系———兼谈僧一行的“籍贯”问题》，《廊坊师范学院学报》2013 年第 1 期，第 75—77 页。

②［后晋］刘昫等：《旧唐书》，卷一百二十九《方伎传》，中华书局，1975 年版，第 5112 页。

③吕建福先生的《中国密教史》认为郯国公张公谨家族出自敦煌张氏。

④［后晋］刘昫：《旧唐书》卷一百二十九《方伎传》，中华书局，1975 年版，第 5111—5113 页。其言一行是张公瑾的曾孙，并非真实，有攀附之嫌。

⑤［唐］郑处诲：《明皇杂录》，中华书局，1994 年版，第 42 页。

一行禅师

一行年少聪敏，博览经史，尤其是精通家传的天文历法、阴阳五行之学。当时玄都观有一名道士叫作尹崇，知识渊博，见识深远，家中藏书颇为丰厚。一行经常向尹崇借阅书籍。有一次，一行从尹崇那里借阅扬雄的《太玄经》，过了几天，一行去还书，尹崇很是惊讶，说："《太玄经》的内容比较深刻，我学了很多年都不能通晓。你应该试着继续研究，为什么如此突然就还书了呢？"一行说："我已经将《太玄经》的大义掌握了。"接着他又拿出了自己写的《大衍玄图》和《义决》给尹崇看，尹崇非常吃惊，于是和一行一起讨论《太玄经》的奥义，对一行的学问非常佩服。此后他逢人便讲："张家的那个孩子简直是颜回在世啊！"因此一行在很短的时间里就名满长安。

相传武则天的侄子武三思听到了一行的名声，想要拉拢他以壮大自己的声势。一行为了躲避武三思的纠缠，就逃到了中岳嵩山，拜普寂禅师为师，在嵩阳寺落发出家。中岳嵩阳寺位于河南登封城西北六公里的太室山南麓，也叫嵩岳寺，又名大塔寺，最早是北魏皇家的一座离宫，贞观二年（628）改建为佛寺。寺由唐太宗敕命修建，大将尉迟敬德监修，也是一座皇家寺院。如今佛寺虽废，但塔院犹存，特别是嵩岳寺塔是我国现存最早的密檐式砖塔。普寂禅师为禅宗北宗创始人神秀大师（约606—706）的入室弟子，佛法精深。

唐睿宗即位后，仰慕一行的名声，派东都留守韦安石携圣旨前往征召。一行以身体有疾为由，坚决不应命。为了摆脱困扰，就南赴荆州当阳，向悟真和尚学习梵语。

开元五年（717），唐玄宗令一行的族叔礼部郎中张洽怀着敕书前往荆州强行征召，无奈之下一行只好出山赴京。到了长安以后，玄宗皇帝将一行安置在光太殿，并数次前往向一行请教。一行为人光明磊落，言辞恳挚，对人对事毫不隐瞒。有一次永穆公主出嫁，玄宗下令礼部："仿照太平公主的例子用尽可能高的礼节，并给予丰厚的陪嫁。"一行谏言道："太平公主出嫁是在高宗末年，当时高宗只有一女，因此特别优待。后来太平公主越发骄纵，最后竟然谋逆获罪。永穆公主不应以太平公主为例。"皇帝采纳了一行的建议，追回了敕令，依照常例举办公主的婚礼。一行的耿直由此可见一斑。

二、天文学家一行

一行是我国古代杰出的天文学家、地理学家、数算大师，尤以天文学方面的成就名垂千古。这首先缘于一行幼年所接受的家学渊源启蒙，为其在方技之学方面打下了深厚的基础；出家后的一行又从善无畏、金刚智等印度高僧那里学习到了印度的天文学、数学知识；他曾协助族叔祖东台舍人张太素修纂《后魏书·天文志》，积累了不少实际的经验，使其很快便成长为盛唐时期杰出的天文历算和风水堪舆大家。[①]

（一）建造黄道游仪和水运浑天仪

唐玄宗即位初期，司天监根据李淳风（602—670）的《麟德历》预报日食，数次出现错误。开元九年（721），玄宗命一行住持编修新历法。俗话说："工欲善其事，必先利其器。"一行认为要想编订新历法，不能依靠旧的观测记录，只在算法上进行调整，这样是得不到精确的历法的，为此必须重新进行实际的天文观测。为了得到更加精确的观测值，一行还对当时的天文观测工具进行了重要的改进。

---

① 顾乃武、周楠：《论唐代僧一行与张公谨的宗族关系——兼谈僧一行的"籍贯"问题》，《廊坊师范学院学报》2013 年第 1 期，第 75—77 页。

1. 黄道游仪

开元九年，一行带领兵曹参军梁令瓒等人着手设计黄道游仪。新的黄道游仪不同于旧的黄道仪，这架仪器的黄道（古人想象中的太阳绕地的轨道）圈不是固定的，它可以在赤道上移位，用来模拟岁差现象。开元十一年（723），铜质的黄道游仪建造完成。

一行等人用新制的黄道游仪来观测日月五星的运动，获得了一些恒星的赤道坐标和对黄道的相对位置的测量数据，发现这些恒星的位置同汉代所测结果有很大变动。其数据比汉代的测量数据更加精确、科学。

2. 水运浑天仪

浑天仪，是浑仪和浑象的总称。浑仪是测量天体球面坐标的一种仪器，而浑象是古代用来演示天象的仪表。传说浑仪的发明者为西汉武帝时期的天文学家落下闳，东汉时期的伟大科学家张衡又对其进行了改进。一行等人设计制造了一个以水力推动而运转的浑象，称为“水运浑天”或“开元水运浑天俯视图”。

水运浑天仪利用水力进行运转，能够模仿天体的运行，最为独特的是它可以自动报时。水运浑天仪运行时，注水冲击机轮，然后其就开始自行运转，能够表现日月和星宿的运行。在水运浑天仪上还有两个木人，一个木人每刻（古代以“铜壶滴漏”计时，一昼夜分为一百刻，一刻相当于今 14 分 24 秒）自动击鼓，一个木人每个时辰（两个小时）自动撞钟。因此它不仅是一个天文观测机械，还是一个机械报时装置，是机械钟表的鼻祖。

这架水运浑天仪是对东汉张衡浑天仪的发展，其制成之后，被摆放在武成殿前，文武百官看到后无不服其精妙。其在测定朔望、报告时辰方面的精确性也远远超过了前代的浑天仪。这架机械后来因为生锈不能运转了，就收藏在集贤院，但是其伟大已经被铭记史册。

著名科技史学家李约瑟在《中国科学技术史》中说：“高僧一行和梁令瓒所发明的平行联动装置，实质上就是最早的机械时钟，是一切擒纵器的祖先。”[①] 而在欧洲直到 14 世纪才出现第一具机械时钟。

---

① ［英］李约瑟：《中国科学技术·天学》第四卷，北京科学出版社，1975 年版。

（二）天文测量

一行奉诏修订新历法后，开始组织发起了一次大规模的大地测量工作。

当时天文学界流行着“日影一寸，地差千里”的说法。这个说法是南朝刘宋时期的天文学家何承天提出的。何承天是根据当时在交州（今越南河内一带）的测量数据推测的。隋朝天文学家刘焯曾对此提出质疑。刘焯认为交州地方位于赤道，日表几乎不能看到影子，而且交州地方哪里有万里之遥，所谓“南过戴日，是千里一寸”并不准确。因此他建议从河南到北平每距百里设监测点，派水工和精通数算的术士在同年、同日、同时进行日影测量，得到其差率，日影和里程的比例关系就可以得到，子午线的长度也就可以得到了。

刘焯的建议在隋朝没有被采纳，但是他的建议极大地启发了一行。一行发现观测地点不同，日食发生的时间和所见食象都会不同，各节气中的日影长度和一日昼夜的长短也不相同，要想得到更加精确的数值就需要到各地进行实地测量。

一行在刘焯建议的基础上对观测计划进行了丰富。当时测量的范围很广，远远超过了刘焯的计划。最北的观测点设在铁勒回纥部（今蒙古乌兰巴托西南），纬度大约为北纬 51 度；最南的观测点设在林邑（今越南中部），纬度约为北纬 18 度；中间又设 11 个观测点，合计 13 个观测点。测量范围超出了现在中国南北的陆地疆界。如此大规模的大地测量在世界科学史上都是空前的。

当时一行坐镇洛阳统筹全局，兼理测量数据的分析计算工作；太史监南宫说和大相元太等人带队分赴各地。“测候日影，回日奏闻”。南宫说亲自率领的测量队主要负责中原地区的四个观测点：滑州白马（今河南滑县）、汴州浚仪太岳台（今河南开封）、许州扶沟（今河南扶沟）、豫州上蔡武津馆（今河南上蔡）。这四个点的经度介于东经 114.2 度到 114.5 度之间，基本上在同一经度（南北纵线）上。经推算，白马至上蔡有 526 里 270 步，纬度差为 1.5 度，从而推测纬度每差一度，南北方向距离大约为 351 里 80 步。

由于专家对唐尺大小有分歧，因此对一行的测量值与现代值之间的误差是多少，没有统一意见，但一般认为一行关于子午线的测量值相对误差大约为 11.8%。

一行奉诏修订历法后所进行的这次测量，用实际测量数据彻底地否定了历史上“日影一寸，地差千里”的错误理论，为修订历法提供了相当精确的地球子午线一度弧的长度。

（三）编订《大衍历》

从开元十三年（725）起，一行开始筹划编订新历法。经过两年的推敲，编成草稿，后经宰相张说和历官陈玄景等人整理成书，定名为《大衍历》。从开元十七年（729）开始，《大衍历》颁行全国，成为国家的标准历书。

《大衍历》利用了一些当时最为先进的数学方法，如九服晷影算法、插值算法等。

中国古代的历法从东汉《四分历》开始，就注意利用各节气初日晷影长度和太阳去极度的观测记录，漏刻（古代计时器漏壶上的刻度）、晷影（用晷仪测定日影）数据也一直是中国古代历法的重要计算项目。隋朝刘焯发明了二次等间距插值法，唐朝李淳风又将二次插值法引入到漏刻计算中。但是用来推算历法的数据主要来自嵩山天文台的观测数据，因此有其局限性。一行等人编订的《大衍历》其观测数据来自于更大规模的观测，更加的科学。一行在《大衍历》中发明了求任何地方每日影长和去极度的计算方法，称作“九服晷影”。

根据“九服晷影”算法，只要知道某一节气的太阳天顶距，其他各节气的太阳天顶距都可以通过加减这个差数求出。为了计算某地夏至（或冬至）的太阳天顶距和晷影长，一行发明了“步晷漏术”，还建立了一个从 0 度到 80 度的每度影长与太阳天顶距的对应数表，这也是世界上最早的一张正切函数表。

北朝天文学家张子信最早提出了太阳运动不均匀性的概念，指出：“日行在春分后则迟，秋分后则速”，并草创插值计算法。隋朝天文学家刘焯在《皇极历》中将之完善为非线性插值法。中国古代天文学家把一个回归年 365.25 日按照 24 节气等分成 24 份，每一个节气的时间就是 15.218 日。这种划分节气的方法称之为“平气”。“定气”则是把周天 360 度均匀地分成 24 份，每个节气是 15 度，每走完 15 度，就交换一个节气。但事实上，冬至前后太阳运动得快些，两节气之间只有 14 天多，夏至前后太阳运动得慢些，两节气之间达 16 天多。刘焯在以“平气”为间隔的日躔[1]表基础上插值，一行是在以“定气”为间隔的日躔表上

①古人为了观察日月运行的轨迹以定季节的变化，把黄道附近一周天由西向东分成十二等分，叫作“十二次”，每次都有二十八宿中的某些星宿作为标志。太阳运行所经星宿度次称为“日躔”。

插值，然后同样是按照等差数列的原理计算。

刘焯认为太阳视运动一年内的变化规律是：冬至（昼短夜长）最快，冬至后渐慢，到立春时开始加快，春分时又达到最快，冬至到春分这段时间内日速比平均速度快。春分后太阳视运动的速度突变为最慢，之后逐渐加快，到立夏时又开始减慢，夏至（昼长夜短）达到最慢。春分到夏至时段内比平均速度慢。

一行认为一年内的太阳视运动变化趋势是在冬至附近最大，以后逐渐变小，夏至时最小，之后又逐渐增大。这相当于把冬至作为太阳视运动的近日点，夏至为远日点。这种观点比较接近现代天文学科学的观点。

另外，一行还有意识地应用了三次差内插法的近似公式。《大衍历》中的月亮极黄纬算法和五星中心差改正算法中所用的插值法就类似三次差内插法。一行的插值法和刘焯的插值法本质上是一样的，但是一行引入了“中差”的概念。天文学家一般认为一行的这种算法还不是三次差内插法，它是在大量观测数据的基础上的算法调整。

在科学观测法和科学计算法的基础上，《大衍历》取得了重大的成功。它是当时中国最为精确的历法，世界领先。开元二十年（732）前后，传入新罗、日本，通行了百余年。

三、密教“传持第六祖”

一行还是一个兼容并蓄的佛学家。一行最初拜禅宗北宗大师普寂禅师为师，学习禅宗思想，后又入浙江天台山国清寺学习天台宗教义，再从善无畏学习密教胎藏界法门，后又向金刚智学习金刚界密法。他精通显密两教，对密宗胎藏界和金刚界两种密法都有传承。日本真言宗将龙猛、龙智、金刚智、善无畏、不空、一行、惠果、空海合称为“传持八祖”，一行则被尊奉为“传持第六祖”。

（一）广师篇

一行当初为了躲避武三思的纠缠，遁入空门。他首先是拜在禅宗北宗大师普寂禅师门下。普寂禅师是北禅宗的开山始祖神秀大师的弟子，他学识渊博，师法北禅宗，主张恪守戒律，循序渐进。一行后又向浙江天台山国清寺住持请教算学和天台宗法门，留下了著名的“水西流”的典故。

一行出身没落士族，但为人宽宏，与儒生、道士之间的关系也非常密切。一行本人出身巨鹿张氏，巨鹿张氏为清河张氏之别出分支。清河张氏为中古第二等的士族，家传儒学和算学等方技之学，曾出现过张子信、张丘建等天文算学大师。一行成名后，曾与从叔祖张太素合编《后魏书》，一行负责编写《天文志》部分。一行还与族叔张洽、河南尹裴宽、太史令南宫说等儒生关系密切，经常相互切磋。

一行还有很多道士朋友。一行幼年就与玄都观道士尹崇有过一段亦师亦友的交情。出家以后又与嵩山隐士卢鸿交好。卢鸿本是一行师父普寂禅师的好友。他非常鼓励一行多闻而择，曾对普寂禅师说："此子非君所能教导也，当纵其游学。"[①]

一行之所以能够在科学和佛法方面取得重大的成就，与其交游广泛，善于学习有很大的关系。

（二）密宗之"传持第六祖"

一行曾就学于善无畏，也曾师从金刚智，还曾向比自己年轻的不空学习。他接受了胎藏和金刚两大部密法传承，并将密教的教义教规重新进行了系统组织，把两大部结合了起来。

一行在长安一边从事天文历法方面的科研工作，一边参加译经活动。据《佛祖历代通载》记载，善无畏阐释《大日经》的时候，由一行负责整理润色工作。后来，一行又向金刚智学习《陀罗尼印》《瑜伽念诵法》《七俱胝陀罗尼》。金刚智还为一行设坛灌顶，教授一行翻译金刚界一系的密法。有说一行还曾拜不空为师，学习《金刚顶经大瑜伽秘密心地法门义诀》，此说不确定。[②]

因此，一行兼承了善无畏的胎藏界密法和金刚智、不空的金刚界密法两种，在此基础上，一行将二者合而为一。一行认为胎藏界之理和金刚界之智本来也是合而为一的，两者的融合才构成了完整的密法体系。

1. 一行与《大日经疏》

唐开元十二年（724），一行辅佐善无畏翻译密教两大经典之一的《大日经》。

---

①［宋］赞宁撰，范祥雍点校：《宋高僧传》卷二，中华书局，1987年版，第91页。

②一行（683—727）比不空（705—774）年长22岁，一行去世时44岁，此时的不空年仅22岁。一行或许曾经向年轻的不空请教过关于金刚界密法的问题，但拜师一事不确定。

在这个过程中，一行不断地向善无畏请教《大日经》的义理，并在次年编写形成了《大日经疏》。《大日经疏》是善无畏和一行两人佛学思想的结晶。

一行认为《大日经》中的第一品《入真言门住心品》是全经之总纲，统领全经大意。《入真言门住心品》中的“菩提心为因，大悲为根，方便为究竟”三句尤为重要。[①]

万千功德皆由心生，因此讲“菩提心为因”，菩提心是种子。菩提心又以虚静为要，“虚空等心者，即是净菩提”。“大悲为根”讲的是“执持”的含义。大悲心是由菩提心而生的，“从此净菩提心，而生大悲心也”，大悲心是心的本性。悲和慈是一体的，大悲也兼明大慈，应是大慈悲。发起悲愿，顾看众生，拔除众生一切苦厄。大悲心为根，为心性，根稳固，茎、叶、花、果才不至于腐坏。所谓方便究竟，是指入真言宗的方便法门。“谓万行圆极，无可复增，应物之权，究尽能事。”[②]

一行说方便法门有最基本的三个方面，即身密、语密、心密。三密都包含其深刻的意义，如语密门所颂的真言，都是“如来妙极之语”；身密所结的印契，“左手是三昧义，右手是般若义，十指是十波罗蜜满足义”。[③]“菩提心为因，大悲为根，方便为究竟”三句是菩萨得菩提心之后，因一切众生皆有可觉之性而不能自悟，而起大悲心，为众生说方便法，加以救护，使众生得至圆满。

一行对大悲胎藏生曼荼罗，给予了详尽的解释。大悲胎藏生曼荼罗，借胎藏比喻人的根性生成，修行者最初发菩提心时，就像父母因缘交合，种子之识初入胎中。种子后来渐渐生长，待出生后，已经具足种种根体。大悲心由种子渐渐生起，具足万行。

胞胎胎藏就像婴儿，先天具有某种根性，出生后开始学习各种技艺，然后能从事各种事业。从一尘不染的初心中生起万行，然后才能发起种种方便（世俗认识手段），结果才能济度众生。

胞胎胎藏又如莲花，其种子藏在硬壳中，但在种子中却含藏有莲的枝、叶、花、果的特性，初发菩提心的种子也是如此。种子初生花苞时，莲台和果实等

① ［唐］一行：《大毗卢遮那成佛经疏》卷一《入真言门住心品》。
② ［唐］一行：《大毗卢遮那成佛经疏》卷一《入真言门住心品》。
③ ［唐］一行：《大毗卢遮那成佛经疏》卷一《入真言门住心品》,。

藏于莲叶内，如同出世间心藏在蕴中。在莲叶包藏之下，莲花不受风吹雨打，而能日夜生长，犹如大悲胎藏，一旦成就，而能在日光中显照开敷。

胎藏（母胎内含藏子体），也就是唯识宗所讲的“阿赖耶识”。“阿赖耶识，义云‘含藏’。直译为‘室’，意为诸蕴由此中生，于此中灭，即是诸蕴窠窟，故以为名。”

一行的《大日经疏》结合了佛教各宗，如华严、天台、净土、唯识及儒家的观点，对密教《大日经》中的一些教义进行阐释。《大日经疏》对密宗的理论和仪轨重新进行了系统的组织，将密宗中一些隐含的意义通过浅显的比喻都解释了出来。故对于密宗来讲，《大日经疏》的地位十分重要。

2. 一行与胎藏界曼荼罗

胎藏界曼荼罗《大日经》把胎藏界用图绘示出来，从内到外分为三重：中心为第一重，表示佛的菩提自证之德；中间第二重表示大悲心；外围表示方便。第一重为大日如来，为君；第二重如同朝廷百官、内侍围护垂拱之君；第三重为众生，受诸方接引。

曼荼罗的第一重为中央八叶院：八叶莲花围绕着花中的大日如来，大日如来为大曼荼罗之王；八叶之中分别为四佛四菩萨，东、南、西、北四方之佛，分别表示佛的四智，即大圆镜智、平等性智、妙观察智、成所作智；四菩萨则表示佛的四行，即菩提、福德、智慧、羯磨等菩萨之四行。中央八叶院的周围上方即东方的遍知院，下方即西方的持明院，右方即东方的金刚手院，左方即西方的观音院。“皆名如来部门，右方是如来大悲三昧，能滋荣万善，故名莲华部；左方是如来大慧力用，能摧破三障，故名金刚部也。”[①]

曼荼罗的第二重包括金刚手院南的除盖障院，观音院北的地藏院[②]，持明院西的虚空藏院，遍知院东的释迦院。

---

①按：三障，指信行佛法的三大障碍：烦恼障（贪、嗔、痴等一切烦恼）、业障（由身、语、意所造成的一切不利于佛教修习的思想行为）、报障（地狱、饿鬼、畜生等恶报）。金刚，即金中最刚之意，比喻牢固、锐利，能摧毁一切。一般为“金刚力士”的略称，即手执金刚杵（古印度兵器）守护佛法的天神。寺院的四天王像，也俗称为“四大金刚”。

②按：地藏菩萨，谓其“安忍不动犹如大地，静虑深密犹如地藏。”相传其领受释迦牟尼佛嘱咐，在释迦既灭，弥勒未生之前，自誓必尽度六道众生，拯救诸苦，始愿成佛。

曼荼罗的第三重，释迦院的东边为文殊院[①]，虚空藏院的西面为苏悉地院，除盖障院的南面为外金刚部院。

一行认为万事万物皆蕴藏于曼荼罗之中，人亦然。人的身体，包含着三重曼荼罗，“头为内胎，心以上为第一院，脐以上为第二院，脐以下为第三院。”从这个意义上来讲，众生皆有佛性。“一切众生，即是华台之藏”。在此基础上一行提出了“即心是道”的观点，但不同于显宗的是，一行更讲“即身是佛”的观念。他说：“若即心是道者，何故众生轮回生死，不得成佛？”原因是不得法门。按照真言门的法则修行，就能速证庄严国土，甚至可以成就“大日如来”。

胎藏曼荼罗的等差次序，为地、水、火、风、空五者。先是空中风起，然后是风生水起，接着火上水起，水上地起。地、水、火、风、空五者为组成世界的五大要素，是世界的种子。在真言宗用字表示五大元素，“阿字门为地，嚩字门为水，啰字门为火，诃字门为风，佉字门为空”，五者相生，缺一不可。五缘又可以用不同的色彩来代表。从本质上讲，心为万法之体，又叫法界。“当知万法唯心，心之实相，即是一切种智，即是诸佛法界，法界即是诸法之体。”五缘和心缘，又构成密宗的六大缘起论。

3. 一行的悉地论

悉地即成就。人人皆有佛性，但缘何不能够成就？这是因为不得其法的缘故。只有密教的法门才是最为殊胜的法门，可以速证庄严境界。

密宗将人的修行分为五大过程，分别为信、入地、五通、二乘、成佛。

信，指的是深信如来，深信密藏，决定不疑。一行在《大日经疏》中说：“深信如来秘藏，决定不疑；信佛有如是方便，若依行者，必成菩提。”

入地，即指入十地（佛教修行过程中有十个阶位：欢喜地、离垢地、发光地、焰胜地、难胜地、现前地、远行地、不动地、菩萨地、佛地）中的第一欢喜地。菩萨经一大阿僧祇劫（时间异常久远，名劫无数）的修行，初成断惑证理之分，成大欢喜之位。

---

①按：文殊菩萨，中国佛教四大菩萨之一。相传为释迦牟尼佛的左胁侍，专司“智慧”。其形象为顶结五髻，手持宝剑，表示智慧锐利，其塑像多骑狮子，表示智慧威猛。常与专司“理”德的右胁侍普贤菩萨（其塑像多骑白象）并称。

大兴善寺春景

五通，是指成就第四地菩萨后所得到的境界。所谓“五通”，即神通，指通过修持禅定所能得到的神秘灵力，包括神足通、天眼通、天耳通、他心通、宿命通。菩萨得五通，佛得六通（五神通加上“漏尽通”，合为六通）。

二乘，是指到达第八地菩萨所得到的声闻（遵照佛法修行，以达到自身解脱为目的的修行者）乘和缘觉（观悟十二因缘而得道）境①。

成佛，是指登临第九地继续行菩萨道，修到第十地而获得正果，成佛，一念而永恒。

一行禅师上承善无畏、不空，下启智慧轮、空海、圆仁，是唐密形成最关键的人物，对于胎藏法及密教的中国化居功至伟。他的《大毗卢遮那成佛经疏》(《大日经义释》) 是中国僧人解释《大日经》最重要的著作，它的撰写标志着唐密正式的形成；他的《七曜星辰别行法》《北斗七星护摩法》等将密教法门与中国传统相融合是密教中国化的重要成果和见证。就密法的理论体系而言，一行是台密事实上的创始人。日本密教真言宗空海、天台宗圆仁以及日本后来密教各派的经义解释无不根源于一行。

四、一行禅师的故事

一行大师佛法高深，又精于术数和阴阳五行之学，关于他的民间传说有很多，最为著名的是关于一行求学和报恩的故事。

（一）“一行到此水西流”的传说

在浙江天台县城北 2 公里有一座天台山，天台山有一座国清寺，国清寺外立着一块石碑，石碑上刻着“一行到此水西流”七个大字。

传说唐玄宗时期，一行禅师受命编纂新历法。前期的资料收集和测量工作业已完成。一行禅师开始了夜以继日的运算，日也算，夜也算，解决了千百个

---

①按：十二因缘，也称“十二缘生”，为佛教“三世轮回”（前世、现世、来世因果报应轮回）的基本理论。包括无明、行、识、名色、六处、触、受、爱、取、有、生、老死十二个部分，称“十二支”，为一个总的因果循环链条。任何一个有生命的个体，均依照此因果律而生死流转，永无终期。人们的富贵贫贱、寿夭长短等等差别，以及社会结构上的阶级（阶层）之不平等，皆根植于此。而佛教修习的最终目的，就是摆脱“十二因缘”的束缚，跳出“三世轮回”的范围，此即“涅槃”。

难题，但是还有几个很要紧的数据计算不出来。这个时候，他听说天台山的住持大师非常精通数算之学，于是决定登门求教。

这一日，天台山国清寺的住持大师正在院中教授徒弟。突然间，他停下手中的算筹，对小徒弟说："今天会有个弟子来寺里学习算法，本应该已经到了，但却迟迟不见，你出去迎一迎。"小徒弟左等右等都不见来人，又去问师父。师父答道："门前水西流，弟子当至。"

传说这国清寺外的丰干桥下有一个胜景，名叫"双澜回涧"。寺院左右东、西两涧的涧水在丰干桥头会合。平日里，东涧水浊，西涧水清，会合后涧水半黄半碧，非常好看。但是在国清寺外，自古以来只有涧水朝东流，没见过涧水也会朝西流的。弟子们都说："自从佛祖开山几百秋，不曾见门前涧水朝西流！师父今天是怎么了？"有人说："天上红霞霞，门前日曝沙，涧水如何朝西流，叫人笑落牙。"

这个时候，有一名僧人急匆匆地走在通往国清寺的松径上。他脚着麻鞋，身穿玄袈裟，手持藤杖，背后还背着小包袱，风尘仆仆。他突然抬起头，见眼前一座高塔耸入云霄，古塔下万松叠翠，松林间隐隐有飞檐翘角。他高兴地叫道："啊！终于到了！"

同时，却听到山间一声闷响，山水澎湃，竟然直夺西涧而去。众徒弟顿时傻了眼。原来住持夜观天象，早就发现傍晚之前必有山洪，结果得到应验。

师父语重心长地告诫他们："为人求知譬如蓄水，水满了自然能纵横捭阖，想向东就向东，想向西就向西，无难不克。一行禅师不远千里前来学艺，他的精神连山水都为之感动，山涧之水当然也能西流啊。"

一问来者名号，自然是从长安来的一行禅师。住持传令大开山门，众僧列队迎接。众徒弟都非常惭愧，齐声应和："一行到此水西流！"

一行顿时拜倒在住持的面前，说："弟子一行，叩见师父。"住持僧一边还礼，一边拉起一行，说道："不必客气，快随我进寺吧。"在国清寺，一行随着住持钻研算法，学习天文知识，解决了历法编修上的难题。新历法《大衍历》终于成稿了！

为了纪念一行禅师虚心好学的精神和千里求师的顽强毅力，后人就在国清寺外的丰干桥头涧水回合的地方，竖下了一块石碑，铭曰："一行到此水西流。"

（二）一行报恩的故事

一行和尚幼年随父客居长安，家庭贫困。邻居一名姓王的大娘非常喜欢这个聪慧的孩子，经常接济他们，甚至还乳养过一行。一行禅师被封为国师后就想要报答王大娘。这个时候王大娘竟然找上门了。她苦苦哀求一行救救自己的儿子。原来王大娘的儿子失手杀人，被判了死罪。一行一时间左右为难，一边是亲如骨肉的恩人，一边是国法难违，怎么办？让他徇私枉法却又做不到。他给了王大娘了许多财物，但却没有答应救人。王大娘气得大骂一行忘恩负义，见死不救，便无可奈何地离开了。

看着王大娘失魂落魄的样子，一行脑筋一转，将一个布袋交给了两个心腹之人，告诉他们去一个地方藏着，从中午到晚上会有七样东西进入布袋。心腹领命而去，结果用布袋带回七只猪。一行把七只猪放进已准备好的大瓮中封住。

有宫人急切地前来传旨，皇帝召见一行。一行刚到大殿，皇帝已经迎了上来，问："昨夜北斗七星不见了，是吉是凶？如何应对？"一行做了一番解释后，建议"大赦天下"。李隆基当即下诏大赦天下。

北斗七星又一颗颗地重新出现在天上。原来一行既要报恩，又不能违犯国法，他唯有用自己的办法解决问题了。这个故事就记载在段成式的《酉阳杂俎》中。

开元十五年（727）十月，一行禅师圆寂，享年四十四岁。唐玄宗非常悲痛，出内库钱五十万，在铜人原（今西安市灞桥东北）为一行禅师建灵塔，并亲自撰写塔铭，谥一行"大慧禅师"之号。过了很久，玄宗还是很怀念他，赐绢五十匹，让官员去祭祀他。

一行禅师不但在释教中广受尊崇，在道教中也很受敬仰。道士邢和璞曾经对人说："一行和尚真圣人也，汉洛下闳造历云。八百岁当差一日。则有圣人定之。今年期毕矣。属《大衍历》出。正其差谬则洛下闳之言可信。非圣人孰能预于斯矣。"①

①［宋］赞宁撰，范祥雍点校：《宋高僧传》卷二，中华书局，1987年版，第91页。

第四节　惠果与智慧轮

惠果（752—805）与智慧轮是唐代中后期和晚期最为重要的密宗高僧。

惠果大师是佛教密宗的“第七祖”[①]，唐代宗、德宗、顺宗三朝国师。他先后拜昙贞大师、不空三藏、玄超阿阇梨为师，精通显密，打通金胎二部，创“金胎不二”法门。惠果大师后住持青龙寺，将青龙寺发展成为密宗的另一个中心。

智慧轮三藏是晚唐最著名的大兴善寺密宗高僧，为宣宗、懿宗、僖宗三朝国师，并担任左街僧录之职。[②]智慧轮三藏住持大兴善寺，被同时代的高僧誉为“经论之江海，梵文之山岳，我九州无有双者”。[③]

一、青龙阿阇梨——惠果

惠果大师，俗家姓马，京兆府昭应（今陕西西安市临潼区）人[④]。惠果大师出身于一个笃信佛教的家庭。其父与大照禅师（或作“大昭禅师”）昙贞交好。

（一）学法大兴善寺

惠果 9 岁便跟随昙贞门下出家，先是在青龙寺剃度（剃除须发，是佛教徒出家，接受戒条的一种规定），再于大慈恩寺受戒（通过一定的仪式，接受佛教戒律）。昙贞大师是不空三藏的弟子，又带他入大兴善寺学习。惠果年少聪颖，对于佛经很有悟性。不空三藏见到了很是喜欢，赞叹地说：“这个孩子应该学习秘密大法，他真是传承大法的好根器啊！”又告诉惠果：“以后把我教发扬光大的一定会是你。”

从此不空三藏便亲自来教授惠果，对待惠果就像父母对待孩子一样。不空

①惠果大师即是密教付法第七祖，又是传持第七祖。

②吕建福：《大兴善寺遍觉大师智慧轮生平及其思想》，《人文杂志》2012 年第 2 期，第 7 页。

③［日］圆珍撰：《上智慧轮决疑表》，《大日本佛教全书》第 113 册，第 297 页。

④一说为京兆府万年县归明乡人。见空海：《大唐青龙寺三朝供奉大德行状》，《大藏经 · 史传部》，第 49—52 页。

三藏传授他三昧耶戒，不久又亲自主持惠果的灌顶仪式，授予他《大佛顶》《大随求》之梵本。在学习《普贤行愿赞》《文殊菩萨赞》的时候，惠果一读就能统揽大义。不空三藏喜爱他的机智，就传授给他更多的密教经典。在惠果十五岁的时候，他的密法成就就已经超过了很多前辈。

有一次，代宗皇帝下旨召见惠果入宫。他说："朕有一些疑虑，希望你能够给我参详一下。"惠果招来了两个童子，施展摩醯首罗天魅女阿尾奢大法。天尊顿时附身童子。然后惠果告诉皇帝："法已经成了，陛下有什么疑问就问吧。"皇帝询问了一些历史上的历法、天象及王朝更迭问题，童子对答如流。皇帝赞叹地说："龙子虽小，已起云雨。佛弟子虽幼，能降天尊也。"

惠果十七岁的时候，发愿持戒，常在内道场闭关（在一定期限内闭居一室，一心诵经坐禅），持念不出，表现出极强的韧性和自控力，逐步具备了传承根本大法的条件。到了他十九岁的时候，不空三藏再次给他灌顶散华，得转法（宣说佛法）菩萨。三藏说："我从南印度国，散花得此尊，如今无异。异于吾后。希望你能将此发扬光大。"

二十岁的时候，惠果受具足戒，对经、律、论三藏更加地融会贯通，掌握了戒、定、慧诸般法门。不空三藏决定把金胎两部秘密大法，以及传法阿阇梨根本秘密印契传给惠果。不空三藏告诫惠果："我百年之后，你总持两部大法。你要护卫佛法，保卫国家，度化有情大众。密教的大法，从天竺国的五部寻求而来，其过程十分艰难。平常一尊一部已不易得，何况是两部呢？我的弟子虽然很多，但是获得一尊之法，或行一部之法。我怜惜你聪明睿智、根机上乘，今天将大法交付给你，你要努力学习，不断精进，回报我对你的器重。"

唐代宗大历二年（767），惠果 21 岁，密法大成，号"遍照金刚"，随即被任命住持青龙寺，专门弘扬密宗法门。

（二）弘法青龙寺

惠果大师住持青龙寺后，在青龙寺东塔院设灌顶道场，传授灌顶密法。一时间，长安上至朝廷权贵，下到黎民百姓，都争先恐后跟从惠果接受灌顶。惠果大师也成了声名仅次不空三藏的"密宗大师"，称"青龙和尚"。

大历八年（773）三月上旬，代宗皇帝下诏敕命惠果于慈恩寺置方等道场。惠果大师又迁到了慈恩寺圣佛院接受供奉，称"圣佛院和尚"。

唐德宗贞元二十年（804），惠果大师在醴泉寺为弟子义智等人建金刚大曼荼罗。在开始秘法之前，手作香炉印，祷告曰："如果我所置的尊位符合大法，那么请上天降雨显示。"言罢，顿时雷电交加，大雨倾盆。众人皆惊叹惠果大师大法灵验。当时，般若三藏也在座。他感叹地说："这是不退转成佛的迹象啊！"

惠果的弟子很多，中外皆有，甚至有印度南洋僧侣前来学法，如辨弘和尚，来自诃陵国（印度尼西亚爪哇），其诵《如意轮观音陀罗尼》，久而得到了法力。他听说胎藏界秘密大法在南印度，就整顿行李，准备出发求取。走到半路，有人告诉他："大法已经自不空三藏传到了大唐，已经由他的弟子惠果阿阇梨继承，现在惠果在长安青龙寺简器授法。你到那个地方，就可以得到大法了。"说完，那个人就凭空消失了。辨弘和尚拜伏感谢神人指引。后来辨弘和尚来到长安，拜见惠果大师，苦苦恳求，大师感到了他的至诚之心，于是将胎藏界秘密大法传授给了他。其弟子有日本人空海、新罗人惠日、悟真皆能弘法于本土，光大密教。

惠果在青龙寺弘传密宗 40 年，入门弟子和信徒非常多。门下弟子著名的有空海（日本）、惠应、惠则、惟尚、义满、义明、义照、义操、义愍、义澄、义智、义政、义一、法润、辩弘（诃陵）、惠日（新罗）、悟真（新罗）等，再传弟子以法全、元政最为著名。三传弟子有法全的弟子智慧轮，以及日本的圆仁、圆珍、圆载、遍明、宗睿，元政的弟子圆行等。

惠果大师贵为三朝国师，不空三藏之后密宗传法大阿阇梨，一生致力于弘扬两部大法。他真正将胎藏和金刚界两部大法融合，创立了"金胎不二"的法门，是密宗中国化的里程碑式人物。他创立绘制的金胎两部大曼荼罗，创制的金刚界诸尊金刚名号，已由其弟子带到了海内外各地。

金胎两部传法弟子有义操、义明、空海、惠应、惠则、惠日、惟尚、誓弘、义满、义照、义愍等；在中国义操嗣青龙寺法灯，在日本空海为嫡传，开真言宗一脉。单受胎藏部法弟子有悟真、义澄、法润等。单受金刚界部法者有惟诚、义圆、义证、义智、义一、吴殷等。另外还有其他受法弟子如义恒、义云、义伦、义润、智兴、行坚、圆通、开�等。

唐顺宗永贞元年（805）十二月十五日，惠果大师圆寂，享年 60 岁，僧龄 51 岁。不知何故，其事迹在中国没有流传下来。中国的佛教典籍《宋高僧传》《神僧传》《佛祖历代通载》《佛祖统纪》等都没有惠果大师的记载。其事迹主要被日本弟子空海所记录，后撰成《大唐青龙寺三朝供奉大德行状》及《大唐神都青龙寺故三朝国师灌顶阿阇梨惠果和尚之碑》。近代王弘愿居士又遍考史籍，作《惠果阿阇梨传》。

惠果阿阇梨是密宗之集大成者，学贯金胎两部，是不空三藏后最重要的传法大阿阇梨。惠果真正完成了金胎两部一具的传授。他的日本弟子空海则继承了他的衣钵，开启了日本真言宗一脉。

二、普照大师——智慧轮

智慧轮（？—876）是晚唐最为著名的密教大师，为宣宗、懿宗、僖宗三朝国师，住持大兴善寺，还担任过唐朝最高僧官——左街僧录，是被当时的佛教界赞誉为“九州无双”的佛学大师。[①]

（一）智慧轮生平

智慧轮三藏，俗家姓丁，名建武，京兆府杜陵（今西安市东南）人。[②]智慧轮出身杜陵丁氏，是长安杜陵原一带有名的官宦家庭。他笃信佛教，年轻的时候就发愿出家。

当时正值唐武宗会昌年间（841—846），武宗皇帝推行了一系列“灭佛”的政策。尤其是在会昌四年（844）七月，灭佛风暴最为剧烈。当时，武宗敕令“毁拆天下凡房屋不满二百间，没有敕额的一切寺院、兰若、佛堂等，命其僧尼全部还俗；令天下僧尼中犯罪和不能持戒者尽皆还俗；行咒术、妖术等者同禁，私人财产全部充入两税徭役。”当时的京城长安仅留了慈恩、荐福、西明、庄严四寺，僧人3459人被迫还俗。在这种情况下，智慧轮出家的想法就没办法实现了。智慧轮只能采取在家修行的办法，以俗家弟子的身份供养三宝（佛、法、僧），学习佛学。

会昌四年之前，当时长安玄法寺犹存。玄法寺住持为法全大师。法全是青龙阿阇梨惠果大师的再传弟子，从青龙寺义操受金刚界法，又从法润受胎藏界

---

①［加］陈金华：《智慧轮生平新考》，复旦大学中古中国研究前沿讲座之七。陈金华认为同一时期并存着两个智慧轮：一个为胡僧，一个是汉僧，是赞宁把他们两人合二为一的。

②吕建福：《大兴善寺遍觉大师智慧轮生平及其思想》，《人文杂志》2012年第2期，第8页。

法，是集金胎两部于一身的密教大师。当时，还叫作丁建武的智慧轮拜法全大师为师学习密法。[①]这也就是为什么唐朝海云和尚所著的《略叙金刚界大教王师资相承传法次第记》和后来人所补的《金胎两界师资相承》中没有智慧轮名字的原因。其中的丁建武或建武就是后来的智慧轮。在特殊时期，丁建武虽从法全受法，但是尚未出家，因此以俗名列入传法谱系。

法全大师活跃于唐敬宗、文宗、武宗、宣宗等朝。在玄法寺期间，著有《大毗卢遮那成佛神变加持经莲华胎藏悲生曼荼罗广大成就仪轨》两卷。会昌六年（846），青龙寺重建，改名“护国寺”，法全迁至护国寺净土院传法。唐宣宗大中（847—858）年间，法全编撰了《大毗卢遮那成佛神变加持经莲华胎藏菩提幢标帜普通真言藏广大成就瑜伽》三卷，即《青龙寺仪轨》，继续弘扬密宗法门。

唐宣宗即位后，重新倡导佛教，于是智慧轮正式出家。大中年间，智慧轮接受大曼荼罗法，受灌顶为阿阇梨，法号“般若斫迦”，汉语意译为“智慧轮”。智慧轮的灌顶授法之师为法全大师，文师为大兴善寺难陀三藏。智慧轮在法全大师的指导下，完成了显密经论和印契的学习，并向难陀三藏请教梵文，学问增长很快。

智慧轮学成之后获得灌顶阿阇梨资格，作“上都大兴善寺传最上乘祖佛大教灌顶阿阇梨三藏比丘智慧轮”，驻锡在大兴善寺，其居所就是不空三藏曾经的住所大教注顶院。因为他知识渊博，佛法高深，很快就成为众人仰慕的高僧，先后成为宣宗、懿宗、僖宗三代帝王的灌顶国师。法全大师因有这名弟子感到非常得意，经常向人夸耀：“兴善三藏和尚非常会义，此经论之江海，梵文之山岳，我九州无有双者。”[②]唐僖宗还敕封智慧轮为“遍觉大师”。“遍觉”的意思为“周遍圆满之觉悟”。《摩诃止观》说：“乃至成佛，正觉大觉遍觉。皆是观慧异名。”密教中以盛开之莲花象征佛陀之遍觉义。“大遍觉法师”也是唐中宗对玄奘大师的谥号。以“遍觉大师”来称呼智慧轮，意味着唐僖宗认为智慧轮是像玄奘大师一样伟大的高僧。

---

①有人认为智慧轮的老师是惠则和惠应。

②［日］圆珍撰:《上智慧轮决疑表》,《大日本佛教全书》第 113 册,《大日本佛教全书》刊行会，第 297 页。

智慧轮不仅担任大兴善寺住持，同时还担任着朝廷的左街僧录，肩负传法授徒、光大密教的职责和管理天下僧尼事务。唐宣宗时期，佛教重新盛行起来，懿宗时期达到了高潮。懿宗时期，发生了唐代规模最大的一次迎奉佛骨活动。智慧轮三藏大约为该次活动的主持。我们今天看到的保存佛骨舍利的宝函上面都镌刻着“智慧轮”的名号。《杜阳杂编》载：“唐懿宗咸通十四年（873）四月八日，佛骨入长安，懿宗亲至安福寺，亲自顶礼膜拜，泣下沾衣。”

乾符三年（876），智慧轮圆寂，谥号“普照大师”。乾符四年（877），唐僖宗为其起塔于万年县神禾乡孙村，塔名“彰化碑”，并仿玄奘例赐塔院，寺名“澄衿寺”。澄衿寺在宋代改称澄襟院，其地处神禾原，风景秀丽。据史书记载，澄襟院北倚高坡，有泉水涌出，泉声泠泠作响，寺僧种植了许多花木，绿竹隐隐，圃中花团锦簇。在北边的岩壁上和小溪上修建了许多亭台水榭，在茂林修竹和池泽间隐映，有幽胜之美，吸引文人骚客前去观光。

（二）智慧轮的密教思想

智慧轮有着“三藏”的称号。在法门寺地宫保存佛骨舍利的素面盝顶金函上面就刻着“三藏僧智慧轮”，盝顶银函上錾刻的铭文为“三藏比丘智慧轮”。日本僧人圆珍上智慧轮的表名为《上智慧轮三藏决疑表》，问智慧轮请教密教的有关教义和仪轨问题。《宋高僧传》称其为“般若斫迦三藏”。中国僧人被称为三藏法师的不多，密教尤为艰难，“灌顶为人天师”称为“三藏”；“夫三藏之义者，则内为戒定慧，外为经律论，以陀罗尼总摄之也。”

智慧轮所传持的正是唐代密宗由善无畏、金刚智、不空三藏等所创立的教法。他精通包括《金刚顶经》《大日经》《苏悉地经》三部大法及其大坛仪轨，以及顶轮王法及诸持明教法和杂部经轨、祈雨止风、延命解怨等密法，还有《大日经义释》《金刚顶心地法门义决》《略集印契标帜释义》等著述，另有悉昙类和显教注疏等几乎全部密宗教法。

智慧轮精通梵文，有“梵文之山岳”的美称，他曾翻译过很多密教经轨。流传下来的有《般若心经》一卷，《最上乘瑜伽秘密三摩地修本尊悉地建立曼荼罗仪轨》一卷，《摩诃吠室啰末那野提婆喝罗阇陀罗尼仪轨》一卷，《北方毗沙门天仪轨经》。中外的佛教僧侣经常向智慧轮上表请教。

智慧轮阐释密教教义的著作主要有《明佛法根本碑》和《示教指归》。《宋高僧传》中的《智慧轮本传》说他“著《佛法根本》，宗乎大毗卢遮那（大日如来），为诸佛所依。法之根本者，陀罗尼是也。至于出生无边法门，学者修戒定慧，以总持助成，速疾之要，无以超越。又述《示教指归》，共一千余言，皆大教之铃键也”[①]。

《明佛法根本碑》是一篇具有密教纲领性质的短文，其观点有二：其一，诸佛的根本为法身佛大毗卢遮那（大日如来）。其二，佛法的根本为真言陀罗尼。核心其实只有一个，即是宣扬和突出密宗思想，强化密宗的地位。其所谓佛之根本，首先就佛身观来说，十方诸佛总依法身大日如来，一切如来皆是大日如来法身所现之，自他受用及变化身。其所谓法之根本，是说陀罗尼可遍持三身大功德，即法佛之法性，法住法界，总持诸法。三藏教法是随众生根性流演而成，最终还要总归真言陀罗尼门。该文解释“三密修行”说：修佛身密之戒律，持佛语密之真言，依佛心密之正智，行有情三密之度门，即成无上三身之果位。最后说趣入陀罗尼的程序，如受戒发心，入曼荼罗灌顶，绍阿阇梨位等。

《示教指归》与《明佛法根本碑》意义接近，角度有所不同。其说佛陀开演法门无数，用来普遍地适应广大信众，但是三藏是总摄纲领。没有学习过佛法的人，学习佛法，首先学习“契经”；已经学习过佛法的人，因此要学习持戒，就要学习“律藏”；已经受戒的僧众，需要通达诸般佛法的真实性相，因此要学习“论藏”。因为有情众生的根性不同，所以有大小（乘）之别，各自依照戒定慧学习，然后才能修行成果。小乘有四果三觉；大乘的前十地，皆是佛说，咸指佛心；最上乘三藏名佛乘，圆开灌顶，超升等妙之尊，三密四印相应，顿证三身佛果；并说入此佛乘之道为最殊胜方便之道。总之，这两篇文章皆是讨论和阐释密教的根本性和优越性，认为显教三乘只是粗浅的学问。

智慧轮作为护国帝师，受三代皇帝的尊崇，拥有大慈悲心，秉持护国护法理念，忠于大唐皇室。在法门寺地宫供养佛舍利的宝函上所镌刻的铭文就充分说明这种思想。法门寺地宫的佛舍利宝函分为七重，其金函和银函上有文字。金函铭文为：“敬造金函，藏佛真身。上资皇帝圣祚无疆，国安人泰，雨顺风调，法界有情同沾利乐。”银函铭文为：“献上盛佛真身舍利，永为供养，殊标功德，福资皇帝千秋万岁。”其希望以供养佛舍利的功德护佑大唐国泰民安，护佑皇帝千秋万岁。

---

①［宋］赞宁撰，范祥雍点校：《宋高僧传》卷二，中华书局，1987年版，第52页。

中晚唐之时，密宗是长安最为兴盛的佛门宗派。密宗以修习三密瑜伽而获得悉地，故名密宗，或名瑜伽密教。密宗信仰毗卢遮那佛（大日如来），传大日如来所说之金刚界、胎藏界两部教法，视宇宙中的一切皆为法身佛毗卢遮那佛（大日如来）所化现，表现其智德方面者称为金刚界，表现其理性方面者称为胎藏界。密宗传承严密，不得对未灌顶人宣示其法，故而称"密"。密宗认为修行三密妙行，即可现世成佛。

唐肃宗以降，国家长期处于动荡之中。密宗的教义适应了大唐皇室追求统一、追求稳定、追求秩序的梦想，因此密宗的领袖们——不空、惠果、智慧轮都被皇室尊奉为国师，其宗派也十分的显赫。

第五节　大彻禅师——惟宽

大兴善寺惟宽禅师（755—817），唐代著名禅宗高僧。他自幼出家，初习天台宗止观学说，后又师从禅宗洪州宗创始人道一法师（又称马祖道一），遂为禅门一代名僧。唐元和年间，惟宽禅师奉诏入长安弘扬洪州禅法，被唐宪宗尊为国师，圆寂后，谥"大彻禅师"。

一、善根深种

大唐天宝十四年（755），惟宽出生在浙江衢州信安（今衢州柯城区）一户姓祝的殷实人家，祖父名叫祝安，父亲名叫祝皎。

衢州始设于唐武德四年（621），因"路通三越"而得名。从唐初开始，衢州作为浙、闽、赣、皖四省边际交通枢纽和物资集散地的地位就已经凸显，素有"四省通衢、五路总头"之称。唐朝诗人孟郊的诗《峥嵘岭》这样记载："疏凿顺高下，结构横烟霞。坐啸郡斋肃，玩奇石路斜。古树浮绿气，高门结朱华。始见峥嵘状，仰止逾可嘉。"[①]还有宋诗《三衢道中》的"梅子黄时日日晴，小溪泛尽却山行，绿阴不减来时路，添得黄鹂四五声。"[②]所讲都是衢

①［唐］孟郊：《孟东野集》卷十三，中华书局，1912年版。

②［宋］曾几：《茶山集》，《聚珍版丛书》，艺文印书馆，民国版。

子安地藏王菩萨

州风光。

隋唐时期的江南地区佛教非常盛行。唐代诗人杜牧有诗云："南朝四百八十寺，多少楼台烟雨中。"衢州山川秀美，交通便利，经济发达，佛教也很繁盛。据《衢州府志》记载唐时的衢州有"伽蓝（寺庙）六十五（座）"。其中著名的有衢州天宁寺和常山灵峰寺。灵峰寺虽不及天宁寺有名但在浙江也是了不起的大寺。惟宽禅师后世的同乡宋代名臣赵抃曾作有《题灵峰寺》一诗，曰："雁荡林泉天下奇，谢公不到未逢时。碧霄万壑千岩好，今日来游尽得之。"

据说祝家就住在衢州灵峰寺的附近。祝家人笃信佛教，法师的祖母、母亲都是虔诚的佛教徒，坚持吃斋念佛，供奉三宝。法师降生的时侯产房内顿生光芒，久久不能散去，并伴随着阵阵异香传来。大家被这种奇异的景象惊呆了。前来祈福的比丘尼对法师的祖母说："这孩子与佛有缘！"法师自幼聪明，悟性很高，过目能诵。年纪很小的时候他就经常为祖母诵读佛经。

法师自幼心怀慈悲，遇到乞讨者经过家门前，总是偷偷将自己的衣食悄悄送给他；遇到受伤的鸟、兽，总是细心地替它包扎，照料它，直到它恢复。法师 13 岁那年，春节将至，于是家人杀鸡宰羊筹备新年。法师看到地下挣扎抽搐的鸡鸭、流泪的羔羊和满地的血腥，内心挣扎无比。整个年节期间法师都不忍心吃一口肉食。等到新年结束，法师告诉家人，他要出家为僧。家人对他的决定惊诧不已，祖母、母亲痛哭流涕，再三劝说挽留，但是法师决心已定，无法挽回。最终，家人还是只得顺应他的愿望，让他落发为僧。

二、证道禅门

法师刚刚出家的时候，因为年幼法师就在衢州附近的寺院里修行。当时衢州地方的佛教受天台宗影响较大，因此法师最初也是按照天台宗的法门循序渐进地修行。

他先是接受僧昙法师剃度，为僧昙座下小沙弥。渐渐长大，又受尸罗戒①，

①尸罗，为六波罗蜜中之"戒行"，乃佛陀所制定，令佛弟子受持，以为防过止恶之用。《大智度论》卷十三有云："尸罗，好行善道，不自放逸，是名尸罗。或受戒行善，或不受戒行善，皆名尸罗。"《阿毗达摩俱舍论》讲"尸罗"，字面意思为"清凉"，能平险业，受持戒乐，身无烦恼。

正式成为僧人。后又修习毗尼（戒律）[①]，然后从天台止观法门入手，研习大乘佛法。

（一）初习止观

天台宗开启于北齐慧文法师，经南岳慧思，到天台智顗（智者大师）形成了一套严密的理论体系。天台法门以《妙法莲华经》为宗旨，《大智度论》作指南，《大般涅槃经》为扶疏，《大般若经》为观法。智顗认为《妙法莲华经》和《大般涅槃经》是佛陀演教后期的经典，犹如牛乳中的醍醐，也是最为圆通的佛法。天台宗的主要思想是实相和止观，以实相阐明佛法，用止观指导实修。

天台宗的修行禅法被称作“圆顿止观（禅法）”。止观的修行在梵语中叫作“安那般那（观出入息）”，汉语中叫作“禅修”，意思是“心的开展”。

在天台宗看来止观是一体的，止即是禅定，观是智慧、般若；摄心入止为定，静明观照为慧；止中有观，观中有止，因此又作“止观明静”，意思是止观并运、定慧合力。止观法门的作用一方面可以清除淫欲、憎恚、怠惰、焦虑、不安、疑惑等心中的杂念、妄想；一方面又能够培养修行者集中精力，以宁静的心境、清明的心智、强大的自信、坚强的意志，运用知识，提升分析力，最后拥有如实知见一切事物本性的最高智慧，证道涅槃（终极的真理）。

止观法的修行以持戒为首，强调只有严格遵守戒律，深入反省，才能保持身心的清净，其次在于调整身形，使身体保持端庄，着为调整呼吸，使呼吸平稳顺畅，最后也是最重要的是调整心性，心中清净无碍，自然能够证得如来智慧德相。调心又可以分为止心和观心两个阶段，止心就是收摄心神，系在一处，制伏心中杂念妄想；观心就是关照内心，佛教认为众生皆有佛性，如果能真正做到反观自心，就可以将自身的佛性显现出来。

（二）问道洪州

惟宽 24 岁时受具足戒，于是开始下山游历。几经辗转，惟宽来到了钟陵

---

①毗尼，梵语音译，也作“毗奈耶”，意思为律，又意为灭、调伏。《毗尼母论》曰：“毗尼，名灭。灭诸恶法，故名毗尼。”强调以律制伏、除灭诸恶行。毗尼是僧团共同生活的规定，具有强制力，不能遵守这些规定的出家人，将被强制驱除。毗奈耶的总集，即是《律藏》。

（今江西南昌市）开元寺马祖道一的座下，学习洪州禅。

洪州禅是禅宗南宗的一个支派，由马祖道一所创。禅宗，又称佛心宗，其核心思想为："不立文字，教外别传；直指人心，见性成佛"。禅宗所讲的"性"指的是"真如自性"，即清净心、如来藏识。禅宗讲"人人皆具佛性"。禅宗的修行以"无念"为宗旨，所谓禅定是指修行者不起任何一个妄想杂念，不为一切外部境界所动。马祖在此基础上又提出了"即心是佛""非心非佛""平常心是道"三大命题。

在修行实践中，马祖主张"道不用修""任心为修"，强调对"本心""自性"的体悟。还提出了"触境皆如""随处任真"等理论。马祖禅直指本心，对破除我执，转识成智见解独到。

马祖对禅宗的"禅机"教育进行了极大的发扬，他擅长用隐语、动作、手势、符号、吹啸、道具、拳脚等开悟接引学人，通过禅机的方式与同道及弟子展开思想交流。马祖用禅机取代了以往看经、坐禅的传统，大开大阖，大机大用，机锋峻烈，杀活自在，形成了一种自由活泼的禅风。

关于惟宽在马祖门下学习的具体情况缺乏相应的历史记录，但我们可以从马祖对别的弟子的教育领略到马祖"禅机"教育的风姿。

洪州百丈山怀海禅师是马祖道一禅师的传法弟子之一。有一天，怀海陪同马祖在野外行脚①。这时恰好有群野鸭从旁边飞过。马祖问淮海："是什么？"怀海答："野鸭子。"马祖又问："何处去也？"怀海说："飞过去也。"马祖突然转过身，使劲儿地拧怀海的鼻子。怀海痛得大叫。马祖呵呵一笑："又道飞过去也！"怀海恍然大悟。

在禅宗看来，浩瀚的世界本无南北东西的分别，只有执着于虚妄之相和差别意识。正如六祖慧能所言："不是风动，不是幡动，仁者心动。"

又有一天，怀海来参见马祖。他侍立在马祖身旁，看到马祖一直看着胡床边上的拂尘。怀海问："即此用，离此用？"马祖训斥道："汝向后开两片皮，将何为人（你以后开口说法，将如何教人）？"怀海禅师赶紧擎起绳床边的拂尘。然后马祖也问："即此用，离此用？"怀海听了，又将拂尘放回原处。马祖忽然

①行脚，指的是僧人为寻访名师，或为自我修持，或为教化他人而广游四方，无一定的居所，可一人独行或多人同行。

作狮子吼，震得怀海耳鸣了三天。

南怀瑾先生在《楞伽大义今释》中说："离此用，即此用，但依体而立义，便说为毕竟空，因为真知自相，的确已经空了；一切业识流注之相，唯依用而立义，便说为胜义有；因为真如的体相本身不生不灭，常乐我净的。"[①]简单地说，"即此用"讲的是"识"，是现象；"离此用"讲的是"真如"，是本质。马祖在这里开导怀海要破除我执，转识成智，透过现象看到本质。

有僧人问马祖："如何是佛"？马祖回答："即心即佛。"简洁明了，直指人心。

马祖善于通过各种方法教育弟子，破除执妄，明心见性。这种教育方法非常独特，又深具启发性。

惟宽禅师在马祖座下修习了大约九年左右的时间，终于得到了马祖的道法真传。唐贞元六年（790），惟宽拜别恩师，下山游历。

三、弘法利生

唐贞元六年，惟宽禅师离开开元寺后在福建、浙江一带行脚。一年多的时间，拜访了许多当地的高僧。有百余位高僧因为钦佩惟宽精深的佛法而改信洪州宗。

唐贞元七年（791），惟宽禅师行脚到了会稽郡（今浙江绍兴一带）。当时绍兴一带有猛虎为害。惟宽禅师为了护佑苍生，于是布下滕家道场，驯服了猛虎。使一方百姓得到了安宁。

唐贞元八年（792），惟宽禅师开始北上弘法。途径鄱阳（今江西上饶市鄱阳县），路遇山神。山神阻挠禅师，结果被禅师降服，于是请求禅师给自己受戒。禅师授予山神八条戒律，并作回向道场[②]，将自己所修的功德、智慧、善行、善知识与山神分享。鄱阳山神受到禅师的感化，从此弃恶从善，护佑一方百姓，积下了无数的功德。

---

①南怀瑾：《楞伽大义今释》，复旦大学出版社，2001年版。

②回向，佛教用语，意思为"回"转归"向"，是指修行者将自己所修的功德，智慧，善行，善知识，与法界众生同享。回向是佛教修行过程中一种非常重要的修行功夫。可以开拓修行者的心胸，使功德有明确的方向而不致散失。

唐贞元十三年（797），禅师北上少林，路遇鬼怪为害地方。禅师口诵佛经，鬼怪得到了感化，纷纷跪地祈求禅师超度。于是惟宽禅师布下道场超度它们往生。

唐贞元二十一年（805），禅师在洛阳卫国寺（一作安国寺），一日突感烦恼，禅定后，对一切因果了然于胸，于是做有为功德法会[①]，尽了前缘。

唐贞元二十二年（806），禅师北上保定府定兴县天宫寺。以佛家大慈悲心做无为功德法会[②]，利益有情众生。至此禅师修行臻于圆满。

唐元和四年（809），由于惟宽禅师的声望愈来愈大，宪宗皇帝下诏召见禅师。惟宽禅师赶赴长安后，宪宗皇帝在安国寺召见了禅师。元和五年（810），禅师又奉诏参与麟德殿斋会，被奉为国师，并升任大兴善寺首座。

惟宽禅师驻锡大兴善寺后，一直住在大兴善寺传法堂。之所以将禅师的住处命名为传法堂，是因为禅师在此弘扬洪州禅法，名震长安，座下有弟子千余人听讲。禅师弟子中最为出色的出家弟子有义崇和圆镜，俗家弟子中最为著名的是大诗人白居易。白居易曾作《西京兴善寺传法堂碑铭并序》感念禅师的恩德，其铭曰："佛以一印付迦叶，至师五十有九叶"。

惟宽禅师在大兴善寺的时候还发生了一件神奇的事情。大兴善寺北部原有一弯池塘。池塘内有三只泉眼给池塘供水，一年四季都不结冰，碧波荡漾。但在不空三藏圆寂时，泉眼突然干涸，池塘也渐渐地枯竭。等到惟宽禅师来到后，泉眼竟然重新浚通，池水还有白莲绿藻自生。长安百姓认为惟宽禅师是不空三藏再世，纷纷敬仰膜拜。后来惟宽禅师圆寂了，泉眼再次枯竭，池塘也逐渐变成了陆地。

唐元和十二年（817），惟宽禅师圆寂于长安大兴善寺传法堂。之后葬在了长安灞陵西原，唐宪宗皇帝追谥他为"大彻禅师"，并建塔纪念，塔名"正真塔"。

---

①有为功德，指世间一切因缘所生之功德善法。对此涅槃第一义谛称无为功德。《赵州录》卷下《十二时歌》曰："日出卯，清净却翻为烦恼，有为功德被尘幔，无限田地未曾扫。"

②无为功德，出家人为了利益众生而不为积累功德而做的善行。《维摩诘所说经》有云："不应说出家功德之利，所以者何？无利无功德是为出家。有为法者可说有利有功德，夫出家者为无为法，无为法中无利无功德。"

四、惟宽禅师的禅学思想

惟宽禅师在中晚唐时期影响很大，是马祖座下最为得意的弟子之一，也是洪州禅系京禅类的杰出代表。根据宗密禅师的《禅门师资承袭图》洪州宗的传承脉络是：六祖惠能——南岳让——洪州马——章敬晖，在洪州马旁出位置有百丈海、西堂藏、兴善宽。

从当时的影响力来说，兴善寺惟宽和章敬寺怀晖同为马祖座下影响最大的弟子。唐元和三年（808）开始，怀晖和惟宽先后入长安弘扬洪州禅法。两人一个驻锡在章敬寺，一个驻锡在大兴善寺，而且都被封为国师，座下僧俗弟子有千余人，使得洪州禅风头一时无两。同时代的禅宗高僧宗密说："元和中，宽、晖至京师，扬其本宗，法门大启，传百千灯，京夏法宝鸿绪，于斯为盛。"①

从对洪州禅理的发扬而言，兴善惟宽和西堂智藏最为精深。智藏是"得大寂（马祖）付授纳袈裟"的弟子，大约是道一的禅法正传，而惟宽则是和智藏在禅理上齐名的洪州禅高僧，就犹如当年五祖黄梅座下的慧能和神秀。当时洪州宗的后辈高僧皆说："惟宽宗于北，师（指智藏）宗于南，又若能与秀分于昔者矣。"

惟宽禅师对马祖洪州禅的发挥主要体现在如下几个方面。

（一）破我执

我们先讲一则公案：有人问惟宽禅师："狗也有佛性吗？"禅师说："有。"那人又问："那和尚你有佛性吗？"禅师说："我没有。"那人再问："一切众生皆有佛性，为什么你没有？"禅师说："我不是一切众生。"那人便奇怪了，继续问道："和尚既然不是众生，那莫非是佛？"禅师回答："我不是佛。"那人更奇怪了："既不是佛，也不是众生，那是什么东西？"禅师回答："也不是东西。"其人问佛便是执着于佛，而禅宗讲的是明心见性，佛性存在于人的清净心之中，无碍于外物。执着于成佛也是执着于外物，属于执念。

还有一则公案这样讲：有僧人向惟宽禅师请教："道在何处"。禅师答道：

① [宋] 赞宁撰，范祥雍点校，《宋高僧传》卷九，中华书局，1987年版，第200页。

“道就在眼前。”僧人又问：“那我为什么看不到呢？”禅师说：“因为你心中有‘我’，所以看不见。”也就是说，只要心中有“我”就是挂碍，所以你就看不见道。因此，你必须消除“我”，消除“我见”才能破除障碍，认识事物的真相。这时僧人似乎明白了，但仍不死心，又问：“既然我有‘我’的执着，所以看不见，那么禅师你能看见吗？”禅师笑了：“有你有我，辗转不见。”禅师这是在说：“既然在你心中还存在“你”和“我”的分别心，那么‘道’你还是看不见的。”僧人又问：“如果我心中无‘我’也无‘你’，能看见‘道’吗？”禅师回答：“既然无你无我，那又是谁在要求见‘道’呢？”

在惟宽禅师看来，“大道就在眼前，就在你心中”，只有破除了你与我的分别心，才能心与道合一。“大道”是超越性的，你不超越分别心怎么能够证道呢？既然你已经实现了超越，又何必执着于道呢？

（二）证空性

有僧人问惟宽禅师：“如何才能得道？”禅师说：“大好山。”僧人很奇怪：“学人问的是道，禅师为什么要说好山呢？”禅师回答道：“你只识得好山，又何曾接近道呢？”这是在说僧人只是看佛经，读佛经，却不曾真正的修佛，又怎么能得道呢？

唐元和四年（809），禅师应宪宗诏来到长安。时任刑部侍郎的大诗人白居易也拜在了大师门下，成为一名俗家弟子。

白居易曾问禅师：“既然您是禅师，用什么说法呢？”

禅师回答道：“无上菩提者（最高之觉悟境界），修于身就是‘律’，宣于口就是‘法’，行于心就是‘禅’。修行的三种法门，其本身是一致的。这就像江、河、淮、汉，因其所处地方的不同而得名，但是它们的名称虽然不同，但是作为水的本质却是一样的。律即是法，法即是禅。为什么要在其中枉然起分别心呢？”

白居易再问：“既然没有分别，那用什么来修心呢？”

禅师说：“心本来没有损伤，为什么要修理？无论垢与净，一切妄念都不要生起。”白居易又问：“垢（恶的念头）即不可生起，那么净（善的念头）也不可生起吗？”禅师说：“这就像人的眼睛，任何东西也不能沾染。金粉虽然宝贵，但是对于眼睛来说也是病害啊！”

白居易再问：“既然也不修行，也不念经，那又与凡夫俗子有什么区别？”

禅师回答："凡夫不知意识心之虚幻，执着于二乘[1]，只有脱离这两种虚妄，才能称作真修。真正的修行者不得勤，不得忘。勤即近执着，忘即不知意识心的虚幻。这就是佛家清净心的要义啊。"

白居易接受了禅师的教诲，他后来在《感悟妄缘题如上人壁》中写道："摄动是禅禅是动，不禅不动即如如。有营非了义，无著是真宗。"

从惟宽禅师为白居易讲解佛学的话中，我们可以发现惟宽禅师是将天台宗的止观学说和洪州禅法融汇在一起的。他用禅宗思想将天台止观学说进行了简易化。他强调清净心的至高性，但却也肯定修行是存在一定的层次的，需要循序渐进，不能随意超越，但又并非不能超越。

（三）不可思议

僧人问禅师："禅师你说你既不是佛，也不是众生，那是什么东西？"禅师说："也不是东西。"僧人又问："那么可以看见，或者可通过冥想得到吗？"禅师回答说："你就是冥想也达不到啊，你通过辩论也得不到啊，所以如来藏就是这样思之不及，议之不得，所以才叫'不可思议'"。

其实在这次辩论中讨论的话题是在不断变化的，最初讲的是佛性，接下来讲的佛性的本质，最后讲的是清净心或如来藏的获得。禅宗讲："人人皆有佛性。"禅师却讲："自己没有佛性。"这里事实上讨论的是从佛性迁移到了佛性本质的讨论。最后禅师点明如来藏的获得是不可思，不可议的。

洪州禅宗的"见性成佛""即心即佛"讲无修无证而悟；"非心非佛"讲的是直指本心，破除执念，但同时还在讲"平常心是道"，"平常心既是自然之心，又是超越知与不知的大智慧。"[2]

惟宽禅师的佛学思想是中唐宗教融合趋势的杰出代表，也是大兴善寺佛学特点的重要体现。在隋唐时期，受中国传统文化的浸润，从印度传来的佛教思想与中国本土思想，汉传佛教各宗派的思想之间经过长期冲突、磨合，逐渐出现了融合的趋势。而大兴善寺长期作为全国佛教事务管理中心的独特

---

① 二乘：佛教术语，一般指的是声闻、缘觉，简单地说，就是通过眼、耳、鼻、舌、身、意所得到的外在联系。

②麻天祥：《平常心是一种超越之心》，《河北佛教》2012 年第 3 期。

大黑天

地位，这种特点表现得尤为明显。另外，中国传统文化中有一种“会通精神”，它博大精深、兼容并包，能够妥善地将各种不同文化思想进行有机整合。唐长安兴善寺惟宽禅师的佛学以禅学为宗旨，以天台止观学为门径，同时兼修秘法神通，这体现了唐文化兼容并包的时代精神，也体现了中国文化的会通精神。

第四章　大兴善寺的历代住持

佛教传入后，佛教僧团制度也随之传入中国。伴随着佛教中国化地不断深入，汉传佛教的丛林制度逐渐走向成熟。中国古代佛教寺院的管理制度经历着一个由“三纲制”向“住持制”转变的过程。

所谓“三纲”即上座、寺主、都维那，指的是寺院中统领僧众，职掌各项事务的三种僧职。上座，也称首座，统领众僧，由德高望重、佛法精湛的高僧担任；寺主，主要负责寺内殿宇营造及管理事务；都维那，亦称“知事”，主管寺内僧众庶务。住持制是汉传佛教寺院僧团体系走向成熟的产物，住持是寺院的最高负责人；方丈是对佛教十方丛林最高领导者的称谓，具有传法大德资格的住持可称为方丈，可以兼任多个寺院。

有着1700余年历史的大兴善寺是中国佛教丛林制度演变的重要见证。此外，因为大兴善寺既是皇家寺院，又是皇家译经场所在地，还长期是最高僧官昭玄大统的驻锡寺院，因此大兴善寺的寺院管理制度相较一般寺院更加特殊。

第一节　隋唐大兴善寺的“三纲”

大约在姚秦时期，中国的佛教寺院借鉴印度的僧团管理制度，形成了“三纲制”。隋唐时期，佛教寺院的僧团组织基本还沿袭“三纲制”，但是已经开始了中国化的进程。对于大兴善寺来说，因为长期肩负着全国最高佛教管理机构职能的原因，所以大兴善寺僧团的管理者除了“三纲”外，还有“六众主”。

一、隋朝时期大兴善寺的"三纲"

隋朝仿照北齐僧官制度，中央设昭玄寺，置昭玄大统（大沙门统），昭玄统、昭玄都等僧官，还在僧侣中设"五众"（即大论、讲论、讲律、涅槃、十地等五种）制度，由朝廷任命的学问僧担任"众主"；对西域各国来华僧侣还设有外国僧主职位；州郡地方设统都、沙门都、断事、僧正等。隋朝的昭玄寺很长一段时间就设立在大兴善寺寺内。

据《开元释教录》记载："开皇二年（582）……学士费长房等笔受，昭玄统沙门昙延、昭玄都大兴善寺主灵藏等，二十余德监护始末。"①《释氏稽古录》记载："以法师昙延为昭玄统，敕对译经。又敕法师僧猛住大兴善寺，寻进为隋国大统三藏法师。"②又开皇七年（587），隋文帝又召慧远、慧藏、僧休、宝镇、洪遵、昙迁等"六大德"（有"大德行"的高僧）入京，担任"众主"，令其为国行道，随行僧众有300余人。据上所述，大兴善寺上座昙延、僧猛两位大师曾先后担任过隋朝的昭玄大统僧官；寺主灵藏大师也曾担任过昭玄都僧官；慧远、慧藏、僧休、宝镇、洪遵、昙迁等则兼任着"众主"职务；"开皇三大士"中的那连提黎耶舍曾担任外国僧主一职。

隋朝时期，能够在大兴善寺担任"三纲"，或"六众主"的高僧无一不是个中翘楚。前文已述的高僧如"开元三大士"等不再赘述，部分由于年代久远，事迹已经失传无法考证，现今我们仅就已知的担任过大兴善寺"三纲"和"六众主"的高僧介绍给大家。

（一）昙延法师

释昙延，俗家姓王，名聃，字耽子，河东临晋县耽子村（今属山西临猗县）人。南北朝末至隋初，云居昙延与净影慧远、天台智顗并称隋初三大师。

昙延出身士族，为东汉司空猗氏侯王卓之后，父名王靖善。祖辈时王家已经家道中落，只是一般耕读之家。昙延少年时，一边随父务农，一边在族学读

---

①［唐］智升：《开元释教录》卷七，《大正藏》第55册，四川省彭州市菩提印经院，第548页。

②［元］觉岸：《释氏稽古录》卷二，《大正藏》第49册，四川省彭州市菩提印经院，第807页。

书。相传他形貌伟岸，目有神光，手垂过膝，而且聪慧过人，过目成诵，又勤奋好学。未及冠，就已经博览群书，四书五经、天文地理无不精熟。他为人正直，同情分裂时代下的底层百姓，痛恨对权力和财富的把持，便一心寻求解脱。他 16 岁时一次偶然的机会，到中条山灵居寺（后改名栖岩寺）听河东妙法师讲《涅槃经》，深受感动。于是拜在妙法师名下，遁入空门，取法号昙延。他隐居山中，潜心修行，祈求“我佛如来”为民消灾解难。妙法师圆寂后，昙延法师继任为栖岩寺住持方丈。

经过多年钻研，昙延法师佛法造诣日益深厚，尤其精通《涅槃经》《达摩经》，很多僧俗信众前来求教。在他的苦心经营下，栖岩寺的规模也越来越大。昙延心怀慈悲，扶危济困，普救众生，凡善男信女有求告者都能得到他的帮助。随着昙延法师影响日益扩大，就连北周文帝宇文泰也非常敬重他。北周建德初年，昙延法师被授予昭玄统的职务，掌管全国佛教事务。北周武帝虽然灭佛，但对昙延法师仍然一如既往地尊重，还曾建豪宅供养他。但昙延坚辞不受，回到河东隐居起来。当时追随法师学习的僧众达一千余人。

隋文帝在任大丞相时对昙延法师极其优待。隋文帝为栖岩寺兴建了仁寿宫、舍利塔、白云洞等，并赐予法师西域贡品“玛瑙盏”，敕建透凌碑、鱼子碑等物，使栖岩寺成为当时最著名的佛教圣地。开皇元年（581），隋文帝在长安大兴善寺设立译场，敕由昙延法师住持。开皇二年（582）六月，敕封昙延为昭玄统沙门，管理佛教和翻译经卷。开皇四年（584），文帝下诏为法师修建延兴寺，并将大兴城的东西城门命名为延兴门、延平门。开皇五年（585），昙延法师上奏文帝，迎印度高僧阇那崛多来主译经事，自己归隐延兴寺。开皇八年（588），昙延法师于长安延兴寺圆寂。法师圆寂后归葬河东蒲州栖岩寺。

昙延法师驻锡大兴善寺四年余，担任着隋王朝的昭玄僧统，并实际住持译场，是大兴善寺事实上的首任上座。他为大兴善寺崇高地位的形成及大兴善寺译场的建立做出了重要的贡献。

（二）灵藏律师

释灵藏，俗家姓王，陕西临潼新丰镇人，少年时即出家。灵藏律师是有史可查的大兴善寺首任寺主。

灵藏主要修持律宗法门，持戒严谨，并且在佛法修为方面也非常精深。他特别善于讲《无量寿经》和《大智度论》，尤其是他讲《无量寿经》号称当世第一。灵藏在北周初年就以为人谦逊、精通戒律而闻名。在北周初大兴佛教的时候，被任命为考察出家人的负责人之一。灵藏在佛经翻译和研究方面底蕴深厚，北周时就有“通经了意第一”的美誉。

灵藏的师父是闻名全国的高僧，而且与隋文帝家是世交，因此深受隋文帝敬重。灵藏年轻的时候与隋文帝是好朋友，经常在一起研究佛学，讨论时政，甚为默契。文帝即位后，他的影响力甚至不亚于朝中宰相。隋朝在汉长安南营建新都大兴城，并在天街左侧的九五之地兴建国寺——大兴善寺。文帝把这个重要的任务交给了自己最信任的僧人灵藏。寺成，文帝敕封灵藏为昭玄都，大兴善寺寺主。

文帝待灵藏非常亲厚，灵藏进宫面圣也无须通报；文帝遇到珍稀佳肴总是会派宦官送一份到大兴善寺来；君臣二人交谈过晚时，甚至同榻而眠。开皇四年（584），关中大旱，文帝率领臣僚赴洛阳就食，还要让灵藏大师同车而行。文帝曾对灵藏说：“弟子是俗人天子。律师（灵藏）为道人天子。有乐离俗（出家）者。任师度之。”“律师度人为善，弟子禁人为恶，言虽有异意则不殊。”

灵藏律师虽然身份尊贵，同皇帝关系密切，但是并不因此而放纵自己，他严于律己，以身作则，在他的带领下，大兴善寺纲纪肃然，深受长安百姓爱戴。开皇六年（586），灵藏律师在大兴善寺自己的住所圆寂，享年六十八岁。后葬于长安城的南郊。

（三）僧猛法师

释僧猛（507—588），俗家姓段，陕西泾阳人，南北朝至隋著名高僧，隋文帝尊他为“隋国大统三藏法师”。

僧猛少年出家，他聪明过人，博闻强识。出家后，他数十年精研佛法，对于经律论见解深刻独到，逐渐地成为了一名广受崇敬的大法师。北魏时，孝文帝就曾多次延请他在宫中为宗室、贵戚及朝中百官讲解《般若经》。北周明帝时，明帝最初安排他住在天宫，宣讲《十地经》，此后他又先后住在紫极、文昌二殿，宣讲佛法。明帝频繁召见僧猛，君臣之间相得甚欢。这就引起了当时一些著名道士的不满。于是在皇帝主持之下，双方展开了一场辩论。僧猛应对从容，侃侃而谈，将道士的辩难一一驳斥，大获全胜。在僧猛的影响下，长安崇信佛陀的百姓日益增多。

北周武帝宇文邕即位后，强令不事生产的僧尼、道士还俗，以期增加国家税收。僧猛也被列为外道，地位下降。于是僧猛向武帝上《三十有生之善》表，虽然僧猛的奏疏言辞恳切、学理畅达，深受士大夫阶层赞赏，但是武帝宇文邕不为所动，僧猛仍被迫还俗，于是僧猛就隐居起来，继续钻研佛法。

北周大象元年（579），杨坚升任大丞相。杨坚下令寻访各地高僧重新振兴佛教，一时间长安高僧云集。僧猛因为德高望重，也在被寻访之列。大象二年（580），杨坚下令僧猛住在陟岵寺，宣讲《十地经》。因为僧猛声望隆重，其说法深得文帝推崇，所以在隋朝建立不久，文帝就封他为“隋国大统三藏法师”，并授予他昭玄僧统的职务，让他住持弘护佛法的工作。大兴善寺建成后，陟岵寺僧人整体迁入。僧猛虽然担任着大兴善寺“三纲”之一的职务，但平时却住在城东的云花寺，并在那里收徒课业。

开皇八年（588）四月四日，僧猛大师卒于云花寺，享年 82 岁。僧猛在临终前仍然坚持宣讲佛法，说话依旧字正腔圆，吐字清晰。在一次讲课结束后，僧猛突然对弟子们说：“我要走了”，随即安然圆寂。当时的人对法师“置心不乱”的修为非常崇敬，认为他已经参悟透了生死大道。僧猛后来葬在城东马头穴，文帝为纪念他，命人在云花寺刻石留念。直到宋朝，僧猛大师碑仍然存在，不时有信众前来瞻仰。

（四）洪遵律师

释洪遵（530—608），俗家姓时，河北西路相州（河南安阳）人，隋朝时期著名律宗高僧，隋朝钦命“讲律众主”。

洪遵八岁出家。他的家乡相州地区是北齐的统治核心地区，佛教非常发达。他苦心向学，钻研佛法、戒律，没有一天懈怠，因而随着年龄的增长，他的声望也日益彰显。大约在他二十三岁的时候受具足戒，正式地成为比丘。他决定专攻佛经律部。他认为戒律是出家人的根本，只有对戒律心生敬重，内外一体，人才能有所成就；佛法也是因为戒律才能万古长存，泽被苍生。

此后，洪遵开启了自己的游方访学之路。最初，他来到了嵩山少林寺，跟从资云和尚学习律宗要义和《华严经》大论，通过听讲和参习终于豁然贯通，心中焕然清明。后又来到北齐都城邺城，拜在高僧道晖门下学习《四分律》。道晖精通律学，拜在其门下的僧众有五百余人，众僧为了迎合道晖，曲解经义，词不达意，只有洪遵坚持正道直解，冠绝群伦。后来因为不良风气充斥讲堂，于是他将道晖大师所著的经疏集结起来，带到了堂上。他说：“我伏膺大师的学问很久了，但是一直都没有学会精髓。这样一来，佛陀的教诲和师父的学问如何传播下去呀？众位师兄谁能够用文字对大师的经疏进行解释呢？”说完就将经疏放在几案上进行注解。他坐在那里气息沉稳。众人仰望他如山的气度。从此以后，大师就命他专门负责求学僧徒的毕业考核。

在道晖门下，洪遵逐渐精通了律部众经，并旁通其他各部经典。他反复地听道晖大师讲关于“毗昙”[①]的经论，终于解脱了迷津，感悟到佛法奥妙。后来他又感觉到自己的心绪不能真正达到清净，于是遍访禅宗寺庙学习禅定之法。十年之后，终有所得，又回归律宗。四方僧众闻说后，纷纷前来学习，一时间声名远扬。

北齐王朝提倡佛教。因为洪遵是德行、学问、名望都很大的律宗高僧，于是齐主册封他为断事沙门，负责全国僧众的风纪，有违反佛家戒律者皆可以律惩治。当时山东地区的佛教徒各派佛经辩难风气很盛，争论不休，甚至出现了武力争斗。他奉命来到山东，以高深的佛法造诣感化了一部分人，又以庄严的戒律惩治了一群违背戒律之徒，争讼之风顿时安定了下来。由于他的名气很大，一些名儒大德和佛门高僧都愿意和他交往。净影慧远曾慕名前来，二人讨论佛法通宵达旦，结成了深厚的友谊。北齐将亡，他来到一个叫白鹿岩的地方隐居起来。战争结束后，他又被北周朝廷征召，住在嵩山少林。很多僧侣前来追随他。他就领导僧人们屯田自给自足。

隋开皇七年（587），洪遵被隋文帝延请到长安，聘为翻经大德。他同其他翻经五大德一起被安排住在长安大兴善寺。开皇十一年（591），又会同那连提黎耶舍，阇那崛多和达摩笈多等天竺僧人一起翻经。开皇十六年（596），隋文帝又下诏请洪遵担任“讲律众主”。

在洪遵之前，在关中地区影响最大的是《摩诃僧祇律》（简称《僧祇律》）。在周国三藏、陟岵寺主昙崇律师的影响下，《僧祇律》几乎一统关中。为了传播《四分律》，洪遵可谓煞费苦心。他开始在僧众中讲解《四分律》的时候，听众寥寥无几。于是他就改变了策略，白天讲《华严经》吸引听众，同时渗透一些关于《四分律》的知识；晚上再讲《四分律》，巩固信众。通过他潜移默化的教

①毗昙：广义是指大、小乘论藏；狭义上是指小乘萨婆多部（即说一切有部）的论藏。

导，信仰《四分律》的信众越来越多。在洪遵的努力下，《四分律》逐渐取代了《僧祇律》，后经由唐朝初年南山律师道宣的传播，《四分律》蔚然成风，彻底取代了《僧祇律》。洪遵律师也被僧众称为“开导《四分》第一人”。时至今日，汉地僧众所奉行的依然是《四分律》，对其他律宗经典涉及极少。

传说洪遵律师有大神通，经常受命奔走于全国各地。隋仁寿二年（602），他奉命护送佛舍利到卫州福聚寺。当他亲手供奉好舍利的时候，舍利发出了光芒，十分耀眼。卫州佛事因此而大盛。隋仁寿四年（604），他又奉命带舍利到博州建塔供奉。到博州城西的时候有数十头白天鹅围绕着他的车驾飞翔，久久不肯散去。等到了城东隆圣寺，他亲手将舍利供奉于隆圣寺塔之中。当天夜晚，寺塔发出数十道车轴般粗细的白色光芒，将四周照得亮亮堂堂，就像银色的花铺满了大地，光明惊散了附近树上的鸟雀，又有八十四位神人手持鲜花绕塔飞行，很久才渐渐隐去。有妇人李氏双目失明二十余年，听闻后前来朝拜，双目顿时恢复。洪遵律师所下榻的寺东房，有卧佛、坐佛说法，梵僧读经等影像隐现。当年四月八日，人们远远可以望到舍利塔上有五色莲花围绕着一株百丈高的白莲花的影像。后来人们在塔基下掘土，还曾发现了半升粟米。

洪遵在长安广泛传播《四分律》所记载的佛教律仪，声震关中，又著《大纯钞》五卷，对律部经典进行了系统地梳理。隋文帝下令由洪遵担任大兴善寺知事，在他的引导和约束之下，大兴善寺在长安民众中的威望更高了。洪遵也是历史上唯一明确记载的隋朝大兴善寺知事。

隋大业四年（608）五月十九日，洪遵律师卒于大兴善寺，享年七十九岁。

（五）明瞻法师

释明瞻（559—628），俗家姓杜，恒州石邑（河北获鹿）人，南北朝末至隋唐时期著名高僧。他先后为大兴善寺知事、上座，担任“三纲”之职二十余年。

明瞻少年时期就是一个品学兼优的人，他十四岁就能够贯通五经，十七岁更是通达史部典籍，当时的地方官举荐他到北齐朝廷任职。他有感于当时的北齐朝廷腐败昏聩，民生苦难，于是坚辞不就，决心投身佛门，寻求解脱的良方，遂投奔飞龙山应觉寺出家。

他的师父认为明瞻是佛门的瑰宝，自己无力教导他，就让他持书信到邺城大集寺道场去学习。明瞻的佛学素养增长很快，尤其擅长《大智度论》。周武宗灭佛，明瞻被迫逃往东郡，隐居起来。隋初，他又返回相州住在法藏寺传播佛法。这个时候明瞻已经成为内通大小乘、外达世典群籍的有道高僧了。

隋文帝开皇三年（583），明瞻法师作为“六大德”之一，敕住于大兴善寺，参与翻译佛经。不久后，受大众推举为大兴善寺知事，又过了大约三年，升大兴善寺上座，住持大兴善寺。隋炀帝大业二年（606），明瞻法师与隋炀帝就“僧徒不拜王者”的论题，往复问答。他道行高深，语言得体，深受隋炀帝赞叹。同年，炀帝敕命明瞻法师住禅定寺，为知事上座。贞观元年（627），唐太宗在内殿召见明瞻法师。明瞻向太宗阐论了古今君主治国之仁术与佛门救苦救难的慈悲心本为一体，唐太宗深受触动。贞观二年（628），太宗下诏普便禁止屠杀，又命京城诸寺建斋行道，彰显仁君慈悲的胸怀。

明瞻法师品德高尚，他不蓄私财，每年都会将所得供养分给其他僧众。为了报答母恩，手抄大乘经论百余卷。晚年他隐居于终南山智炬寺，但是前来慕名求学的信众往来不绝。有一天，他感觉自己寿命将尽，就回到大兴善寺，并延请大兴善寺诸大德，设斋诀别，当日又返回了智炬寺。当晚他坐在禅堂，面向西方不断地诵经。过了一会儿，他告诉弟子：“阿弥陀佛接引我来了。”过了一会儿，又说：“二大菩萨也来了。告诉你们，我入佛门观经有十二项成就，其余的不足道。”随即溘然而逝，享年七十岁。

（六）慧远法师

释慧远（523—592），俗家姓李，泽州霍秀（在今山西晋城市境内）人，祖籍甘肃敦煌，南北朝末至隋著名高僧，为区别净土始祖慧远，史称“净影慧远”。

相传慧远出生的时候，天生异象，惊动了藏阴寺住持昙始法师。昙始断定：“此子日后必是我佛门中高人。”昙始是北魏著名高僧，不仅修行深厚，而且武艺高强。他避乱泽州时，年岁已高，渴望得到一个深具慧根的高徒。慧远两岁丧父，由叔叔抚养，三岁的时候立意出家，六岁时拜在昙始门下。慧远聪明伶俐，有过目不忘之能，昙始对他非常喜爱，将平生所学一一传授给了他。慧远十三岁时正式出家，随僧思禅师学禅，十六岁时随湛律师赴邺城学习佛法，通读大小乘经论，后又随大隐律师学《四分律》。在四位名师的教导下，慧远成为了远近闻名的高僧。

慧远性格正直，北周武帝灭佛时，慧远曾当面斥责武帝。之后返回家乡，在太行山隐居。三年后，周武帝驾崩。于是慧远出山弘法，并担任嵩山少林寺住持。

隋文帝开皇七年（587），慧远被推为统管天下僧民之事的“六众主”之一。皇帝征召慧远入京，住大兴善寺。此后在大兴善寺主持法事，注疏佛经。三年后，移居净影寺。开皇十二年（592），隋文帝令慧远主译经文，负责刊定辞义。不久，慧远圆寂于净影寺，享年七十岁。

慧远一生著述颇丰，代表作有《大乘义章》《大涅槃经义记》《十地经论疏》等 20 部 100 余卷，对中国佛教文化的发展贡献巨大。

（七）慧藏法师

慧藏（522—605），俗家姓郝，平棘（河北赵县）人，南北朝末期至隋著名高僧。慧藏十一岁出家，通晓《涅槃》《戒律》。四十岁时，隐居在鹊山，钻研《华严经》。北齐武成帝高湛曾延请他入宫宣讲《华严经》，影响很大。隋文帝开皇年间，被推举为“六众主”之一，住持长安大兴善寺。隋炀帝大业年间，圆寂于空观寺，享年八十四岁。

（八）僧休法师

释僧休，河北清河人，南北朝至隋著名高僧，生平不详。隋文帝开皇七年（587），僧休被推举为“六众主”之一，被皇帝征召入长安，住大兴善寺。

（九）昙迁法师

释昙迁（542—607），俗家姓王，博陵饶阳（河北饶阳）人，南北朝至隋著名高僧。昙迁自幼跟随舅父学习儒家经典，尤其擅长《周易》。二十一岁时，在定州贾和寺拜昙静法师为师，出家为僧，开始学《胜鬘经》，后学《华严经》，对于《十地经》《维摩经》《楞伽经》《大乘起信论》等大乘经论无不纯熟。后南下建康（南京），学习《摄大乘论》，终于成就。隋初，昙迁在徐州慕圣寺宣讲《摄大乘论》《楞伽经》《大乘起信论》等，将摄论之学带到了北方。

隋文帝开皇七年（587），昙迁被推举为“六众主”之一，奉诏入长安，住于大兴善寺。昙迁在长安弘扬《摄大乘论》，从学者近千人。开皇十年（590），昙迁上书“凡有僧尼私度者，并听出家”，文帝听从了他的建议。一时间，出家者达数十万人。隋文帝仁寿元年（601），文帝下诏令全国建造舍利塔三十座，昙迁负责到岐州凤泉寺监造舍利塔。其后，复敕各州建寺，起造灵塔。

昙迁后为京师禅定寺主，圆寂于大业三年（607），享年六十六岁，著有《摄论疏》《楞伽经疏》《大乘起信论疏》《唯识论疏》等经疏和《华严明难品玄解》《九识章解》等解经著作。昙迁弟子众多，以净业、道哲最为著名。

（十）宝镇法师

释宝镇，山东济阴（山东菏泽市定陶区）人，南北朝末至隋著名高僧。隋文帝开皇七年（587），宝镇被推举为“六众主”之一，奉诏入长安，住于大兴善寺。

（十一）彦琮法师

释彦琮（557—610），南北朝末至隋唐时期著名高僧，赵郡柏人（今河北邢台市隆尧县）人，出身著名的士族之家——赵郡李氏。彦琮出身豪门，性情平和，思虑周详，有过目不忘之能。彦琮从小就表现出聪慧过人的一面。幼年时他被寄养在信都（今邢台市信都区）僧边法师身边。法师令他念诵《须大拏经》，近七千字，他一日便能背诵。僧边法师感到非常惊奇。十岁时，他出家为沙弥，法号“道江”。少年道江就以智慧超群，善于解经书闻名州县。最初他学习的是相州地论宗的经典，比如《十地经论》《法华经》《无量寿经》等经典。他十岁能讲《十地经论》，十二岁能讲《法华经》，十三岁能讲《无量寿经》，十四岁时，他来到了当时的北齐别都晋阳[1]，一边听高僧说法，一边自己登坛讲经，名气极大。朝中高官尚书敬长瑜，高僧道元、行恭等都十分钦佩他，设宴款待他，并请他讲《大智度论》。齐主临幸晋阳，他又被请入宣德殿讲《仁王经》。皇帝亲临法席，侍中高元海扶道江登坛，听众达二百多人，有沙门精英、文武百官、内宫太后及嫔妃。十六岁时，道江的父亲亡故。自此之后，他更加厌弃世俗的功名利禄，于是就隐居起来潜心研读佛教经典、儒家诗书，以及百家杂说、春秋史籍等。只有右仆射杨休和文林馆里的好友才能见到他，一般没有邀请，他从不随便造访别人。

北周武帝灭齐后，道江被迫还俗。他被敕封为通道观学士，与宇文恺等朝

---

①北齐实行两都制，邺城为行政首都，晋阳为军事首都。

客堂梅影

廷硕儒一起侍奉皇帝读书。但他仍然心怀释迦，常常外穿俗衣，内着僧服，并更名为“彦琮”。周武帝、宣帝两代皇帝颇为崇信道教，常招彦琮为自己解经并住持斋醮。彦琮常利用机会向皇帝灌输佛家思想。

北周静帝大象二年（580），后来的隋文帝杨坚担任大丞相。杨坚崇信佛教，朝廷对佛法的禁令逐渐解除。大定元年（581）正月，彦琮与昙延等人一齐上奏，请求剃度出家，朝廷获准。彦琮再次遁入空门，时年二十五岁。

隋开皇三年（583），彦琮作《辩教论》，驳斥道士们宣扬的“老子化胡说”。文帝后来敕令彦琮住大兴善寺，翻译从西域传来的佛经。当年，又跟从文帝东巡，被总督河北的晋王杨广留在了河北。开皇十二年（592），彦琮再次奉诏入京，掌管翻经事宜，住于大兴善寺。文帝晚年尊崇三宝，每次斋戒皆由彦琮任倡导。彦琮铺陈国事，盛赞皇猷，皇帝每次都为之动容，对他十分赞赏。彦琮精通梵文，专门寻找贝叶经典，如《大品》《法华》《维摩》《楞伽》《摄论》《十地》等经论，并发愿日诵万言，每晚必定完成功课，才会休息。

彦琮对佛经翻译工作的贡献很大，很多佛经翻译的规范都是由他所创，他还撰写了最早的佛学学术史。彦琮把佛经分为七例，包括经、律、赞、论、方、字、杂书。彦琮编撰了《众经目录》，把经典分为单译、重翻、别生、疑、伪五类。他撰写了《辩正论》，确定了佛经翻译的基本范式。他创设了译经之体式说，将其规范为十条，即一字声、二句韵、三问答、四名义、五经论、六歌颂、七咒功、八品题、九专业、十异本。他非常重视翻译过程中两种文化的对接，为此还专门撰写了《西域传》和《天竺记》等文化地理著作。彦琮前后译经计 23 部，100 多卷，并在经首制序，述说翻译情况，完善了佛经的体例。京城之僧俗二界，对他都十分推崇，凡新译经典，都请他作序。

彦琮所著的《沙门名义论别集》将当时所能见到的汉译佛经编成了目录，并对汉传佛教不同派别所翻译的经典及思想进行了简要的点评，它是最早的佛学学术史著作。彦琮还是住持隋朝佛舍利安置的几位高僧之一。仁寿初年，他奉命护送佛舍利到并州开义寺安置。开义寺舍利塔在未安放舍利子的时候终日云雾缭绕，等彦琮把舍利安置于塔中后，顿时云开雾散，晴空万里，更有五彩祥云环绕宝塔，一片祥和。复州方乐寺，后改名龙盖寺。龙盖寺的佛舍利也是由彦琮安放的，关于这枚舍利还有一个有趣的故事。

传说方乐寺为南齐时所建，北周灭佛时被毁。隋文帝有一日正在思考是否要重修此寺，突然感觉头顶头皮发痒，于是用手一抓，竟然抓下了一枚舍利子。

这枚舍利子有黍米大小，色彩鲜艳。隋文帝令人用斧子敲打它，竟然陷到石板里，抠出来竟然完好无损，而且更加鲜艳。文帝决定重修方乐寺，并把它改名为龙盖寺，安放从自己头顶上得到的这枚舍利子。在给龙盖寺舍利塔挖地基的时候挖出了一只银盒，银盒中有舍利影像，但却摸不到。当彦琮把皇帝头顶上得到的舍利放进银盒的时候，二者竟然合二为一。原来皇帝头顶上得到的舍利正是龙盖寺原来的那枚舍利。舍利安放好以后，有天鹅飞来，围绕着宝塔飞翔，功德池中的鱼鳖纷纷露出水面，向宝塔稽首。

彦琮法师体弱，常患虚冷之症。一日，他问弟子："斋时到了吗？"弟子说："没到。"法师说："斋时到了，我的寿命也就终结了。"于是让人拿来弥勒画像合掌谛观，很快就入定了。等到弟子做好斋饭，呼唤他的时候，发现法师已经圆寂。隋大业六年（610），彦琮法师病逝于洛阳，后归葬家乡柏人。

（十二）道密法师

释道密，俗家姓周。河北相州（今河南安阳）人，南北朝末至隋初著名高僧。

北周时期，道密最初拜师阇那耶舍三藏，学习大乘及杂密，后又奔赴北齐邺城学习大乘经典。经过刻苦学习，他逐渐成长为一名佛法圆通的高僧，尤其在梵文和神通方面闻名于北齐。

隋朝建立后，佛法大兴。隋文帝下令开设大兴善寺译场译经。道密因为精通梵文被征召到长安，加入了大兴善寺译场译经活动。在大兴善寺译场，道密的才能得到了完美的展现，他佛法高深，精通梵语，在翻译中能够准确地将梵文经典的本意翻译出来，因此深受隋文帝的器重。

仁寿年间，隋文帝下令将朝廷得到的一批舍利送于地方建塔供奉。道密负责送舍利到同州大兴国寺（在今陕西华阴）。大兴国寺是隋文帝幼年成长的地方，被视为龙兴之所，地位非常重要。道密因为博学多识，道行高深，因而获此重任。当道密将舍利送到寺中，在塔中安放好后，寺院之中一片光明，黄、白两色兼有红斑的一道气旋环绕宝塔，经久不散。当时在场的僧俗信众都感觉非常神奇，于是勒石纪念。道密后又奉命护送舍利到郑州黄鹄山晋安寺。晋安寺舍利塔在兴建的时候，从地基下挖到一尺多高的金像一座。当道密安置好舍利后，有三朵金花没入塔基，塔基下发出了三匝光芒，塔基不远处突然有喷泉涌出，有鸟雀绕塔飞行，久久不肯散去。

隋炀帝即位后对道密依然非常尊重，他将道密迁到了洛阳，安置在上林园翻经馆，不久后道密病逝于洛阳。

（十三）道尼论师

释道尼，江州（今江西九江）人，南北朝至隋初著名高僧，摄论宗的代表人物。摄论宗，也称摄论学派，以传习、弘扬《摄大乘论》（简称《摄论》）而得名，是南北朝至唐朝中国佛教的重要学派，其学者称摄论师。摄论宗是由南朝梁时来华的西印度高僧真谛所创，其弟子慧恺、智敫、道尼、法泰、曹毗、僧宗、慧旷后来将摄论宗佛学发扬光大。道尼是摄论宗北传的最重要人物。

南陈光大二年（568），道尼回到故乡九江，宣讲《摄大乘论》。道尼学养深厚，德行高洁，一时间享誉江南。隋开皇十年（590），道尼奉诏入长安，住大兴善寺，宣讲摄论之学。摄论之学由此大行于京师。在道尼和弟子们的努力下，摄论学派融合了北道地论学派，于是盛行于北方。

（十四）智光论师

释智光，江州（今江西九江）人，隋朝高僧。智光是摄论宗著名摄论师道尼的弟子。智光年少时就随道尼出家，耳濡目染之中，其在摄论学方面已臻于大成。智光为人谦逊，外柔内刚，谈吐清雅，态度和煦，当时的人都很尊重他。

隋开皇十年，隋文帝下令征召道尼入京。智光作为侍者跟从老师入京，并住在大兴善寺。道尼论师圆寂后，智光接过其衣钵，继续弘扬摄论学，誉满京师。护送舍利的队伍途经许州，刚刚出城南，整个队伍和盛放舍利的车辇突然大放光明，其光芒超过了一丈。到广州南海县的时候，一行人寄宿在一座寺庙里。夜晚寺内铜钟自鸣，通宵达旦。到了循州道场，智光将舍利安置完成。当天，天降甘露于塔边树上，其色泽白中泛紫。智光回到京城后，以研究佛法自娱，并不时开坛宣讲《摄大乘论》。智光晚年厌倦了世俗交际，于是归隐林泉。后来在自己的山中庐舍中坐化。

（十五）僧世论师

释僧世，山东青州人，南北朝至隋著名高僧。释僧世是山东地方著名的地论师。他性格豪迈，逻辑严密，知识渊博，极其善于辩论，因此享誉齐鲁大地。开皇年间，僧世接收皇帝征召入京，住大兴善寺。僧世喜欢辩论，凡是他参加的集会或讲座必然会与人辩论。

仁寿初年（601），僧世奉命送舍利到莱州弘藏寺供奉。仁寿四年（604），又奉命送舍利到密州茂胜寺。一行人到达青州住在道藏寺，夜间，舍利突然发出一道红光，透房而出，直指东南。当夜密州城内可见有一道光从西北而来。这道光就像火炬，照亮了密州，城内外就像白昼。等一行人到了密州后，连续两夜舍利都发出了之前的异象。僧世举起装有舍利的宝瓶向大家展示，光芒突然熄灭了。在僧世将舍利安放在宝塔之中后，光芒再起，盛舍利的石函也变为青琉璃错金函，十分神奇。回到京城，具图表上奏，文帝心中非常喜悦。还京后不久，僧世法师就故去了。

（十六）道生律师

释道生，河东蒲州（今山西永济）人，隋朝著名高僧。道生是延统律师的弟子。道生系出名门，受过良好的教育，他思虑深远，持戒严正，言辞雅驯，出家后迅速就展现出大家风度，成为宣讲《四分律》的名家。道生的讲座是一般法师所难以比拟的。道生后被皇帝征召，住大兴善寺。他风度卓然，目不斜视，非常威严，众僧都很敬畏他。

仁寿二年（602），道生奉命护送舍利到楚州供奉。途中住在驿站，有一只野鹿不顾护卫的阻拦强闯驿馆。众人捉住它后，带到了道生面前。野鹿向道生屈膝下拜，道生对它说："你如果是为了瞻仰舍利，那就进来；如果不是那就走吧。"于是野鹿登上台阶，虔诚地来到供奉舍利的香案前叩头。道生为野鹿授戒，它仿佛能够听懂佛经，用舌头舔道生律师的手。野鹿夜间就卧在道生的床边，像弟子侍奉师父一样。两天之后，野鹿退回了荒野。

舍利供奉大典当日，有两只白鹤绕塔盘旋，久久不肯离去。目睹该情景的人皆以为是祥瑞之兆。于是道生将这件事记录下来上奏朝廷，还在当地刻石以作纪念。道生回到京师复命后，专心于修行，隐居了起来。后来的事迹已不可考证。

（十七）昙观法师

释昙观，山东莒州人，隋朝时期著名高僧。昙观年少即钦慕佛法，七岁出家，后学《成实论》，但是进步迟缓，很多地方难解真意，于是跑到山林中隐居起来，静心思考学问，终于有所成就。他念诵《十六特胜弥所留心神咒》，极其善于破除各种邪障。他的名气逐渐大了起来，甚至传到了皇帝的耳中。

开皇初，隋文帝下令征召，延请昙观入京师并住大兴善寺。文帝非常尊重昙观，供奉隆重，每天都询问起居。昙观时常被召到朝廷为皇帝和诸大臣讲授佛法精要。虽然昙观地位显赫，但是他深得“忍”字一道，为人敦厚，待人诚恳，绝不虚浮。他的房间也非常朴素，只有床铺、钵盂和一些衣物而已。这在当时日渐奢靡的风气下更显得难能可贵。

仁寿年间，昙观奉命护送舍利到莒州定林寺供奉。途中夜宿驿馆，舍利大放光明。定林寺在挖掘地基的时候，在地面八尺之下得到了铜塔一枚。铜塔如同鬼斧神工所造，形制完全，内有佛像惟妙惟肖。昙观将舍利安置在宝塔之中后，原本一枚舍利突然分为三份，色如黄金，在盛放舍利的宝瓶中上下沉浮，同时还有三尊神佛从天而降。当时莒州沿海还捕获了一只巨大的海兽。一聋哑病患者朝拜舍利后竟然神奇地恢复了健康。昙观回京复命后，就不再参与重大事务了。

（十八）法纯法师

释法纯，隋朝时期大兴善寺高僧。法纯法师慈悲为怀，以劳役做工所得，捐助贫苦。

二、唐朝时期大兴善寺的“三纲”

唐朝时期，大兴善寺的政治地位虽然不像隋开皇年间那样显赫，但是仍然是非常重要的皇家寺院。除著名的“开元三大士”、惠果、惟宽等前文已述的高僧之外，其他担任过大兴善寺“三纲”的也皆是一时之英杰。

（一）波颇三藏法师

波颇，隋唐时期来华传教的印度僧人，翻译家。波颇，梵语“波颇蜜多”的简称，意译“明知识”“光智”。

波颇是中天竺人，刹帝利种姓。波颇年轻的时候曾到南天竺摩伽陀国那烂陀寺游学。在那烂陀寺他听到了戒贤法师所讲的《十七地论》（《瑜伽师地论》），深有感悟，此后遂以唯识法门为根底，研究、传播佛学。在他感到自己学有所成的时候，便起身北上传播佛法。

在北天竺传法的时候，波颇从西来的客商口中听到在东方的摩诃震旦国有圣人可汗大兴佛法，于是发愿前往摩诃震旦国弘法传教。在走到西突厥境内的时候，被西突厥叶护可汗所虏，将他带到了西突厥王庭。波颇只好停下来在突厥境内传法，由于波颇知识渊博、佛法高深，很快得到了西突厥贵族的信服。

唐武德九年（626），高平王李道立奉旨出使西突厥，与西突厥叶护可汗结盟，于是波颇跟随李道立使团准备前往大唐。同年十二月，波颇一行来到了长安，唐太宗敕令波颇驻锡大兴善寺。贞观三年（629），唐太宗又命波颇担任译主，与慧乘、慧赜、法琳、玄谟等硕德十九人在大兴善寺译经，后移住胜光寺，前后共译出《宝星经》《般若灯》《大庄严论》等 3 部 53 卷经文。后来因故，译经工作被迫停止。

波颇擅长唯识宗法门，曾在长安宣讲《十七地论》，年轻的玄奘听到之后非常佩服。在波颇的影响之下，玄奘法师才发愿到天竺那烂陀寺去学习佛法。

（二）玄暮法师

释玄暮，生卒年不详，唐朝初期著名高僧。贞观十九年（645）二月，唐太宗安排自天竺取经归来的玄奘法师驻锡弘福寺，开设译场。大兴善寺玄暮担任证梵语梵文大德。

玄奘在弘福寺译场译出《大菩萨藏经》12 卷、《佛地经》1 卷、《六门陀罗尼经》1 卷、《显扬圣教论》20 卷、《解深密经》5 卷、《四明入正理论》1 卷、《瑜迦师地论》100 卷，其中也有玄暮的功劳。

（三）潜真法师

释潜真（718—788），俗家姓王，字义璋，夏州朔方人，唐代著名高僧。唐代宗大历年间曾担任大兴善寺上座。

潜真生平喜好读书，儒释道经典无不通晓，尤其喜爱读佛经。开元二十六年（738），二十岁的潜真在灵觉寺出家为僧。第二年，受具足戒。潜真对于佛法的学习十分投入，每当长安附近有大德住持的讲筵皆会列席，如饥似渴地听习律论，佛法修为不断地增长，后来成为大兴善寺翻经讲论大德。

不空三藏译《仁王般若经》，潜真担任证义；译《大集大虚空藏菩萨所问经》及《文殊师利菩萨佛刹庄严经》，潜真为之润文。大历八年（773）十一月，潜真受皇帝敕作《文殊师利菩萨佛刹庄严经疏》三卷。潜真还撰有《菩提心义》《发菩提心戒》《三聚净戒》及《十善法戒》等各一卷。

潜真最初学习显教，后又受不空三藏灌顶学习密教，成为通达显密二教的高僧。他常驻大兴善寺及保寿寺，跟从他学习的弟子很多。贞元四年（789），潜真于大兴善寺住处口诵“阿弥陀佛”，随之坐化，享年七十一岁。

（四）道遇法师

释道遇，唐朝中期著名高僧，生平不详。大历年间曾担任大兴善寺寺主。其名见《不空三藏自撰》。

（五）法高法师

释法高，唐朝中期著名高僧，生平不详。大历年间曾担任大兴善寺都维那。其名见《不空三藏自撰》。

（六）慧琳法师

释慧琳，俗家姓裴，西域疏勒国人，唐朝中期著名高僧，音韵学家，大广智不空三藏之弟子。著有《一切经音义》，亦称“慧琳音义”。

慧琳初为不空三藏的侍者，负责打理不空三藏的日常起居，同时负责保管不空三藏收藏的密教经典和儒家典籍。在跟从不空三藏学习期间，慧琳逐渐成长为精通印度声明学、中国训诂学的高僧。慧琳在翻译经书过程中对中印典故无不信手拈来，而且恰如其分，一起译经的高僧大德们都很佩服他。后来慧琳以不空三藏的梵文音义为基础，博采玄应、慧苑、窥基、云公四家音训之长，撰《一切经音义》。慧琳学识渊博，其《一切经音义》所记载的事情上自秦汉，下到隋唐，人文地理，乃至西域方言，无所不包，而且说理透彻，记事圆融，深受古代学者的推崇。

慧琳法师曾担任大兴善寺“三纲”之职位，但具体何职不详，后移住西明寺，为上座。

（七）圆敬律师

释圆敬（728—792），俗家姓陈，河南陆浑（今河南嵩县）人，唐朝中期著名高僧。唐宪宗时期宰相权德舆所撰《唐故宝应寺上座内道场临坛大律师多宝塔铭并序》对圆敬的生平有比较详细的记录。

圆敬二十岁的时候，拜在陆浑县思远寺微公门下出家为僧，学习《法华经》。

唐代宗宝应二年（763），在东京（洛阳）长寿寺获僧籍。同年，受具足戒于洛阳白马寺。圆敬认为宣之于口，书之以文的并非佛法的真谛，只有像优婆鞠多尊者[①]那样践之以行，然后因定发慧，才能成就正果。于是精修《大智度论》和《四分律》，终于成就一代高僧。

在不空三藏的推荐下，圆敬被唐代宗征召到了长安，进入内道场。后来还担任了大兴善寺寺主、左街僧录等职。在此期间，圆敬参与了《大虚空藏菩萨所问经》《方等大集经》的翻译工作，担任"证义"一职。不空称赞他说："以理义幽深，又别翻出耳。"虽然圆敬的地位不断上升，但也引起大兴善寺其他僧人的不满。有人将他告到不空三藏跟前，说他在寺中独断专行，役使僧众；拆毁僧舍为自己修建院舍；还诬陷他收留比丘尼留宿寺中，毫不避讳。不空三藏无奈上表弹劾圆敬。于是圆敬被罢免。

圆敬离开了大兴善寺后，先后辗转于安国寺、宝庆寺、保寿寺等。根据《多宝塔铭并序》记载圆敬道德高深，精通佛法，为人谦和，是德高望重的佛门龙象。众僧弹劾圆敬应该是因大兴善寺内部众僧矛盾而起，并不一定是圆敬本身的问题。贞元八年（792）春正月，圆敬大师圆寂于保寿寺。十五天后，葬于龙首北原多宝塔西北十余步处。多宝塔为圆敬的弟子灵凑等人为其师所建，其塔有铭及序，为宰相权德舆所作，铭曰：

> 三生不驻，如电如瀑。七情格攻，如蚕如蝮。彼上人者，为世导师。乃精毗尼，以摄群疑。弘道日大，化缘斯毕。建兹严事，如地涌出。国门之东，万寓来同。斯为宝所，独耀无穷。

权德舆此铭当是对圆敬律师盖棺定论之语。

（八）慧朗法师

释慧朗，唐朝中期著名高僧，其籍贯不详。唐代宗大历年间曾担任大兴善寺上座。

慧朗原为崇福寺僧人，后拜在不空三藏座下得受金刚界五部密法。慧朗

①优婆鞠多尊者，古印度阿育王时期的僧人，以阿育王帝师而知名。禅宗尊为西天第四祖，异世五师之一。

常在大兴善寺内道场修法，起初名声未显。不空三藏圆寂后，唐代宗任命慧朗为专知检校院事，负责管理大兴善寺日常事务，并奉诏嗣其师负责大兴善寺翻经院。慧朗还继承了不空灌顶大阿阇梨的职位，负责向后辈僧人教授两部密法和施行灌顶。慧朗在任期间将大兴善寺打理得井井有条，深受代宗皇帝欣赏。大历十三年（778）四月，代宗敕命慧朗为大兴善寺上座，并总领寺务。高僧赞宁说："密宗自印度传入中国以来，以金刚智为始祖，不空为二祖，慧朗为三祖。"

慧朗在住持译经院及大兴善寺期间，首先是监造完成了文殊阁的建设，其次主持了其师不空三藏的忌日斋会。大历十三年十一月，慧朗奉代宗敕令前往五台山修功德。此后事迹不详。慧朗在崇福寺和大兴善寺有多名授法弟子，其中最著名的是传法弟子天竺阿阇梨和保寿寺寺主元皎。

（九）守素禅师

释守素，又作"南素"[①]，中唐时期著名僧人。守素和尚性情高洁，卓尔不群。其在大兴善寺的住处被称作"素和尚院"，还留下了著名的"素和尚斥桐"的故事。守素以念诵《法华经》为业，曾立誓永远不迈出院门。相传守素夜颂《法华经》，竟然引来貉子[②]排着队前来听经，夜夜如此。守素用斋饭的时候常将食物放在手掌上，就有鸟雀前来取食。曾有其他僧侣想效法守素诱捕鸟雀，但鸟雀皆惊惧而走。长庆年间，有僧人名叫玄幽，曾题诗素和尚院。诗中有云："三万莲经三十春，半生不踏院门尘。"

守素禅师在大兴善寺究竟担任何职不详，但是其和宰相郑细交好，并有自己独立的院落，地位应该比较高。

（十）伏礼（复礼）法师

伏礼（复礼），中唐高僧，生卒年不详。不空三藏住持大兴善寺译场之时，伏礼为翻经大沙门。不空三藏所译经书中有好几部都记作"翻经沙门大兴善寺

---

①《全唐诗》"玄幽"条记"曾题诗于长安大兴善寺南素（一作守素）和尚院"。

②貉子，又名狸、土獾、毛狗，是哺乳纲、食肉目，犬科，属半冬眠动物。外形像狐，但比狐小，体肥短粗，四肢短而细，尾毛蓬松，背部呈黑棕或棕黄色，背脊针毛尖部呈黑色。

伏礼（复礼）证义”。

（十一）惟政禅师

释惟政，俗家姓周，山东平原人，晚唐著名禅宗高僧，也称“终南山禅师”。

惟政最初在平原郡延和寺出家，受业于诠澄法师，后拜在嵩山普寂禅师门下，得到了禅法真传。随后被征召入京，籍在大兴善寺，但一直在终南山隐居清修。即便如此，前来向他学习的人仍是络绎不绝。

唐文宗喜欢吃蛤蜊，因此沿海地区的官吏为了巴结皇帝，不顾劳民伤财，不断向朝廷进贡。有一天，皇帝的宴席上有一只蛤蜊怎么也打不开。皇帝很奇怪，于是焚香祷告，祈求神佛解答疑难，于是贝壳自然打开，内有一物呈菩萨像，惟妙惟肖。皇帝用丝绸将它包裹起来，装在金粟檀木的盒子里，送到大兴善寺供奉。

皇帝问众僧：“这是什么征兆？”众僧说：“太一山惟政禅师深明佛法，博闻强识，他应该知道。”于是皇帝召见惟政禅师。皇帝向禅师询问该事。禅师说：“任何事情都有其缘由，这是陛下信仰之心所化。此物乃菩萨在现身说法啊！”皇帝说：“我只见到菩萨像，没听到说法啊。”禅师问：“那么陛下觉得此事是正常还是非常啊？”皇帝说：“当然是非常之事啊。”禅师说：“陛下已经听到佛法了。”皇帝有所悟，于是下令天下的寺院都要供奉观音大士像。

皇帝留惟政禅师在内道场供奉，禅师数次请辞回山。皇帝令禅师住圣寿寺。武宗即位后，禅师突然离开长安再入终南山隐居。有人问禅师原因，禅师说：“我要避开仇家。”惟政禅师在终南山圆寂，焚化后得到了四十九枚舍利。信众集资建塔将这些舍利供奉了起来。

第二节　唐之后大兴善寺的住持

唐朝中叶，著名的百丈怀海禅师在总结大小乘戒律的基础上制定了新的佛教修行生活仪轨《禅门规式》（亦称《百丈清规》），至此汉传佛教寺院制度基本定型。宋代，宗赜又作《禅苑清规》，正式确立了以住持为核心的佛教寺院修学体制，由此汉传佛教寺院僧团体系走向成熟。住持，意为“安住之，维持之”，指的是代佛传法，续佛慧命的僧人，是寺院的最高负责人。方丈，初指僧尼长

大兴善寺冬景

老、住持的居室，后引申为对佛教十方丛林最高领导者的称谓，具有传法大德资格的住持可称为方丈，可以兼任多个寺院。一寺住持修持精深，受十方大德推崇，举行升座法会即可荣膺“方丈”。

一、宋代至清代的大兴善寺住持

（一）崇辨禅师

释崇辨，宋金时期著名禅宗高僧，在北方禅林颇有声望，金大定年间曾住持大兴善寺。据《关中胜迹图志》卷七记载，崇辨禅师住大兴善寺期间，夜夜在僧房诵经，夜深时分常有老狐前来听经。

（二）德满禅师

释德满，元末明初著名高僧，生平不详。明洪武年间，德满禅师在隋唐大兴善寺旧址重修大兴善寺。[①]

（三）云峰禅师

释云峰，明朝初期著名高僧，生平不详。明永乐年间，云峰禅师住大兴善寺，组织重修了大兴善寺，弘扬禅宗。

（四）麸斋

释麸斋，又作“僧麸斋”，明末清初著名高僧，生平不详。清顺治五年（1648），麸斋禅师住大兴善寺。经他多方化缘筹措资金，组织人力物力，再次重建了毁于战火的大兴善寺。

（五）云峨禅师

释云峨，法号行喜，字云峨，明末清初著名高僧，生平不详。清康熙年间曾任大兴善寺住持。

---

①王亚荣：《兴善寺志》，三秦出版社，1986年版，第92页。

（六）憨休禅师

憨休禅师（？—1701），法号如乾，明末清初著名高僧，释云峨弟子。关于憨休禅师的身份民间有两种说法：其一，其俗家姓胡，四川龙州人；其二，其为明末忠臣，或宗室之子，为避难遁入空门。他曾住兜率寺，并作诗《怀本师云老和尚》怀念老师，其本师应该就是释云峨。他先后担任过兴福、广教、清福、敦煌、金粟、兴善、风穴等七座名刹的住持。憨休是清初著名的诗僧，博通文翰，擅长书法；交友广泛，与玉林、费隐、木陈等清初宗师及进士张恂为友。

（七）参约法师

释参约，又作参约恭法师，亦有史书记作“约恭法师”。清康熙时期大兴善寺僧人，生卒年不详。清康熙《重修大兴善寺碑记》记载参约和尚募集资金，重修了方丈、殿廊和钟鼓楼。

（八）海文和尚

释海文，清康熙时期大兴善寺僧人、住持，约恭法师弟子，生卒年不详。清康熙《重修大兴善寺碑记》记载他与平安纳一起发起了清代大兴善寺的第二次大规模重修工作。

二、近代大兴善寺的住持

（一）妙阔法师

释妙阔（1878—1960），俗家姓魏，名玉堂，法号“慧福”，号“妙阔”，别号“净宽”（或为“静宽”），山西省五台县东冶镇人，近代著名高僧，以号行世。

妙阔法师生于清光绪四年（1878），其父母早亡，自幼寄居在舅舅家中。按照当时山西人的习俗，十二岁的妙阔被送到五台县城做了三年学徒。十五岁后，又返乡进入私塾接受传统启蒙教育。二十岁时，妙阔得了一场大病，几度濒危。青年妙阔回想自家身世，心中感悟人生如梦，世事无常，因而起了出家的念头。病愈后，妙阔毅然投入山西洪洞县赵城镇广胜寺落发为僧。广胜寺是山西著名寺院，也是一座千年古刹，藏书丰富，高僧辈出。次年，赴山西宁武县小法华寺随清廉和尚受具足戒。[①]此后，先后在宁武县法华寺、雁门关镇业寺、北京怀柔县红螺山寺学习。红螺山寺是著名的净土道场，妙阔在此一住数年。其间，除修学净土法门外，还仔细研究了慈恩宗法相唯识经典，于佛家六经十一论多有领悟，逐渐成为有道的高僧。

光绪三十二年（1906），妙阔又先后在镇江金山寺、扬州高旻寺访学，并在高旻寺担任了两年班首。宣统元年（1909），妙阔进入南京僧师范学堂进修。民国二年（1913），妙阔又考入上海哈同花园的华严大学，跟随月霞、应慈二法师学习华严宗经义。第二年又随华严大学迁到杭州海潮寺学习，直到民国五年（1916）在海潮寺毕业。毕业后，妙阔遍访江南名山大刹，聆听名师大德开示，参悟佛法。

民国十年（1921），妙阔法师的华严大学同学了尘和戒尘二位法师在汉口九莲寺创办了汉口华严大学，邀请妙阔法师前往授课。在此妙阔法师与太虚法师相结识，二人一见如故，相交甚笃。

民国十一年（1922），陕西佛教会委托李桐轩居士赴汉口，邀请太虚法师赴陕西弘法。太虚法师因事务繁忙，推荐妙阔法师前往。妙阔法师到达西安后在陕西佛教会宣讲《大乘起信论》，反响热烈。在陕西佛教会康寄遥、路禾父等人地一再挽留之下，妙阔法师留在了西安，并被聘请为西安大兴善寺住持。次年，陕西佛教界又为妙阔法师举行了晋山升座大典，荣膺大兴善寺方丈。在陕西佛教信众的支持下，妙阔法师住持重修了大兴善寺的殿宇，并对寺院进行了整顿。此后，妙阔法师定期在大兴善寺宣讲《唯识二十颂》《唯识三十颂》和《楞伽经》等大乘经论，影响很大，西北各省以及河南、山西的很多僧众都慕名前来听讲，使得大兴善寺这座千年名刹重振声望。

民国十七年（1928）七月，太虚法师在南京成立中国佛学会，妙阔法师代表陕西佛教界赴南京参加。被太虚法师邀请在佛教工作僧众训练班任教。训练班结束后，又受邀在上海各大寺院讲学。

民国二十年（1931），妙阔法师回陕，先后在陕西佛化社、第一师范学校等处讲经弘法。当年十二月，又担任了慈恩宗副宗长及慈恩佛学院教学部主任。

---

①一说在山西阳城县福胜寺随清廉和尚出家。

1937 年，抗战全面爆发。妙阔法师联合陕西佛教界人士发表抗日声明，谴责日寇侵华罪行，呼吁信众积极参加抗战。抗战期间，妙阔法师多次举行护国息灾法会，悼念阵亡将士和死难同胞。

民国三十年（1941），太虚法师命陕西大护法康寄遥居士和大兴善寺的妙阔法师，在大兴善寺成立“世界佛学苑巴利三藏学院”。太虚法师自任院长，妙阔法师任副院长，实际负责院务。

中华人民共和国成立后，妙阔法师仍热心于佛教事务，带头在大兴善寺实行农禅并举，并多次被选为陕西省人民代表、省政协委员及中国佛教协会理事。1960 年冬，妙阔老法师因病圆寂于长安县香积寺，世寿八十二岁，戒腊六十二夏。

（二）倓虚法师

释倓虚（1875—1963），俗家姓王，名福庭，法号倓虚，河北省宁河县北河口北塘庄（今属天津市塘沽区）人，近代著名高僧。

倓虚是家中独子，早年被父母送到学堂读书，后又被送到商铺做学徒，但是志不在此。后来家乡遇到瘟疫，倓虚一家得以幸免。但这件事对倓虚冲击很大，于是沉迷于外道，追求长生不老。后来因为战乱，举家迁往营口谋生。他先后从事过宣讲员、药铺学徒等职业。后来和人合伙开了一间药铺，经不断自学成了营口的名医。在此期间，经朋友介绍一起参加了《楞严经》学习班，始得觉悟。

四十岁时，倓虚到北京怀柔县红螺山资福寺向宝一老和尚请求出家。但是宝一认为他是名医，在家比出家贡献大，拒绝了他。四十三岁时，他在红螺山清池和尚引领下来到涞水县高明寺，求纯魁禅师代他已入寂的师兄魁印禅师收他为徒。在做了大半年沙弥后，倓虚南下宁波，拜在随近代天台宗高僧观宗寺谛闲法师门下学习天台教法。一年后，倓虚在观宗寺受具足戒。倓虚学习期间，十分努力，发愤忘食。谛闲法师的弟子多为南方人，希望能培育出几位北方弟子，复兴北方佛教，因此对倓虚非常重视，勤加指导。

民国九年（1920），倓虚三年修学期满，辞别老师谛闲，踏上了行脚弘法的生涯。他先是受北京佛教筹赈会主任马冀平之请，到河北省井陉县显圣寺讲经。此后回到东北弘法。先是回到营口，集资筹建了楞严寺，并礼请宁波天童寺方丈禅定法师担任住持。其间，其妻子和第四子王维翰[1]受感召皈依佛门，后到奉天万寿寺佛学院任主讲。在倓虚的奔走下，东北地区又建立起了吉林般若寺、哈尔滨极乐寺。倓虚在哈尔滨极乐寺担任了十年住持。

民国十九年（1930），倓虚法师受在陕西赈灾的朱子桥将军邀请到陕西弘法。1931 年，在朱子桥、康寄遥的支持下，倓虚法师创办大兴善寺佛学养成所（后改佛学院），担任所长，并兼任大兴善寺住持。

民国二十三年（1934），倓虚法师又来到青岛，创办了青岛湛山寺。民国三十七年（1948）三月底，倓虚法师离开青岛，经上海辗转来到香港，在此设立华南佛学院。1958 年，倓虚法师在香港又创立了"中华佛教图书馆"。1963 年 8 月 11 日，倓虚法师圆寂，享年 89 岁，僧腊 46 年。

（三）心道法师

释心道（1905—1968），俗家姓李，湖北荆州松滋县人，近现代著名高僧。

心道十五岁丧父，因而深感人生无常，开始寻求解脱之道。十八岁时，心道拜在本县岱辅庙师祖天园老和尚门下剃度出家，取法名源福，号心道。民国十一年（1922），心道随沙市章华寺净月老和尚受具足戒，后又投奔太虚大师创办的闽南佛学院学习。毕业后，又相继在江苏镇江金山寺习禅，常州天宁寺学戒，随上海兴慈老和尚、浙江宁波观宗寺谛闲老和尚学习天台教观，逐渐成为了一名有道的高僧。

民国二十一年（1932），心道受虚云老和尚邀请与大醒、慈航、印顺一同任教于福州鼓山佛学院。民国二十二年（1933），又受太虚大师之邀于武昌佛学院任教。民国二十三年（1934），受大勇法师等人的影响，发愿北上学习密宗。后经戴季陶、马麟介绍赴青海塔尔寺学习密法。在此受九世班禅、恩久活佛、阿嘉活佛等高僧灌顶，并获得了"丹巴增贝堪布"和"班智达"的称位。

民国二十七年（1938），受康寄遥居士等邀请，心道法师莅临陕西宣讲《金刚经》。陕西信众被心道法师的佛法修为深深折服。在康寄遥居士和陕西僧众的一再恭请之下，心道法师升座为西安大兴善寺方丈。此后，法师在陕西、甘肃、青海、宁夏、内蒙、新疆等地弘法十余年，为西北佛教振兴做出了很大的

---

①王维翰，即后来的北京极乐寺住持大光法师。

贡献。

民国三十五年（1946）冬，心道法师南下到了南京。在南京普照寺成立“中国法幢学会”。中华人民共和国成立前夕，法师驻锡在江西南昌佑民寺。中华人民共和国成立后，心道法师被选举为佛协委员及南昌市佛教协会会长。

1968年，心道法师在南昌佑民寺圆寂，享年63岁，僧腊45年。

三、中华人民共和国成立以来的大兴善寺住持

（一）朗照法师

释朗照（1894—1966），满族，俗名程鉴元，法名慧日，北京人，近现代著名高僧。

朗照幼年时随父迁至陕西凤翔县，曾相继就读于凤翔正蒙书院、凤翔县立高等小学堂。1911年，朗照与同学相伴去西安求学，正值关中起义爆发，同学数人被革命军所杀，朗照幸运得以逃脱，只身逃往北京，藏身于北京万寿山万寿寺。

1912年，朗照回到陕西，在宝鸡县太华山随临济宗智成法师剃度出家。1915年，在长安县终南山国清寺随止清法师受具足戒。此后，相继在西安大兴善寺及卧龙寺学经修持。1919年起，朗照开始了自己的游学生涯，先后到河南开封相国寺、武汉正觉寺、九华山化城寺、南京毗卢寺等寺庙学习。1921年至1927年，朗照在上海留云寺精研佛经七载，学识大增。1928年至1935年，又在浙江宁波观宗寺佛学研究社学习天台宗教理，因为他持戒精严，学识渊博，待人诚恳，其间，还被僧众推举代理过一段时间观宗寺住持。经过二十年的求学生涯，朗照成长为一名有道的高僧。

1936年至1940年，朗照在河南洛阳白马寺担任住持。其间，他重修名刹，开坛传法，威望日益高涨。1941年，应请回陕，担任西安卧龙寺住持，后升座方丈。随即又被选为陕西省佛教协会理事长，直至1949年，其间，还兼任了大兴善寺方丈。

中华人民共和国成立后，朗照法师被选为政协西安市委员会委员，西安市人民代表大会代表，陕西省人民代表大会代表，中国佛教协会理事、常务理事，并继续担任卧龙寺与大兴善寺住持、方丈之职。

朗照法师一生爱国爱教，支持新中国建设。1951年，在抗美援朝战争中，

朗照法师号召和鼓励教徒踊跃捐献，募得款项 2000 万元，并亲赴朝鲜慰问中国人民志愿军及朝鲜军民；1955 年，发起制定《寺庙爱国公约》，倡导佛教界爱国爱教，遵纪守法；1958 年，发起组建西安佛教农业生产合作社，并任社长，推动“农禅合一”，并多次参加国家组织的宗教外事活动。1966 年，朗照法师圆寂，终年 72 岁，僧腊 54 年。

（二）慧雨法师

释慧雨（1913—1992），俗名周澜洁，河南省漯河市人，近现代著名高僧。

1939 年，慧雨在河南郾师观音寺拜在自润老和尚门下剃度出家。同年，在终南山大茅蓬寺受具足戒，住西安卧龙寺。1942 年，应朗照法师之请任卧龙寺监院。1946 年，慧雨经朗照法师推荐南下游学。1953 年，结束游学生涯，返回陕西卧龙寺。

朗照法师同时兼任大兴善寺方丈，经他召请，慧雨任西安大兴善寺监院，代朗照大和尚住持兴善寺寺务。1956 年，被陕西省佛协选送北京佛学院进修佛学，结业后仍回大兴善寺。1958 年，帮助朗照法师组建西安佛教农业生产合作社，积极倡导“农禅并重”，并担任生产队领导及会计工作。多次被评为市上的先进工作者、模范会计等称号。

“文化大革命”期间，慧雨法师被迫脱下袈裟，成了一名园林工人。逆境之中，法师仍恪守本心，工作勤勤恳恳。

十一届三中全会以后，党的宗教信仰自由政策得到贯彻。慧雨积极参与西安地区佛教的恢复工作及佛教界的政策落实工作，为西安佛教寺院的恢复和开放多方奔走。1982 年，慧雨被陕西省佛教协会第二次代表会议选为省佛教协会副会长，兼副秘书长。

1984 年初，西安市政府决定将大兴善寺交由僧人管理。慧雨法师继续发扬爱国爱教的精神，夜以继日地工作，克服了时间短、任务重、人手短缺、经费困难等一系列难题，修缮了殿宇房舍，重塑了佛像，购置了一批法器，在很短的时间里做好了大兴善寺对外开放工作。1985 年 5 月，慧雨被西安市佛教协会第二次代表会议选为西安市佛教协会副会长。1985 年 10 月，在陕西省、西安市佛协的指导下，由慧雨主持，在大兴善寺举行了盛大的传戒法会，有 2000 余人受戒，规模空前。此后，经各级佛协同意，慧雨接受中国佛教协会副会长上海龙华寺方丈明畅法师传法，成为临济正宗第四十二世法嗣，取名“定慧”。

1989年9月14日，在各级领导、诸山长老和其他宗教道友的见证下，大兴善寺为慧雨法师举行了隆重的升座大典。慧雨法师正式荣膺大兴善寺方丈之职。1992年，在慧雨法师的住持下，西安卧龙寺也开始了恢复工作，慧雨法师立誓“不修复卧龙寺不升座卧龙寺方丈”。辛劳的工作极大地损害了老和尚的健康。1992年11月12日，慧雨法师因病医治无效而圆寂，终年79岁，僧腊53年。

慧雨法师的一生是爱国爱教的一生，法师热爱祖国，热爱社会主义，拥护中国共产党的领导，拥护党的宗教政策，数十年来为落实党的宗教政策，为陕西佛教事业，为大兴善寺、卧龙寺的修复呕心沥血。慧雨法师的一生是慈悲为怀的一生，以普度济世精神，关心社会公益事业，弘法利生，曾发起为黑河引水工程和北京亚运会捐款活动，组织书画家义卖捐助灾区。法师还积极地推动中外宗教文化交流，曾完成了许多重大外事接待任务，为中日两国佛教的交往做出了许多积极的贡献。

（三）界明法师

释界明（1935—2008），原名陈都乾，著名高僧，大兴善寺前住持、方丈。

1935年，陈都乾出生于陕西省宝鸡市陈仓区。1954年12月，参加中国人民解放军，因表现优异，被单位推荐考入部队通讯学校，三年后毕业。1957年3月，在部队三兵团任技师。1959年12月，转业，在陈仓区社队企业担任管理工作。

改革开放后，党的宗教信仰自由政策逐步得到落实。1986年，陈都乾在扶风县贤山寺出家为僧，取法名“界明”。1988年，界明在四川成都文殊院受具足戒。自此先后在成都文殊院任僧值，在宝光寺佛学院任讲师，在陕西扶风县法门寺任知客等职。1991年11月，界明入西安市大兴善寺，先后担任僧值、监院。1993年，升任大兴善寺住持。1995年4月，接深圳弘法寺本焕老和尚衣钵，成为临济正宗第45世法嗣。

1996年5月，界明法师升座为大兴善寺方丈。2002年，界明当选为中国佛教协会第七届理事会常务理事。2005年，又当选为陕西省佛教协会第五届会长。

界明法师住持大兴善寺寺务期间，继往开来，对大兴善寺进行了较大规模的重修，成果显著，受到了政府主管部门和广大群众的广泛赞许。

（四）宽旭法师

大兴善寺现任方丈为宽旭法师。1970 年出生于甘肃天水，1985 年在长安护国兴教寺礼常明老和尚门下剃度出家。同年，在西安大兴善寺受具足戒。1988 年在普陀山佛学院求学，后任普陀山普济寺副寺。1997 年被西安市佛教协会礼请为西安市青龙寺住持。2008 年，宽旭法师被西安市佛教协会礼请为大兴善寺住持。2011 年 11 月 25 日，又升座为大兴善寺方丈。2020 年 9 月当选为陕西省佛教协会会长。宽旭法师接任方丈以来，致力于弘传密法，复兴祖庭的工作，取得了非常显著的成绩。

第五章　历代名人与大兴善寺

大兴善寺既是汉传佛教密宗祖庭，又是隋唐时期的国寺，历史悠久，地位崇高。灿烂独特的佛教密宗文化，理法圆融的天台宗、华严宗文化，简洁明了的禅宗文化在这里融为一体，深受历代名人所关注，四方僧俗善信景仰。

第一节　古代名人与大兴善寺

古代的大兴善寺，尤其是隋唐时期的大兴善寺是崇高辉煌的皇家寺院。除了前文所述的隋文帝、唐太宗、唐玄宗、唐肃宗、唐文宗、唐武宗、唐宣宗等帝王与大兴善寺的故事外，还有无数文人墨客前来拜佛、听禅，留下了许多的故事。

（一）秦简王朱诚泳与《游兴善寺》诗

朱诚泳（1458—1498），明朝第七代秦藩王、秦惠王朱公锡之庶长子，谥号“简”。朱诚泳明成化二十三年（1478）袭封秦王。秦简王为人崇尚儒学，克己守礼，宽仁友爱。他才华出众，过目能诵，“凡六经子史百家无不徧阅”。曾作《经进小鸣稿》流传后世。

秦简王喜欢结交文士，每逢节假日，会请藩臬及关中缙绅同游。他曾数次到大兴善寺游览，留下了著名的《游兴善寺》：迢迢一径绿苔封，步入烟霞杳霭中。丈室老禅忘色相，庭前红杏自东风。

（二）毕沅重建转轮藏经殿

毕沅（1730—1797），字纕蘅，另字秋帆，江苏镇洋（今江苏太仓）人，清代著名学者、官员，官至湖广总督，赠太子太保。毕沅于经、史、小学、金石、地理之学，无所不通，有《传经表》《经典辨正》《续资治通鉴》《灵岩山人诗文集》等流传后世。

乾隆二十五年（1760），毕沅中进士，殿试第一，状元及第。毕沅一生仕途在陕西最久，历任陕西按察使、陕西布政使、陕西巡抚等职，其中三任陕西巡抚是陕西政坛的一段佳话。毕沅在陕期间是其人生最为辉煌的阶段，他重修关中书院，平甘肃河州叛乱，赈济陕甘水、旱灾害，颇有政声。

毕沅晚年笃信佛教，在陕期间曾数次来大兴善寺参拜，曾发愿重建转轮藏经殿。乾隆五十年（1785），毕沅第三次任陕西巡抚，终于达成了自己的心愿。在他的主持之下，大兴善寺在唐代转轮藏经殿遗址上重建了该建筑。可惜的是该殿后毁于同治年间的战火之中。

（三）阮元采访《一切经音义》

阮元（1764—1849），字伯元，号芸台、雷塘庵主，晚号怡性老人，江苏仪征人，清代著名学者，一代文宗，官至体仁阁大学士、太傅，谥号“文达”。因主持校刻的《重刊宋本十三经注疏》名垂后世。

先北齐有僧释道慧作《一切经音》，但至唐已经散佚。唐贞观年间，释玄应根据残卷及其他资料再次撰写《大唐众经音义》，是现存佛经音义中最早的一部。

清代学者阮元在任浙江巡抚期间，采访《四库全书》未收之书，《一切经音义》就在其中。据清人笔记记载《一切经音义》为阮元遣人从西安大兴善寺访得。

第二节　近代名人与大兴善寺

民国期间，在朱子桥、康寄遥等居士的支持和倡导下，很多高僧大德来大兴善寺或驻锡、或讲学，大兴善寺逐渐复兴，同时也吸引了很多名人前来参访。

“觉悟群生”匾额

（一）光绪皇帝与大兴善寺“觉悟群生”匾额

公元 1900 年，八国联军侵华，慈禧太后携光绪皇帝逃到了西安。被战火所毁坏的大兴善寺在西北信众的捐助下，已经得到了大体的修缮。于是有信众提议请求御笔题词。光绪皇帝有感于信众的虔诚，提笔写下了“觉悟群生”四个大字。如今，清光绪皇帝御笔题写的“觉悟群生”匾额仍悬挂在大兴善寺法堂正门的上方。

（二）朱子桥将军与大兴善寺

朱子桥将军（1874—1941），名庆澜，字子桥，以字行世，祖籍浙江绍兴，出生于山东历城县（今山东济南历城区），近代最伟大的慈善家。自 1928 年朱将军赈济陕灾开始，他就与大兴善寺结下了不解之缘。

1. 朱子桥将军生平

朱子桥一生充满了传奇色彩。自幼丧父，孤贫力学。17 岁，就为修治黄河奔走，并任河工委员，后随友赴东北，投东三省总督赵尔巽部下，深受赏识。历任奉天陆军第二标标统、成都新军第 33 混成协协统、大汉四川军政府副都督、总统府军事顾问。1913 年任黑龙江护军使，兼民政长官，统掌军政大权。1916 年夏，任广东省长，以 20 营兵力交给孙中山，支持护法运动。1922 年重返东北，任东北中东铁路陆军总司令、东北三省特别区行政长官，陆军上将衔，负责接收苏俄移交的中国东北中东铁路的路权及沿线百余万亩土地。

1925 年 2 月，因厌恶官场斗争，坚决辞去所有职务，投身于慈善事业。此后，长期从事慈善救济与抗日救亡事业。

1927 年以后，先后任华北慈善联合会会长、黄河水利委员会委员长、国民政府赈济委员会委员长等职，为赈灾奔走呼号。1927 年的山东大旱，1929 年的陕西年馑，1930 年的长江水灾都留下朱将军的足迹。

1931 年 9 月，九一八事变之后，国难当头。朱子桥与程潜、张学良等人会商，成立了“辽吉黑热四省抗日救援会”，并担任会长。1933 年，朱子桥招募 10 万援军队支持冯玉祥组建的察哈尔抗日同盟军，对收复多伦等四县贡献巨大。同年，组织并亲自押送物资支持宋哲元部在长城喜峰口抗击日寇。

1935 年 7 月起，任中央救灾准备金保管委员会常务委员。1938 年 8 月，任全国赈济委员会常务委员兼主持第五救灾区工作。常年奔走于晋陕豫之间。为赈灾和慈善事业，多方奔走，呕心沥血，活人无数，功德无量。

2. 赈济陕灾

民国十八年（1929），对于陕西人来说是一场噩梦。自古号称“八百里米粮川”的关中地区连续三年绝收，陕人称之为“陕西民国十八年年馑”。关中大地饿殍遍野，数百万百姓生死一线。

无奈之下，陕西赈灾会、佛教会求到了时任华北慈善联合会会长的朱子桥将军门上。朱将军听闻后，立即起身赶赴陕西考察灾情。当他目睹了三秦大地哀鸿遍野的惨状，心痛万分。于是他通过平津媒体向全国和海外善士呼吁捐助，并首创了“三元钱救一命”的义举。他先后在东北、华北等地募集善款百万余元，粮食16万担，并亲自率众将救灾粮由沈阳押运至西安。当时正值中原大战，其间辛苦不言而喻。

他还请冯玉祥划拨军营三百余间成立了西安灾童教养院。让灾区的孩子不但能有所食，而且能受教育。在灾情最重的扶风县教养院，西安灾童教养院收救了灾童数百人。同时兴办农场，发展生产，鼓励自救。1938年，日寇大举扫荡华北、中原，灾民大量涌入陕西。朱子桥亲自主持创办了著名的黄龙山垦区。他以垦代赈，安置灾民5万人，垦田23万亩。

朱子桥践行众善奉行的佛家仁爱思想，献身于赈济事业，发起了众多赈灾慈善事业，堪称近代中国赈灾史上的一座丰碑。他的美德受到全国人民乃至全世界的称颂。

3. 创办大兴善寺佛学院

朱将军认为救灾救生之余，还要兼顾救心，因为他自己是虔诚的佛教徒，所以他对佛教拯救人心的作用深有感悟。于是他一边在陕西各地调查灾情，组织放粮，一边募集资金修建西安及周边的诸多佛教寺院。尤其对创办大兴善寺佛学院用功尤深。

1930年，陕西佛教协会会长康寄遥礼聘佛教大德华清法师在西安佛化社创办佛学讲习所，招收学僧有30余人。因受大灾影响，即将停办。朱子桥闻知后，随即向实业界人士募捐，使学僧得以继续完成学业。

1931年，朱将军聘请了国内佛教界著名高僧日悉法师和倓虚法师来西安讲学，更好地弘扬仁爱精神。讲学受到了西安信众的普遍欢迎。于是有信众提出请朱将军出面创办一所佛学院的动议。

1932年，朱子桥登高一呼，即刻得到了陕西佛教人士康寄遥、杨叔吉、高戒忍等人的极力支持；军政界领导杨虎城、冯钦哉、王一山及国民党中央委员何叔父、张溥泉等也踊跃前来共襄盛举。至于佛学院的选址则定在了历史悠久、声名远播的中国佛教唐密祖庭——大兴善寺。起初称作大兴善寺佛学养成所，后改佛学院。此间，朱将军对大兴善寺进行了比较全面的修复。

佛学院与大兴善寺是一体的，占地面积百余亩，内有七重殿宇，讲堂、经堂、僧寮若干。朱子桥、康寄遥出面礼聘倓虚法师为养成所所长，并兼任大兴善寺住持；华清法师为监院，教授。倓虚法师当时一方面要协助朱将军下乡安抚灾民；一方面要住持大兴善寺的佛法宣扬工作。

后来，倓虚法师写了一部回忆录回忆当年的事情，此书名叫《影尘回忆录》。书中回忆了自己几十年弘法利生的经历，其中有很大篇幅记载了和朱子桥、崔献楼等人在陕西农村赈灾的实况。此书展示了佛教大德心怀众生，播撒仁爱的伟大情怀，读之催人泪下。此书也是近代陕西赈灾的珍贵史料。

1941 年元月 13 日，朱子桥将军因积劳成疾，咳血不止，在西安灾童教养所坐化而去，享年 68 岁。

（三）康寄遥居士与大兴善寺

康寄遥是中国近代著名的宗教领袖、社会活动家、慈善家，对近代陕西的佛教发展以及大兴善寺的振兴有重要贡献。著有《陕西佛寺纪略》《陕西佛教志》①。

1. 康寄遥与佛教渊源

康寄遥（1880—1968），名炳勋，字寄遥，法号法真，号寂园居士，陕西临潼人。清光绪二十年（1894），曾就读于关中书院。毕业后，留校任教，此时关中书院已改为陕西师范学堂（1903 年改）。光绪三十二年（1906），任西安八旗中学堂教习、西安城区查学委员。清宣统元年（1909），入京师优级师范学堂求学；1911 年，回陕西参加辛亥革命。

辛亥革命后，历任陕西军政府财政司次长、国民党陕西支部文事科干事。1913 年，主办西北大学预科，任校长。1914 年，因反对袁世凯势力，脱离仕途，

---

①《陕西佛教志》是康寄遥所撰《陕西省民族宗教志》佛教部分的手稿，被习惯称为《陕西佛教志》，内容包括陕西佛教的沿革、宗派、人物、经典、寺院五部分，为研究陕西佛教史特别是陕西近现代佛教史提供了珍贵的资料。

发展实业。曾在上海参与创办主编《国民杂志》月刊，又主编《正报》，追随陈独秀宣传社会主义。随着其振兴陕西工业计划流产和《正报》被查封，使他陷入消沉与迷惘之中。

1921 年，康寄遥携母亲寓居上海。康母刘夫人是位“虔心修净业”的女居士。在陪同母亲于上海世界佛教居士林听讲的时候，康结识了陕西同乡印光法师及著名高僧太虚法师，从此对佛教产生了浓厚兴趣。同年，康母刘夫人病逝于上海。出于承传慈母留存的善缘，康寄遥从此发愿信佛。正如他所说：“补报母恩，唯有佛法。”并于当年正式皈依佛门，成为一名居士。

1922 年深秋，康寄遥扶母亲灵柩回陕西，开始了他振兴陕西佛教的事业。

康寄遥回陕后，将母亲葬在了西安东关龙渠堡东门外的康氏墓园，因母亲圆寂之意，取名“寂园”。寂园占地约十二亩，康寄遥在这里结庐而居，一边为慈母守墓，一边研习、宣扬佛学。康寄遥此举并非消极遁世，而是立志把弘法事业作为他改善现实人生和促进社会改良的方便法门。他曾自述说：“故为学佛，即学救世。”要以出世之法，行入世之功。

近代以来，传统的佛教日渐衰微，陕西地区佛教也失去了昔日盛唐时代的辉煌。康寄遥在他的《陕西佛教志》中说：“近代以来，陕西佛教衰微已极，宗风不振，义学九荒，戒德消沉，僧才缺乏。诸祖塔寺虽尚保存在西安附近，但是只能，抱残守缺，所谓绍隆佛种，弘宣正法殊觉黯淡无光，不过偶瞻古塔，随时凭吊而已。”

2. 康寄遥居士创办佛化社及佛教刊物

1927 年 11 月，康寄遥居士联系张凤翙、程潜、宋联奎、朱庆澜、寇遐、丁德隆等同修，在寂园成立了西北地区第一个佛教居士组织——佛化随刊社，次年改称佛化社。佛化社以研习佛学，振兴佛法，弃伪扬真，弘菩萨行，实践佛陀真理为宗旨。佛化社内先后创立了讲经会、念佛会、佛教青年会、妇女观音会等组织。佛化社是近现代陕西，乃至西北地区成立最早、规模最大、持续时间最长的的居士团体，也是中国近代最大的佛教居士组织之一。佛化社为振兴陕西佛教，联系全国各地佛教信众，改革西北地区佛教，弘扬佛法方面做出了重要贡献。

康寄遥在筹办佛化社的同时，还在诸多同人的配合下创办了《佛化随刊》《大雄》两种佛教刊物。《佛化随刊》出版逾百期，至 1948 年停刊，在全国很有影响。除此之外，他还编辑临时特刊如《陕西佛教复兴新纪元》《陕西七年来的佛教》《印光大师特刊》《太虚大师专刊》《祈祷特刊》《重修法门寺真身宝塔工程纪略》等书刊十多种，都是后人研究民国时期佛教的珍贵资料。在办刊的同时，康寄遥还主持编印了许多佛教经籍及欧阳竟无、韩清净、吕微、王恩洋、印顺、太虚、丘希明、周叔迦、虞愚、蒋竹庄、谛闲、持松等佛学大师们的论述和讲义数十种。尤其是抗日战争时期，因为南北交通阻隔，陕西及西北佛界一时购买不到所需的各种佛经，由康寄遥主持刻印的数十种经本满足了各地的需要。

3. 康寄遥邀请著名法师来陕弘法

康寄遥不但创办佛教组织、出版佛教刊物，而且还邀请全国著名法师来陕西讲经弘法，极大地推动了陕西佛教的发展。

1931 年，在陕西省主席杨虎城的协助下，康寄遥第三次邀请太虚大师来陕西讲经。太虚大师在西安两月有余，始终由康寄遥陪同，先后在佛化社、民乐园、十七路军总指挥部以及各寺院和各学校讲经，听众甚多，影响很大。1933 年，康寄遥邀请青海何祖校喇嘛来西安为四众传授密法，成为陕西近代弘传密法的开始。次年，又邀请上海祥瑞法师来佛化社讲经。祥瑞住社数月，除讲经外，还发起成立了西安妇女观音会。1937 年，康邀请江苏无锡超一法师来陕西，与佛化社共办护国消灾法会。1938 年后，喜饶嘉措也经康寄遥邀请几度来佛化社讲演。康在兴办僧伽学校方面也做了许多努力。1930 年与华清法师合作在佛化社内设立佛学讲习所，由华清法师主讲，陕西的高僧及康等居士分别任课，这是陕西近代兴办僧伽教育的开始。

4. 康寄遥居士与大兴善寺的振兴

大兴善寺是康寄遥居士复兴陕西佛教的重要阵地。

民国十年（1921），康寄遥居士与定慧和尚、高戒忍居士等人联名邀请太虚法师、亦幻法师前来陕西弘法。太虚因忙于武昌佛学院事物无暇分身，便推荐妙阔法师代自己赴陕西弘教。妙阔法师慨然应允，并于次年赴陕弘法，这是陕西近代延聘法师来陕讲经的开始。妙阔法师来陕西后，随即被委任为卧龙寺、大兴善寺两寺住持。妙阔法师即住持位后，在康寄遥居士的帮助下，对大兴善寺的寺纲进行了系统的整顿，大兴善寺僧众面貌顿时焕然一新。陕西佛教的复兴事业也从此迈出了坚实的第一步。

1932 年，康寄遥居士又联合朱子桥将军募集资金对西安大兴善寺进行全面修缮，并在这里创办佛学讲习所，后改佛学院。大兴善寺佛学院招收的学生，大多是有文化的青年僧人。1940 年第一期学员毕业后停办。但康寄遥居士弘法利生的志向并没有因此而停息，仍然为佛教教育积极努力地奔走着，他的眼光不仅仅局限于复兴陕西佛教、西北佛教，而且还积极推动佛教世界化。

1942 年，康寄遥居士与太虚法师决定在大兴善寺开办世界佛学苑巴利文学院。学院与斯里兰卡摩诃菩提会协商互派两名僧人留学，以便促成中国的大乘佛教教义向斯里兰卡传播，同时将斯里兰卡的小乘佛教教法介绍到中国。1944 年，世界佛教巴利文三藏学院正式在大兴善寺成立，太虚法师任院长，妙阔法师任副院长，康寄遥与杨叔吉、高培友为兼职教授。

康寄遥居士长期身兼陕西佛教会会长，一生为复兴陕西佛教而努力，为此居士倾注了毕生的心血，其人其事至今都令陕西佛界僧众赞叹不已。

康寄遥居士生性高洁，修持自律，慈悲为怀，多行善举，还曾担任陕西省赈务会主席，对促成朱子桥将军来陕，为赈济陕、甘、晋、豫灾民积极奔走，为近代西北的慈善赈灾事业做出了不可磨灭的贡献。

（四）国学大师康有为与大兴善寺

康有为（1858—1927），原名祖诒，字广厦，号长素，广东省南海县丹灶苏村人，晚清时期著名的政治家、思想家、教育家，戊戌变法领袖，学界尊称其为“康南海先生”。康有为是晚清通儒，他学贯中西，既通晓今文经学，又通晓西学，同时对佛学也有很深的造诣，尤其是与大兴善寺也有很深的渊源。

1858 年，康有为生于广东南海的一个官宦家庭。少年时从康赞修、朱次琦学习程朱理学。朱次琦是当时岭南地区的儒宗宗师。据康有为所编的《朱九江先生年谱》称，朱先生的学问一是强调融会贯通，二是平易笃实。他既反对乾嘉考据学的繁碎和门户之见，又反对宋明心学的空疏玄谈，提倡经世致用的学风。

1879 年，康有为对传统儒家经典已经比较通晓，但是他发现传统儒家经典对于拯救时弊并无多大益处，因此对传统学术产生了怀疑。此后又致力于钻研中国传统的经世之学，仍然觉得有所不足。同年，康有为到香港游历，亲身感受到西方文化的先进，遂又致力于西学的研习。

面对晚清巨大的社会变局，康有为希望能够找到一条中西结合的新路。在钻研经世之学和西学的过程中，康有为受到了先贤龚自珍、魏源等人思想的影响，逐渐亲近今文经学。在常州学派“春秋公羊学”的影响之下，康有为受到了启发，他援用今文经学的微言大义，写下了著名的《新学伪经考》《孔子改制考》，阐述社会变革的思想。康有为的今文经学思想通过对今文经学的重新诠释、构建，使其成为宣传变法的理论基础，极大地冲击了传统文化与价值观念，促进了近代西学的传播。

康有为学养深厚、文采斐然，思想视野开阔。梁启超先生称康有为的思想为“近代思想界之大飓风”。

1923年春，康有为在当时陕西督军刘镇华的邀请下来陕西讲学。同年10月底，康有为来大兴善寺游览。面对破壁残垣，康有为抚今追昔，不胜感慨，并赋诗一首曰：“晋隋旧刹畅宗风，翻译经文殿阁雄，惘怅千房今尽毁，斜阳读偈证真空。”[①]康有为的这首诗，后被刻于碑石之上，现镶嵌于大兴善寺观音殿后法堂院内。

除了题诗，康有为还应邀为大兴善寺题写了“应无所住”。“应无所住”碑现镶嵌于法堂院西侧阅览室墙壁间。康有为的书法与光绪皇帝的题匾遥遥相对，恰似昔日君臣在大兴善寺展开的一场超越时空的佛学对话。

“应无所住”碑是康有为晚年书法成熟时期的代表作之一，其字体为魏韵隶意的行书，书体以平常弧线为基调，笔法粗拙，而转折间方圆兼备，终见其精神。“应无所住”一句出自《金刚经》，原文为“应无所住，而生其心”。应无所住，即是清净自心。心无所住，即是不贪恋生活中的悲欢离合，随缘而往。面对无常的情感，能随缘，不苦恼；面对是非，能心平气和，随缘消业；面对名缰利锁，能超越安然，不妄求神通妙法，于好恶美丑诸境中不生住心。虽只四字，但可以看出康有为的修法之心。

康有为晚年笃信佛教，在陕西期间，曾作过“所贵修炼精神以至成佛”的演讲。在演讲中，他提出了“依佛经，有阶梯可循，有条理可按，斯为学佛之正轨”，深得僧俗信众的赞扬。

（五）蒋介石到大兴善寺致祭张季鸾[②]

1942年9月5日，中华民国国民政府军事委员会委员长蒋介石到大兴善寺

①许力工：《西安佛教的起源发展及沿革变迁》，《西安文史资料》第22辑《西京佛教》，第12页。

②姚志锐：《蒋介石到兴善寺致祭张季鸾》，《雁塔文史》第8辑，第94—97页。

致祭《大公报》总编辑张季鸾先生。

1. 张季鸾先生其人

张季鸾（1888—1941），名炽章，陕西榆林人，中国近代著名报业家、政论家。张季鸾早年曾师从关中大儒刘古愚先生，打下了深厚的国学基础，后又考取赴日官费留学生，到日本留学，接受新式教育。在日本期间张季鸾加入了中国同盟会。

辛亥革命后，张季鸾担任了孙中山先生的秘书，并负责起草《临时大总统就职宣言》。此后主要从事新闻出版行业，先后担任过《大共和日报》编辑、《民信日报》总编辑、上海《新闻报》驻北京记者、《中华新报》总编辑等职。1926年，与吴鼎昌、胡政之合作，成立新记公司，接办天津《大公报》，任总编辑兼副总经理，主要负责新闻评论工作。

张季鸾办报坚持爱国主义，坚持“不偏不倚”、客观公正的立场，在主持《大公报》时，曾提出著名的“不党、不卖、不私、不盲”的“四不”主义办报方针。他公平公正的办报态度赢得了国共两党共同的尊重。

他去世后，蒋介石向《大公报》社致唁函曰：“季鸾先生，一代论宗，精诚爱国，忘劬积瘁，致耗其躯。握手犹温，遽闻殂谢。斯人不作，天下所悲。”[①]共产党人周恩来、董必武、邓颖超的唁电曰：“季鸾先生，文坛巨擘，报界宗师。谋国之忠，立言之达，尤为士林所矜式。”[②]

2. 张季鸾与蒋介石的恩怨

张季鸾秉性高洁、人品端正、文采出众，其议论每每出于民族大义，经常与蒋发生抵牾，但其过人的操守和文采也赢得了蒋的尊重。

国民革命期间，张季鸾在河南郑州初次会晤蒋介石。当时的蒋介石作为北伐军的总司令，有功于革命，得到了张季鸾的热情赞颂。蒋介石也久闻张季鸾的大名，非常佩服张季鸾的忠肝义胆和激烈笔锋，双方相谈甚欢。

1927年4月12日，蒋介石发动“四一二”反革命政变。4月29日，张季鸾写下社评《党祸》，激烈抨击蒋介石杀戮进步青年，背叛革命的反动行径。他说蒋介石曾声明服从孙中山先生的“三大政策”，如今却大开杀戒，实属口是心

---

①田斌：《张季鸾与蒋介石的恩怨》，《炎黄春秋》2002年第4期，第73—75页。

②贺伟：《张季鸾三谏蒋介石》，《新闻爱好者》2007年第6期，第27页。

非的两面派嘴脸，使得蒋介石颜面扫地，后又撰写了《蒋介石之人生观》抨击蒋宋联姻。

虽然张季鸾数次抨击蒋介石，但蒋介石因其大公无私，持论公正，声名远播，而不得不放下架子拉拢张季鸾。蒋介石数次以国民政府主席的身份嘉奖《大公报》。1934 年，蒋介石在南京励志社宴请社会各界贤达，并邀请张季鸾坐在首席。

1936 年冬，西安事变爆发。张季鸾认为在国家存亡的关键时刻下，只有当时的国民政府才能肩负领导抗战的重任。他热切呼吁和平解决事变，提出“千万勿破坏团结，遗人以口实”。在此期间，他写下了《西安事变之善后》《再论西安事变》《国民良知的大胜利》等社评，呼吁并赞扬西安事变的和平解决。抗战全面爆发后，张又为蒋写了《国民精神总动员纲领》的文章，呼吁全民族团结抗日。1938 年农历二月初八，张季鸾生日，蒋介石派专人向张季鸾送礼慰问。

张季鸾是一个“国家中心论”者。他虽然热情支持蒋介石抗日，但是面对蒋介石发动皖南事变破坏抗战的行径，他也是不留情面地进行了批判。1941 年 5 月，张季鸾还曾提出蒋介石与毛泽东会晤商讨抗战和建立联合政府的设想。这些都是蒋介石所不喜的。

3. 公祭张季鸾

1941 年 9 月 6 日，一代报业巨擘张季鸾在重庆病逝。张季鸾的逝世，在全国引起了很大的震动。蒋介石对张季鸾的病情非常重视，在张季鸾病逝的前一日，还亲自赶赴歌乐山中央医院探视。9 月 26 日，重庆新闻界公祭张季鸾，蒋介石、周恩来亲率国共双方代表参加公祭。

1942 年 4 月 29 日，张季鸾灵柩回到了陕西。陕西各界数千人参加迎接张季鸾灵柩活动，并决定在 9 月 5 日，即张季鸾逝世一周年前夕，在西安大兴善寺举行公祭活动。陕西各界将公祭仪式放在大兴善寺是别有深意的，一是因为张季鸾的墓址选在终南山南五台的竹林寺，从大兴善寺赴竹林寺顺路；二是因为大兴善寺是佛教密宗祖庭，密宗素重真言，张季鸾先生一生为文真直，倡兴善事，二者相得宜彰。

此时正值抗战期间，蒋介石一般不出席此类祭奠活动。1942 年 9 月 5 日，蒋介石突然出现在大兴善寺公祭现场。据当时的《西京日报》记载：

五日下午五时，委座轻车简从，莅兴善寺，由张凤翙、彭昭贤、

法轮常转
一句弥陀作大舟
万古是非浑短梦
重修大兴善寺碑記
康熙四十五年（公元一七零六年）立
碑文部份上下八尺二寸五，宽三尺。
陕西巡抚鄂海撰文，晋江黄明篆額，平
安纳书。楷书二十行，每行五十八字。
碑石保存較好，字跡清晰，是寺内所藏
最早的碑石之一。特採取加固措施，使
这一文物得以妥善保护。
大兴善寺住持界明
一九九六年九月
吉日

寺院小景

胡政之等率公葬委员会委员到大门恭迎。委座由二门缓步献殿门庭，顾视四壁所悬挽联。委座献祭品毕，由张佛千读祭文，行三鞠躬礼，默哀三分钟；复奏哀乐，礼成后委座趋至灵幕，手揭素帷，瞻视棺椁，旋于东厢小座，挽张公子士基于膝前，托摩询问，嘱勉好好地读书，并对张夫人倍加安慰。[①]

9 月 6 日，张季鸾灵柩由大兴善寺启引至竹林寺墓地安葬。西安全市下半旗致哀。13 日，蒋介石在胡宗南和长安县县长陪同下向张墓致哀。

此次蒋介石由川至陕千里迢迢赴大兴善寺出席张季鸾的祭奠仪式，反映了蒋介石对张季鸾的深深敬意。张季鸾公祭仪式在大兴善寺举行，也是大兴善寺的荣光。

（六）持松法师赠大兴善寺楹联

释持松（1894—1972），俗家姓张，法号密林，字持松，湖北荆门人。19 岁入上海华严大学，礼月霞法师为师。1921 年到 1936 年，持松曾三度赴日本高野山、比叡山等处学习密法，获灌顶阿阇梨资格，号“入入金刚”。回国后，在上海静安寺开坛弘扬真言密法，被弟子们尊为“唐密复兴初祖”。

著名慈善家朱子桥将军也是持松法师的灌顶弟子。1939 年，朱子桥主持修复密宗祖庭大兴善寺。他寄信给持松法师请法师赐予墨宝，并希望法师挑选合适的时机来陕弘法。法师收到朱子桥的信后非常激动，欣然写下了一副抱柱楹联：

胜迹考隋唐当年阇黎灌顶大士翻经真言称首刹密印薪传遍东海

兴衰论劫运此日檀那布金长者立愿梵宇庆重辉总持法系绍南天

——己卯小暑节密林敬书

其上联回顾了大兴善寺辉煌的历史和密宗祖庭的显赫地位；下联高度评价了信众捐资重修兴善寺的功德，还对大兴善寺的复兴给予厚望。

---

①姚志锐：《蒋介石到兴善寺致祭张季鸾》，《雁塔文史》第 8 辑，第 94—97 页。

该联远悬挂于大兴善寺大雄宝殿的正门两侧的抱柱上，后被收藏入库。联下钤“师奘沙门持松”和“密林”印。

持松法师还回信朱子桥，希望他能够再接再厉，在大兴善寺后能够将青龙寺也一并修复。

第六章　大兴善寺的社会影响

大兴善寺在古代东西文化交流之中占据着极其重要的位置。隋唐时期，无数来自印度、西域及南洋各国的佛教僧侣，通过陆上丝绸之路或海上丝绸之路来到隋唐长安（大兴）这座伟大的城市，来到大兴善寺这个佛学的殿堂。这些西域大德与中国的高僧一起共襄译经、弘法盛举，将大兴善寺打造成了中国古代佛教学术中心。隋唐大兴善寺是“长安三大译经场”中规模最大、译经者最为集中、成果最为丰富的寺院，居诸寺之首，是密宗祖庭；文殊信仰、准提信仰、毗沙门天王信仰等中国式密教信仰均从此发端。兴善梵音连接东瀛，真言祖师空海师从大兴善寺不空三藏和玄超大师的弟子惠果大师；最澄受教于兴善寺一行禅师和义林法师的弟子顺晓法师；圆仁、圆珍则均曾师事大兴善寺普照大师智慧轮。大兴善寺以中国人宽广的胸怀和独特的东方智慧广纳百川，酿成醍醐，并散播于四海。

第一节　古代佛教学术中心

大兴善寺是中国古代著名的佛教学术中心。隋开皇二年（582），大兴善寺初建成，隋文帝就广邀高僧大德入住该寺，并设立皇家译场翻译经书。唐贞观、开元时期又有波颇蜜多和“开元三大士”先后入住大兴善寺。众多高僧大德在此一边译经，一边开坛弘法，吸引了大量的学僧慕名前来学习，迅速地奠定了兴善寺佛教学术中心的地位。

一、隋朝时期的译经活动

隋开皇二年（582），隋文帝敕召北天竺沙门那连提黎耶舍入京住持该寺，草创译事。开皇五年（585），又派遣使节到西突厥，迎请天竺犍陀罗沙门阇那崛多到长安共襄盛举，译经于大兴善寺。开皇七年（587年），文帝又召慧远、慧藏、僧休、宝镇、洪遵、昙迁入京为“六大德”，参与译事。开皇十年（590），随着达摩笈多移居大兴善寺，大兴善寺译场的核心团队宣告组建完成。

在这个团队中，大兴善寺的住持僧猛、昙延、慧远、慧藏、僧休、宝镇、洪遵、昙迁等“众主”，本身就是杰出的经师和佛教翻译家；那连提黎耶舍、阇那崛多和达摩笈多三人，皆能通晓汉语，又都是精通佛经、仪轨的高僧大德；这种蕃汉僧人结合，分工合作的团队，保证了大兴善寺译经场的工作效率和质量。

大兴善寺不但建立了强大的翻译队伍，而且对译经工作进行了比较科学的分工。那连提黎耶舍、阇那崛多、达摩笈多及高天奴、高和仁居士兄弟传译梵语，同时又设置了覆勘和监护人员。《续高僧传》卷二记载：“又置十大德沙门僧休、法粲、法经、慧藏、洪遵、慧远、法纂、僧晖、明穆、昙迁等监掌翻事，沙门明穆、彦琮重对梵本，再审覆勘，整理文义。”[①]

强大的译经团队，合理的分工合作使得大兴善寺的译经活动迅速进入到了第一个高潮。隋王朝“两代三十七年，道俗二十余人。（大兴善寺译场）所出经、论、传、法等合九十部，五百一十五卷。”[②]

（一）那连提黎耶舍所译经书

耶舍入住大兴善寺后，译经共八部，二十八卷。唐道宣《大唐内典录》卷五载其经名及卷数如下：

《大才等日藏经》十五卷、《力庄严三昧经》三卷、《大庄严法门经》二卷、《廷护长者经》二卷、《蓬花面经》二卷、《大云轮请雨经》二卷、《牢固女经》一卷、《百佛名经》一卷。

---

①［唐］道宣撰，郭绍林点校，《续高僧传》卷二，中华书局，2019年版，第41页。

②［唐］道宣：《大唐内典录》卷五，《大正藏》第55册，第274页。

（二）阇那崛多所译经书

崛多留居中国多年，谙熟汉梵两种文字，翻译时“宜辩自运，不劳传度”。他在诵念梵文原典时，可以同时用汉语演说经义，译笔精确，几乎不用对证原文。据《历代三宝记》上的统计，阇那崛多主译佛经共三十七部，一百七十六卷。

第一次来长安译有《十一面观音神咒经》《金色仙人问经》；入蜀期间，译有《妙法莲华经普门品重诵偈》《佛语经》；隋开皇五年（585），崛多再次东来，在长安大兴善寺译经，译出经书共三十七部，一百七十六卷，著名的有《佛本行集经》《大威德陀罗尼经》《东方最胜灯五如来经》等。

（三）达摩笈多所译经书

笈多入住大兴城大兴善寺后，协助崛多组织译务，后继承崛多为译主。笈多译经的成果，道宣在《续高僧传》卷二说是七部，三十二卷，但在《内典录》卷五则记载为九部，四十六卷，《古今译经图记》卷四所记为十八部，八十一卷。经有学者研究《续高僧传》《内典录》所记载的为其在洛阳上林园所译经书，《古今译经图记》记载的是其所译的全部经书，那么其在兴善寺所译经书大约在九到十一部之间，约在四十余卷。

笈多在大兴城大兴善寺译出的经书已经明确的有：《无所有菩萨经》四卷、《护国菩萨经》两卷、《佛华严入如来不思议境界经》两卷、《大集譬喻王经》两卷、《东方最胜灯王如来经》一卷、《移识经》两卷、《大乘三聚忏悔经》一卷、《佛说大方等大云请雨经》一卷，共八部，十五卷。笈多译经，不但产量高，质量亦高，各《经录》均有称赞。称其“义理允正，华质显畅”，“称经微旨，文义清素”。其在洛阳上林园翻经馆所译《药师琉璃光如来本愿功德经》更是开了中国佛经经变体的先河。

大兴善寺译场继晋宋之后掀起了中国佛经翻译的第二个高潮。其中那连提黎耶舍、阇那崛多、达摩笈多、彦琮、昙迁等中外高僧所译的《日藏》《月藏》《佛本行集经》等经典，是中国佛经翻译史上具有里程碑意义的作品。隋朝时期，大兴善寺译场所出论著宏富，在诸大译经场中可以当之无愧地排在第一。

二、唐朝时期的译经活动

唐朝大兴善寺的译经活动仍然十分辉煌。贞观年间，唐太宗以天竺高僧波颇蜜多为译主，重开译场。唐开元至天宝年间，随着印度僧人金刚智、善无畏、不空先后入住兴善寺，掀起了大兴善寺译场的第二次译经高潮。

（一）波颇蜜多、金刚智、善无畏的译经活动

贞观三年（629），唐太宗诏令波颇蜜多为译主，重开大兴善寺译场。关于波颇所译经书，史书上并无明确记载。笔者猜测其所译经书可能与地论宗有关。因为波颇蜜多对玄奘法师影响极大，正是在他的鼓励之下，玄奘义无反顾地踏上了西行之路，可能后来玄奘所译经书水平超越了波颇，以至于波颇所译经书被埋没了。

盛唐时期，“开元三大士”中的金刚智、善无畏先后驻锡大兴善寺。

善无畏最初奉诏住在兴福寺南塔院，后又移到西明寺。翌年，又奉诏于大兴善寺菩提院译经，译出《虚空藏菩萨能满诸愿最胜心陀罗尼求闻持法》一卷，即梵本《金刚顶经》中“成就一切义”图略的部分译文，并开始翻译密教的根本经典《大日经》。开元十二年（724），无畏随玄宗驾入洛，奉诏于洛阳福先寺译《大日经》，此经梵文足足有十万颂，无畏择其要者，撮出三千余颂，成七卷，由善无畏口译，沙门宝月译语，一行笔受删缀辞理，一行又有注释集成《大日经疏》共二十卷。

金刚智译经前文已述，在此不再赘述。金刚智共译经 8 种，共 10 卷，包括《瑜伽念诵法》二卷，《七俱胝陀罗尼》二卷；《曼殊室利五字心陀罗尼》《观自在瑜伽法要》《金刚顶经瑜伽修习毗卢遮那三摩地法》《千手千眼观世音菩萨大身咒本》《千手千眼观自在菩萨广大圆满无碍大悲心陀罗尼咒本》《不动使者尼罗秘密法》等各一卷。金刚智为人谨慎，工作仔细，凡发现旧译本经书中的错漏就会及时订正或补足。

（二）不空金刚的译经活动

不空三藏法师是与鸠摩罗什、玄奘、义净齐名的中国古代佛教“四大译师”。他精通显密各家经论，住持大兴善寺译场最久，在此译出的显密经典达到 111 部，140 卷。大兴善寺之所以成为长安佛教史“佛经四大译场”之一，不空的功

劳最大。

1. 显教类

佛教的显密经典以及历代传说，都认为中国汉地是文殊菩萨应化之域。不空翻译的显教典籍很多也与文殊信仰有关。如《密严经》《文殊师利佛刹功德庄严经》《大圣文殊师利赞佛法身礼》等。

另外，不空还译有阐释般若、缘生、正法、正理、如来藏、法身等佛教经典义理的著作，如《护国仁王般若经》《大虚空藏菩萨所问经》《大乘缘生论》《佛为优填王说王法正论经》《百千颂大集经地藏菩萨请问法身赞》等。

2. 密教类

金刚界法（佛教谓宇宙万有皆大日如来的显现，表现其“智德”的方面称“金刚界”）是从金刚智开始研学的核心，也是一切所学的基础。由不空译出的金刚界法有：《金刚顶十八会指归》《金刚顶一切如来真实摄大乘现证大教王经》《三十七尊出生义》等。不空还撰有《不空心要》《金刚顶经义诀》等金刚界法著作。

不空三藏对杂密也有涉猎，译有《金刚大道场经》《一字佛顶法》《胜绝唯一法》等经书；他对印度的大乐系密法也有所引进，曾为代宗译注《理趣经》。

隋唐时期，大兴善寺先后涌现了两次译经高潮。有那连提黎耶舍、阇那崛多和达摩笈多、波颇蜜多、金刚智、善无畏、不空等印度高僧和慧远、慧藏、僧休、宝镇、洪遵、昙迁、宝月、一行等中国大德参与译经，其译场无论是从阵容来讲，还是从所译经书的数量和质量来说都是冠绝当时的。极大地促进了中印文化的交流，推动了中国佛教的繁荣，同时也对中国文化的发展起到了重大的推动作用。

三、大兴善寺与佛教哲学

很多曾住大兴善寺的印度或者西域僧侣都是有着“三藏”称号的伟大哲人。除了“开皇三大士”和“开元三大士”以外，初唐时期的波颇蜜多，中唐时期的般若，晚唐时期的难陀等也皆有着“三藏”称号。他们通过翻译佛经，将印度哲学和古印度及西域各国的文化带到了中国，对中国社会产生了巨大的影响。

大兴善寺的中国译经僧更是集中了佛教八宗的学者的翘楚，他们一边积极地向外来高僧学习，汲取外来思想，一边又结合中国文化，对佛学进行改造。梁启超先生曾将唐朝称之为“佛学时代”。他说：“唐代头等人才，都站在佛教方面。”[①]在这个过程中，“中国人所受益者多在其哲学方面，而不在其宗教方面”[②]。

隋唐时期大兴善寺的佛教学者其实并不局限于密宗，而是密宗、唯识宗、华严宗、律宗、禅宗等佛教八宗的学者兼而有之，就连大多数密宗高僧其实也都是显密同修。从其翻译和宣讲的内容来说遍及数论、胜论、因明学、唯识学、瑜伽哲学等。我们的很多哲学范畴包括：因果关系、有无问题、各种我执、生死的讨论、意识、因缘、大种、极微，以及有关因明学的立遮、问答方式等都来自唐代的佛教。[③]

佛学对中国哲学的发展举足轻重。到了宋明时期，佛教哲学已经深刻地影响着中国的主流思想。宋明理学中的“体用一源”和“理一分殊”两个观点明显借鉴了佛教中华严宗和天台宗的思想。至于“陆王心学”更是充满了浓厚的禅学色彩。佛教的宇宙观、时空观、因果律、体用论等业已经变成了中国人思维的一部分。甚至可以这样讲，离开了佛教我们甚至不能正常的思考。[④]

由于各种原因，佛教后来在印度逐渐的消亡。佛教的消亡也造成了古印度文化中的很多重要的知识也随之消亡。因此，要了解古印度文明和智慧还需要从中国的佛经中找寻。汤用彤先生就非常重视用佛经来研究古代印度的哲学智慧。早在 20 世纪 50 年代，佛教史学者汤用彤先生（1893—1964）就曾说过：“中国佛教汉文翻译和著作中保存了不少印度哲学的资料，过去中、外人士已多有发掘。”[⑤]

四、大兴善寺与护国信仰

佛法护国思想是唐代密宗思想的一个重要特点，也是唐代密宗思想的一个

①梁启超：《清代学术概论·儒家哲学》，天津古籍出版社，1998 年版，第 40 页。

②梁启超：《论中国学术思想变迁之大势》，上海古籍出版社，2006 年版，第 75—79 页。

③杨曾文：《隋唐佛教史》，中国社会科学出版社，2014 年版。

④任继愈：《中国佛教史》，中国社会科学出版社，1991 年版。

⑤汤用彤：《印度哲学史略》，中华书局，1960 年版，第 194 页。

核心观点。密宗在唐朝的兴盛离不开各代帝王的支持。对此不空提出“政教互为利益的观点，认为护国与护法是互为利益的，佛法护佑国家，国家扶持佛法，相得益彰。”[①]前提在于佛法能够护佑国家。“开元三大士”积极推动文殊信仰、准提信仰、毗沙门天王信仰等都是“佛法护国思想”的具体体现。

（一）文殊信仰

文殊菩萨，全称“文殊师利菩萨”，是东方净琉璃世界八大菩萨之一，被佛教信众认为是东方国土（中国）的守护神。文殊信仰也是中国佛教四大菩萨信仰之一。[②]

文殊信仰对唐代密宗的兴起作用很大，开元三大士的生平都曾与文殊信仰发生过联系。善无畏来华时，将入大唐西境，当夜有神人告诉他“文殊师利，保护中州”。他在《大日经疏》卷五中有以文殊五使者阐释文殊五智，又以文殊的名义作《大日经次第供养法》。金刚智则宣称自己来华是受文殊菩萨点化。他在临别南天竺向中国出发时，向徒众宣告“向东礼文殊，西礼观世音菩萨”[③]。金刚智所翻译的经典中有《大乘瑜伽金刚性海曼殊室利千臂千钵大教王经》十卷，《文殊瑜伽五字念诵经》一卷，《金刚顶曼殊室利五字心陀罗尼品》一卷，《文殊师利耶曼德迦咒法》一卷，皆与文殊信仰有关。善无畏和金刚智的经历说明密宗从开始在中国传播，就有意识地借助推动文殊信仰来发展本宗。

在推动弘传文殊信仰的过程中，以大兴善寺不空三藏的功劳最大。其一，不空广译与文殊相关的典籍。在不空所译的111部佛经中，文殊类经典就有22部，大约占到了1/5。其二，不空通过密教的仪轨，强化文殊信仰在信众中的影响力。不空亲自奏请代宗，批准天下僧尼学习《佛顶尊胜陀罗尼念诵仪轨法》《佛顶尊胜陀罗尼注义》，强化文殊信仰。其三，不空上表代宗批准，亲赴五台山营建金阁寺供奉文殊菩萨，将五台山打造成文殊信仰的基地。其四，不空还请求唐代宗在天下寺院供奉文殊菩萨。

---

①吕建福：《论不空的政教思想》，《世界宗教研究》2010年第4期。

②五台山佛教协会编：《开元三大士与文殊信仰》，五台山佛教协会网，2014年11月2日。

③［唐］吕向：《金刚智行记》，《大正藏》第55册，第875页。

关于金阁寺的建立有这样一个故事：唐开元年间，有衢州僧道义在五台山见文殊圣迹寺，庄严清净，号金阁院，遂绘图画献于朝廷。唐代宗永泰二年（766），不空上《请舍衣钵助僧道环修金阁寺表》在五台山建金阁寺以彰圣迹。其表云：

> 夫以文殊圣迹圣者为主，结构金阁非陛下而谁？栋梁者大厦是依，股肱者元首所讬，共成一体，和叶万邦。金阁斯崇，则何以表君臣之美，以光金阁之大也！[①]

此后，不空亲赴五台山主持该寺的营建。金阁寺从大历元年（766）开始建造，历时五年才宣告修成，计钱巨亿万。金阁寺建成后，不空立即奏请代宗封其为镇国道场，不空还留下得意弟子含光住持金阁寺。金阁寺于是成了传播文殊信仰的总基地。

在不空的劝说下，唐代宗又下令在全国寺院供奉文殊菩萨，推行文殊信仰。自唐代宗大历年间开始，在密宗的推崇下，文殊信仰在全国得到了迅速的推广，成了民众的普遍信仰。至今，四大菩萨信仰在中国信众中仍然广为流行。

（二）准提信仰

准提信仰，又称准提佛母信仰。准提佛母，也称准泥佛母、准提菩萨、七俱胝佛母等；密宗又以“准提”为不空绢索菩萨、多罗菩萨、金刚藏菩萨。

与准提佛母信仰相关的准提咒，最早见于隋代高僧阇那崛多所译的《种种杂咒经》中的《七俱胝佛神咒》。唐开元年间，先是善无畏上师译出《七俱胝独部法》，奠定了密宗镜坛法、总摄印独部别行、总摄二十五部曼荼罗、不简净秽的修持理论基础；再由金刚智译出《佛说七俱胝佛母准提大明陀罗尼经》，佛部仪轨及准提修持法；不空再次翻译《七俱胝佛母所说准提陀罗尼经》，对准提法仪轨和修持方法进行了完善。辽代道殿撰《显密圆通成佛心要集》，他化繁为简，方便了准提法的传播。之后，准提信仰一度达到了与观音菩萨同等的地位。

---

① ［唐］圆照：《代宗朝赠司空大辨正广智三藏和上表制集》卷二，《大正藏》第52册，第834页。

密宗认为准提咒总含一切真言故，如大海摄百川；准提坛城法中准提佛母居中，周边以观自在菩萨、弥勒菩萨、虚空藏菩萨、普贤菩萨、金刚手菩萨、文殊师利菩萨、除盖障菩萨、地藏菩萨等八大菩萨护持，殊胜非常；准提咒不拣染净，不问在家出家皆得诵持，异常方便；“无尽悲愿加持”的准提佛母感应力强，对崇奉者关怀备至，他救护世人，使人能得清净心，解脱万千烦恼。

“七俱胝佛母准提王菩萨”造像分为六臂、十八臂、八十四臂等，最常见为十八臂，意在表达“十八不共法”。民间往往将准提菩萨当作千手观音来供奉。中国民间就有“哪里有土地庙，哪里就有准提庵”的说法。

（三）毗沙门天王信仰

毗沙门天王，全称“北方大圣毗沙门天王”，又称“北方多闻天王”，其形象有两种：一为头戴宝冠，身穿甲胄，左手托塔，右手举剑，脚踏恶鬼的形象；一为头戴宝冠，身绿色，穿甲胄，右手持宝伞（又称宝幡），左手握神鼠——银鼠。

在古印度的《吠陀经》中，毗沙门天王为帝释天的部将，是主司施福护财的善神，因此在天王之中信众最多。佛教兴起后，毗沙门天王又逐渐演变为佛教的护法神。其后，毗沙门天王信仰逐渐独树一帜。

毗沙门天王信仰在中国的兴盛和转型与大兴善寺不空三藏有着重要的关系。唐太宗时期，皇室已经把毗沙门天王当作施福护财的善神和佛教护法神请入内廷供奉。唐玄宗时期，由于西北战事的需要，毗沙门天王逐渐被唐军作为守护神和战神来供奉。关于这个转变，不空的《北方毗沙门天王随君护法仪轨》中记述了这样一个故事：

天宝元年（742），吐蕃大军兵围安西城。安西危机，守军上表向朝廷求救。从长安到安西路途遥远，就算调最近的驻军，短时间内也难以到达。无计可施，情急之下玄宗突发奇想，请不空三藏开坛作法为安西解围。不空三藏领命开坛作法，口诵《毗沙门天王咒》。其时，毗沙门天王果真在安西城北城楼上显圣，金身大放光明；同时有“金鼠”咬断敌人弓弦，三百神兵自天而降，击鼓急进，声势震天。吐蕃军见之，望风而逃，安西之围遂解。捷报传来，玄宗大悦，敕令诸道节度使在州府城西北隅建毗沙门天王庙，供养毗沙门天王，各地佛寺亦置别院供奉天王。

自从得到毗沙门天王的护佑，唐军得以平定多次叛乱，因此在唐军中，毗沙门天王被视为战神，其形象也被绘制在军旗上，称作“天王旗”。

毗沙门天王的配偶为吉祥天女，生五子：长子名军吒利明王菩萨，次子名独健，神通广大，三子名那罗俱摩罗（汉译“哪吒”），其余不知名讳。

在元代的中国神话中，毗沙门天王与唐代名将卫国公李靖合并，被称作“毗沙门托塔李天王”。在明清小说中又将毗沙门天王与李靖进行了分离，分别作托塔天王李靖和北方多闻天王魔礼红。

传说领兵解安西之围的毗沙门天王次子独健，以“独健二郎神”之号被广泛地传颂。独健后与西北羌族牧神杨难当、都江堰二郎庙李冰之子等神话人物合并，形成了灌口二郎神杨戬，后经《西游记》《封神演义》等小说的宣扬在民间家喻户晓。

毗沙门天王三太子哪吒原本与其父一起担任佛教的护法神。佛教中的哪吒法相呈三头六臂或三头八臂，每个头上均有三只眼，现愤怒状。《景德传灯录》云：“三头六臂擎天地，忿怒哪吒扑帝钟。”[①]《五灯会元》又云：“哪吒太子析肉还母，析骨还父，然后于莲华上为父母说法。”[②]此说法原本指的是哪吒摆脱肉身及七情六欲束缚，成就果位。明清小说《封神演义》在此基础上又加工出了“哪吒闹海”“莲花化身”等故事。

魏晋南北朝至隋唐时期的佛经翻译活动，引印度哲学之活水，济中国思想之发展，给中国人的信仰世界和知识世界都带来了极大的冲击，丰富和发展了中国文化。

第二节　近现代对外文化交流

唐代以后，大兴善寺每每毁于战乱，其影响力已不复当初。直到近代，因为太虚大师号召“人间佛教”，并在西安大兴善寺创办“世界佛学苑巴利三藏学

---

①［宋］释道原著，顾宏义译：《景德传灯录》卷十三，上海书店出版社，2010年版，第686页。

②［宋］释普济：《五灯会元》卷十，中华书局，1997年版，第568页。

大兴善寺内景

院”，才使得大兴善寺这座千年古刹重回世界视野。中华人民共和国成立以后，尤其是在改革开放后，大兴善寺凭借着雄厚的历史积淀，在对外交流中屡放光彩，影响力也日趋增大，如今的大兴善寺又重新成为具有世界影响力的佛教寺院。

一、世界佛学苑巴利三藏学院的创立

民国初年（1912），毕业于上海华严大学的妙阔法师[①]，来陕西讲学，受陕西僧众请求出任大兴善寺住持。妙阔法师非常推崇太虚法师“人间佛教”的主张，积极参与太虚法师发起的中国佛学会的各种活动，尤其是承太虚大师之命，创办世界佛学苑巴利三藏学院，使大兴善寺又重新成了吸引佛教人士注目的名刹。

太虚大师（1889—1947），浙江崇德人，俗家姓吕，名淦森，法名唯心，字太虚。太虚大师与印光法师、弘一法师、虚云禅师一起被后世尊为民国“四大高僧”。太虚大师认识到在中国社会总体发生革命的环境下，中国的佛教也必须进行革命，因此他提出了“佛教革命”的主张，提出建立“人间佛教”，宣扬“即人成佛”“人圆佛即成”。

太虚大师是著名的佛教社会活动家和宣传家，以自己的实践推动了近代佛教的发展。1931 年，太虚大师发起创办的“世界佛学苑”，成立于南京太平门外的佛国寺，后迁至湖北武昌佛学院内。

1941 年，太虚大师命陕西大护法康寄遥居士和大兴善寺的妙阔法师，在西安大兴善寺成立“世界佛学苑巴利三藏学院”，太虚大师自任院长，妙阔法师担任副院长，实际负责院务。同年，妙阔老法师又当选陕西省佛教协会理事长。

1945 年，抗日战争胜利。太虚大师的代表法舫法师与摩诃菩提会会长金刚智博士达成协议，“中国由世界佛学苑派送二僧来斯里兰卡研究巴利文；斯里兰卡由摩诃菩提会派送教师一人、学僧一人前来世界佛学苑巴利三藏学院，教授巴利文及研究中国文化。一切所需，由双方供给。”中国世界佛学苑选送了参、光宗二师赴斯里兰卡留学。

大兴善寺的巴利三藏学院虽然运行的时间非常之短暂，但是其意义是非凡的。从此，大兴善寺这座千年古刹，曾经的“长安四大译场”重新回到世人的

①民国三年（1914），华严大学迁到杭州海潮寺上课。民国五年（1916），妙阔于海潮寺毕业。

眼前，肩负起世界佛教文化交流的重任。

二、改革开放后大兴善寺的对外交流

大兴善寺从建寺之初，就带有强烈的中外文化交流的印迹。这里不仅是佛教文化交流的中心，也是哲学交流的殿堂，文化艺术交流的殿堂。中国人以宽广的胸怀和独特的东方智慧接纳了异域的文化，使南亚的印度文明和东亚的中华文明在此相聚，碰撞出了绚丽的火花，也促进了中国人在哲学、数学、建筑、艺术、音乐等方面的进步，并辐射到了东亚的新罗、日本及东南亚诸国。

改革开放以后，随着我国经济不断地发展，国际地位提升，我国的佛教事业也逐渐得到了恢复和发展。大兴善寺作为密宗祖庭吸引了大量来自日本、韩国、印度、斯里兰卡及东南亚各国信众的关注。

（一）大兴善寺的中日佛教文化交流

从中日邦交正常化以来，日本真言宗和天台宗各大寺院与大兴善寺交往密切。

日本真言宗是由弘法大师空海所创的宗派，真言宗信徒对祖庭圣地大兴善寺和青龙寺充满了向往。真言宗各派总大本山会不断派出代表团访华，直至2018年，真言宗各派总大本山会已经组织了33次代表团访问大兴善寺和青龙寺。2018年9月12日，第33次访华代表团来华，其名誉团长田代弘兴长老讲话指出，派代表团访华就是为加深对祖师先德惠果阿阇梨及宗祖弘法大师的崇敬之意，巩固日中友好的愿景基石，护佑万民安乐。访华团一行于9月13日专程赴密宗祖庭西安青龙寺、大兴善寺参访朝拜。

日本天台宗的祖师圆仁大师和圆珍大师也曾到长安求法。圆仁大师来到长安的第一晚就在大兴善寺夜宿。圆珍大师更是对法全三藏和智慧轮三藏敬仰不已。因此，日本佛教两大中心之一的比叡山与大兴善寺的交流也十分频繁。日本天台宗布教师会、青莲院门迹代表团、壬生寺代表团都不止一次地前来朝拜大兴善寺。

大兴善寺非常重视利用自身的特殊地位推动中日两国之间的友谊。2010年，大兴善寺还为日本前大使阿南惟信的夫人阿南史代女士举办了《追寻圆仁——慈觉大师求法巡礼足迹摄影展》。2017年，大兴善寺隆重举行般若禅心纪念中日邦交正常化四十五周年祈福法会。

1997 年，宽旭法师被西安市佛教协会礼请到青龙寺担任住持。从那时开始，宽旭法师就发愿接续密宗，于是他苦心修习密法，等待机会。2016 年 5 月，是空海法师回日本开创真言宗 1200 周年。在日本高野山诸僧众的帮助下，宽旭法师只身赴日本求法，已经担任大兴善寺方丈、青龙寺住持的宽旭法师，放下方丈之尊，赴高野山，从学僧开始做起，按照密宗修行次第，刻苦钻研，艰苦修行。历时半年多时间，宽旭法师获得传法阿阇梨资格。宽旭法师学成归来，终于成功使密宗重回祖庭。

（二）印度总理莫迪访问大兴善寺

大兴善寺是唐长安三大译场之一，是古代历史上中印文化交流的重要平台。隋唐时期，来自印度的僧人那连提黎耶舍、阇那崛多、达摩笈多、金刚智、善无畏、不空，先后在此译经，铸就了大兴善寺的辉煌。其中来自南天竺罗啰国（今印度古吉拉特）的达摩笈多还是印度总理莫迪的“老乡”。

由于各种原因，佛教后来在印度逐渐地消失。佛教的消失也造成了古印度文化中很多重要知识也随之消亡。早在 20 世纪 50 年代，佛教史学者汤用彤先生（1893—1964）就曾说过：“中国佛教汉文翻译和著作中保存了不少印度哲学的资料，过去中外人士已多有发掘。”[①]因此，要了解古印度文明和智慧还需要从中国的佛经中找寻。

2015 年 5 月 14 日上午，印度总理莫迪首次访问中国，第一站就来到了密宗祖庭西安大兴善寺。大兴善寺方丈宽旭法师特别向莫迪讲到了这一因缘，并认为达摩笈多是古代伟大的僧人，为中印两国文化交往与友好合作所做贡献让人永远敬仰与怀念。

莫迪高度赞扬了大兴善寺对中印文化交流的贡献。他在给大兴善寺的题词中写道：“自古以来，人类总是在追寻终极的安宁。相对于物质生活来讲，精神生活才是获得永久安宁的最终途径。玄奘曾经到过我的家乡，而今天我非常荣幸地来到这块伟大的土地。我的古吉拉特同乡达摩笈多曾经花费 26 年时间在这块土地上传播佛教经典和佛教哲学，为这里的人民做出了卓越的贡献。我向为了传播佛法和提升精神而做出巨大努力的你们合十致礼。通过战争来解决问题

①汤用彤：《印度哲学史略》，中华书局，1960 年版，第 194 页。

只能意味着战争。”在其后的留言中莫迪还写道：“印度和中国是两个精神遗产非常丰厚的国家，能够给世界传递和平友爱的思想。”[1]伴随着莫迪的访华，大兴善寺一时间蜚声海内外。

大兴善寺佛学所包含的“和平友爱的思想”是中国的财富，也是印度的财富，更是世界的财富。我们相信这种财富必将惠及世界！

中国的佛教是印度文化与中国文化相结合而产生的思想瑰宝。历史上，佛教对中国文化的发展举足轻重。我们的很多文化元素，如因果关系、时空观念、有无问题、因明学等都来自佛经。这些思想业已变成了中国人思维的一部分。

①本段文字由李利安、辛格、冠秀杰合译，转自李勇、冯国：《印度总理莫迪留言被中外学者合作翻译》，新华网，2015 年 5 月 16 日。

第七章　大兴善寺的震古烁今

大兴善寺是我国著名的千年古刹，在中国佛教史、中外文化交流史上占据着极其重要的地位。自中华人民共和国成立以来，党和国家非常重视大兴善寺的保护和修缮，先后对大兴善寺进行了数次维修。新世纪以来，人民政府又对大兴善寺进行了数次大规模的修缮。如今的大兴善寺在保持明清建筑原貌的基础上，外观焕然一新，再次重现了它的宏伟庄严。

第一节　大兴善寺的今日盛景

经历了中华人民共和国成立以来的历次修缮，大兴善寺又重现了往日辉煌，一派神圣佛国的庄严肃穆。如今的大兴善寺已经是西安的一张重要城市名片，是西安的都市会客厅。

一、大兴善寺的振兴

中华人民共和国成立以后，党和国家十分重视对大兴善寺的保护。改革开放前后，人民政府对其进行了数次较大规模的修缮，使得大兴善寺重获了新生。

中华人民共和国成立初期，由于战争等因素的影响，大兴善寺比较残破。人民政府对这座千年古刹的保护非常关心，先后两次拨款对大兴善寺进行了大修，恢复了大兴善寺的主体架构。

1955年，由人民政府拨款，大兴善寺进行了全面的大修，形成了五进殿堂，配以廊庑、僧寮的格局，至今规模为西安今存众刹之首。1956年，为了保护佛教名胜古刹，政府又拨款对大兴善寺的外观进行了大规模的整修。经过这两次整修，大兴善寺恢复了明清时期的形制。

“文革”期间，大兴善寺里的一些宗教设施遭到了破坏，但主体得到了保存，环境绿化有了较大的改善。1966年6月1日，“破四旧，立四新”运动开始。大约在7到8月份，大兴善寺遭到冲击。寺内的所有僧人被强迫还俗回家，寺庙里的神像被破坏砸毁，宗教活动被迫停止。同年下半年，大兴善寺被改造为“新风公园”（改革开放初又叫“小寨公园”）。园内陆陆续续建立起了健身小广场、游泳池等建筑，并增置了一些跷跷板、滑梯之类的儿童游乐设施。因为公园是由大兴善寺改建而来，所以院内苍松、翠竹、冬青之类的常绿植物很多，环境很好。园内原放生池边的狗牙腊梅古树在西安非常有名。它树体巨大，花期也很早。每逢冬日，腊梅开花，黄莹莹的花朵，晶莹可爱，香气满园，前来观看的人很多。

改革开放后，大兴善寺重新回归宗教用途，再次恢复了“文革”期间被破坏的物件。

1984年4月，陕西省佛教协会接管大兴善寺。同年，修复殿堂、僧房41间，重塑破毁佛像，种植刺柏、黄杨、国槐、银杏、龙爪槐、冬青等3万余株，增加盆花600余盆，修建对外服务部一座。这些举措极大地改善了寺院的环境，提升了接待能力。

1985年初，大兴善寺正式确定为西安市佛教协会的会址所在地。同年，新塑佛、菩萨、罗汉等神像28尊，并于5月25日佛诞节，举行了盛大的开光法会。

进入21世纪以来，政府又对大兴善寺的山门、天王殿、大雄宝殿等主要建筑进行了大规模的修缮。2003年和2013年，先后两次对山门进行修葺，新山门在保持原貌的基础上，焕然一新；门额、栏杆等都用汉白玉重新进行了装点，更加美观大方。2011年初，又对大雄宝殿进行了修缮和重新装饰，11月，修葺一新的大雄宝殿宣告落成。新修的大雄宝殿上覆明黄色琉璃瓦，华美壮丽。同时，大兴善寺在殿前举行了隆重的落成典礼、佛像开光，以及宽旭法师荣升方丈座法会暨“首届大兴善寺与唐密文化国际学术研讨会”，盛况空前。

二、大兴善寺的规模

如今的大兴善寺是一座占地120余亩，沿南北方向大体呈现轴对称布局，共有五进院落和两个跨院的宫廷式建筑群。整个建筑群为古代亲王级建筑形制，恢弘大气，在全国都比较罕见，寺内建筑古色古香，庄严有秩。

（一）第一重院落

步入山门，在山门和天王殿之间是大兴善寺的第一重院落。雄伟的山门将门内门外相隔成两个世界。门外为繁华的世俗世界，门内为佛家的清净世界。

1. 山门

山门，又称三门。大兴善寺现存山门正门为明代建造，为两层歇山式建筑，下台上殿。二层的殿檐下正中间挂着赵朴初先生所题“密藏宗风”的黑底金字大牌匾。台中间有拱券大门，券门正上方为汉白玉门额“大兴善寺”；大门左右两侧有两幅文字砖雕，分别镌有“庄严国土”“利乐有情”两组文字。山门北侧则题有“五冈唐镇”四字。台上二楼边缘装饰有汉白玉栏杆，十分华美。上为歇山式山门殿，旧时内部曾供奉过关圣帝君。

2. 天王殿

进入山门后正对着的第一重殿宇为天王殿，也称弥勒殿。天王殿是一座双

天王殿

层歇山式大殿，上覆着绿色琉璃瓦，下面为朱红色的柱子，檐下装饰有宝蓝色的斗拱和彩绘版。

殿内中央供奉着弥勒菩萨，为明代托纱金装。天王殿内东西两侧塑有四大天王像，南方为增长天王，身青色，持剑，职风；东方为持国天王，身白色，抱琵琶，职调；北方为多闻天王，身绿色，执伞，职雨；西方为广目天王，身红色，握蛇，职顺。在弥勒菩萨造像后方为佛教寺院的守护神韦驮尊天菩萨。韦驮像是明代木雕的精品，他肩扛金刚降魔杵，风神潇洒。

天王殿两侧有金刚、悉地二门，可进入寺院第二重院落。

（二）第二重院落

第二重院落是大兴善寺的中心区域，雄伟的大雄宝殿就坐落在这里。左右两厢分别为平安地藏殿和救苦地藏殿。殿前广场比较宽阔，有国槐、苍松、翠柏覆盖，左右有钟、鼓楼，还有经幢、香炉等装饰，雄浑大气又不失精巧。

1. 平安地藏殿

平安地藏殿位于天王殿后方东侧，内奉地藏王菩萨及五大阎君。大殿门楣上悬挂着“平安地藏殿”五字牌匾，为大兴善寺已故方丈界明法师墨宝；地藏王菩萨右手持九环锡杖，左手持明珠，居中间上方；地藏王菩萨下方及左右两侧为大型整体群雕。雕塑群表现的是阴曹地府的五殿阎君，由第一殿秦广王、第二殿楚江王、第三殿宋帝王、第四殿五官王、第五殿阎罗王等部分内容组成，宣扬因果报应、善恶轮回的思想。

2. 救苦地藏殿

救苦地藏殿门楣上悬挂着“救苦地藏殿”五字牌匾，亦为界明法师题写。救苦地藏殿的雕塑群表现的是地府第六至第十殿阎君，由第六殿卞城王、第七殿泰山王、第八殿都市王、第九殿平等王、第十殿转轮王部分内容组成。和平安地藏殿一样都是为了宣扬因果，表彰真善美，惩罚假丑恶，导人向善的内容。比较有特色的是“救苦地藏殿”的地藏菩萨有一双向上张开的大手，冥冥之中掌握着众生的命运。

3. 钟楼、鼓楼及经幢

院内有两座清代所建的钟、鼓楼建筑，位于大雄宝殿前广场东西两侧。东为钟楼，上悬“天声”牌匾；西为鼓楼，上悬“地音”牌匾。鼓楼内有一面直

平安地藏殿

救苦地藏殿

钟楼

径为 1.5 米的大鼓。钟楼的原来的大铁钟于 20 世纪 50 年代被破坏。2013 年，大兴善寺整修时钟楼上也重铸了一口铁钟。如今的钟、鼓楼已然恢复了往日的风姿。

院内还有新修的《一切如来心秘密全身舍利宝箧印陀罗尼经》等经幢数座。《一切如来心秘密全身舍利宝箧印陀罗尼经》为唐代不空三藏所译。内容有四十句。书写、诵读此陀罗尼经，或礼拜陀罗尼塔、经幢，能消罪灭障，免除三途之苦，得无量功德，寿数长远。

鼓楼

经幢

4. 大雄宝殿

大雄宝殿为双层歇山式，俗称“九脊十龙”殿，是大兴善寺最为宏伟庄严的建筑。建筑在约 1.4 米高的石砌须弥台基之上，上覆明黄色琉璃瓦，下有蓝色彩绘斗拱，朱红色的明柱和窗棂；殿前月台的台阶中央辅有汉白玉石雕艺术精品“双龙戏珠”石陛；月台周边装饰有雕刻精美的汉白玉石栏杆环绕。整个建筑雄浑大气，美轮美奂。

大殿最上悬挂着赵朴初居士题写的“大雄宝殿”金字牌匾。檐下悬挂着三副牌匾：正中为传印法师题写的“五方五佛”黑字金匾；东侧为陕西省佛教协会和西安市佛教协会合赠的“丕振宗风”匾；西侧为“光大法门”匾。廊柱上悬挂四副楹联。

殿内正面供奉五方五佛造像，分别是中间的中央毗卢遮那佛（大日如来），东侧为东方阿閦佛（不动如来）、南方宝生佛（宝生如来），西侧为西方阿弥陀佛（无量寿如来）、北方不空成就佛（不空成就如来）。五方五佛源自密宗金刚界思想，密宗认为东南西北中五方，各有一佛。大殿东西两侧供奉有二十四诸天，大殿背面供奉海岛菩萨，左手持如意，右手持拂尘，善财童子和龙女侍立两旁。

殿后亦悬挂有四匾，上为“真空妙有”匾，其下有三匾：正中为中国道教协会会长任法融道长题写“般若法门”匾，东侧为北京广济寺方丈演觉法师题写的“名山得主”匾，西侧为广东省佛教协会会长明生法师题写的“万德庄严”匾。

院东侧有一殿为法物流通处，可供信众求请圣像、经文、开光物品等。

（三）第三重院落

第三重院落中间为唐转轮藏经殿遗址，两侧坐落文殊、观音、普贤三大菩萨的殿宇，院内还有日本真言宗空海大师同志会赠送的地藏菩萨青铜塑像。

1. 唐转轮藏经殿遗址

唐转轮藏经殿遗址位于大雄宝殿之后的第三重院落。基础高出地面约 1 米，略呈方形，地面有顺序地摆列着莲花形柱础三十个。殿基边缘原有唐代青石龙头雕刻，技艺精湛。2017 年 2 月 11 日即农历正月十五，为纪念不空三藏翻译《仁王护国般若波罗蜜多经》，大兴善寺于上午在五方五佛殿诵《仁王护国般若波罗蜜多经》，下午在转轮藏经殿遗址举行了“密宗仁王护国护摩法会”。

唐转轮藏经殿遗址

2. 普贤殿

院内西侧依次有双层的楼阁僧寮和普贤殿。普贤菩萨在密宗信仰中的地位很高。普贤殿前的对联曰：“莲座拥祥云名刹宏开登净域，檀林施法雨慈航普度指迷津。”普贤殿内供奉着装金普贤菩萨佛像一尊。在密宗信仰中普贤菩萨与金刚手菩萨同体异名，金刚手菩萨是密法的结集者，十方三世诸佛加持他成为坚固不坏之金刚，他是诸佛无坏之金刚本体。普贤菩萨像两侧有罗汉造像，殿外的廊道有一列密宗特色的转经筒。

3. 文殊殿

院内东面依次是斋堂和文殊殿。文殊殿前的对联为：“法镜慈云观秋月春花含将妙谛，智灯悬空听晨钟暮鼓悟彻禅机。”文殊殿内供奉文殊菩萨装金造像，以及罗汉像。文殊菩萨是智慧的化身，东方世界的保护神。唐朝时期，不空三藏法师数次上书皇帝弘扬文殊信仰。不空还派弟子亲自前往清凉山（五台山）营建庙宇供奉文殊菩萨。在不空的努力下文殊信仰在中国得到了广泛的传播。

普贤殿

文殊殿

4. 地藏菩萨塑像

在庭院中央有地藏菩萨青铜塑像一尊。铜像立于高台之上，其像前面有汉白玉大肚弥勒佛。该地藏菩萨铜像是日本真言宗空海大师同志会为缅怀祖庭，追思昔日中日友好交流而于1985年赠送的。同志会亦属于密宗法系，该塑像是中日友好文化交流的重要见证。

5. 观音大士殿

第三重院落的北面正中央为“观音大士殿”，殿门正中悬挂“观音大士殿”牌匾，为传印法师题写；东侧悬挂“乐常法味”匾，为印光法师纪念堂和法师故里合阳县四众弟子共赠；西侧悬挂“续佛慧命”匾，为罗家寨村众居士共赠。殿内正中莲台上供奉着香樟木雕刻、赤金装饰的千手千眼观音菩萨像。观音殿外东西两侧有两座密教寺院常能见到的最大号的转经筒。大兴善寺的观音殿建在南北中轴线上，这样的格局在其他寺院很少见。据宋人记载，认为佛教寺院塑立观音像即始于大兴善寺。观音殿两侧各有配殿五楹。殿外廊柱悬挂楹联：步履宗功尝思九年面壁，阐扬祖德宛然五夜传灯。

观音大士殿

观音殿内还藏有一帧巨幅清代藏传佛教唐卡《天冠弥勒菩萨》，该唐卡系清朝乾隆皇帝赐给藏传佛教领袖达赖喇嘛的御赐之物，为国家二级文物，可供信众瞻仰。

唐卡也称为唐嘎，唐喀，指的是用彩缎装裱后悬挂供奉的宗教卷轴画，是藏传佛教中一种独具特色的绘画艺术形式，具有浓郁的宗教色彩和鲜明的民族特点。唐卡绘画所用的颜料皆为天然染料，包括金、银、珍珠、玛瑙、珊瑚、松石、孔雀石、朱砂等珍贵的矿物宝石和藏红花、大黄、蓝靛等植物染料。

该幅唐卡中心为头戴天冠弥勒菩萨，上方为藏传佛教格鲁派（黄教）创始人宗喀巴大师，宗喀巴大师两边侍坐着其弟子达赖与班禅，主尊天冠弥勒菩萨两侧侍者为文殊菩萨（右）与金刚手菩萨（左）。唐卡在绘画风格上汉藏兼采，主体构图、颜色上采取了藏传佛教风格，但是在许多细节方面又融入了许多国画工笔特点，庄严神圣，而又不失精致细腻。全图 18 尊佛像无论大小皆生动细致，栩栩如生，组成了一幅类似曼荼罗的图案，其中的装饰物鹿、仙鹤等神兽和各种各样的花卉也都非常逼真，是难得一见的藏传佛教绘画珍品。该唐卡全幅高 3.95 米，是目前国内清代唐卡之冠。

（四）第四重院落

进入寺院第四重内院，院内东侧为玉佛殿，西侧为卧佛殿，分别供奉从缅甸请回的玉雕释迦牟尼佛和卧佛。二配殿中央有两围放生池。

院子正北为一座面阔七间，进深两间的大殿即法堂。法堂为寺院讲经、传法的地方。法堂正门上方悬挂着清光绪皇帝御笔题写的“觉悟群生”匾额，字迹雍容大度，丰腴自如。殿内供奉着密宗的大日如来，并藏有唐代铜佛像和宋代造像，形态各异，独具风格。此外，法堂前西侧寮房墙壁上有康有为题写的“应无所住”墨迹刻石。“应无所住，而生其心”出自《金刚经》。1923 年，康有为来西安，在大兴善寺看到光绪皇帝的题字，君臣以另外一种形式再次产生了交集。其心态究竟如何，我们不得而知。

第四重院落院内有一株明代所植有三百余年树龄的紫藤和十余株古柏。每年春季一直到深秋，这里都是浓荫森森，遮天蔽日，是大兴善寺最为幽静的处所。

（五）东、西跨院

大兴善寺两侧的跨院主体为人工草坪和一些松柏、冬青一类的长青植物组成的绿化区，近年来也增添了一些比较有特色的建筑。

1. 西院

大兴善寺西侧从南至北依次为：兴善医院、僧寮、舍利塔、传法堂、斋堂等。

舍利塔位于大兴善寺内西院，始建于清代，舍利塔原本位于小寨西路省军区院内，1990年迁建大兴善寺。塔为六边五层阁楼式，通高约为18米。塔下台基为方形台基，高4.4米，边长5.3米。塔身为实心，层间以砖叠涩出檐，各层每面均辟有佛龛，内供菩萨造像。塔顶平砖攒尖，置石雕宝瓶塔刹。南辟券门嵌有砖雕门额，门额原为“普同塔”三字，后改为“舍利塔”。内为方形塔室。

舍利塔

2. 东院

大兴善寺东侧有财运菩萨装金造像、金刚堂、心经碑、世界和平吉祥塔、金刚经经幢等建筑，最为重要的是金刚堂与心经碑。

（1）金刚堂

金刚堂为三层仿古建筑，内部供奉着金刚部八金刚、四菩萨，以及众多罗汉造像。心经碑为大兴善寺最新修建的景致，气势宏伟，书法精湛，意义深远，是难得一见的瑰宝。金刚堂是一座三层结构的仿古建筑。内部依照密宗曼荼罗仪轨布置而成。呈现立体的曼荼罗仪轨图景。曼荼罗即密宗的法坛，是密宗举行重大仪式的地方。密宗的曼荼罗有四种：大曼荼罗、三昧耶曼荼罗、法曼荼罗、羯磨曼荼罗。金刚堂的布置属于羯磨曼荼罗，也称立体曼荼罗，是将泥、木、金属等材质的佛像按照曼荼罗仪轨布置而成的坛场。大兴善寺一些重要的佛事活动都在这里进行。

金刚堂

（2）心经碑

根据《大唐慈恩寺三藏法师传》记载密教祖庭的大兴善寺曾经拥有一个全世界独一无二的《心经》石壁。但由于时过境迁，那块心经碑已经消失在历史的岁月之中。如今的心经碑由抱朴居士一家捐赠，该碑石为福建花岗岩材质，壁长 40 米，高 8 米，气势宏伟。碑文为著名书法家杜中信教授书写，深沉古朴、磅礴大气的魏碑体与佛教经典《心经》相映成趣。碑文有 260 余字，每个字迹大小约为 30 厘米，共使用 20 公斤黄金贴金，历时 3 年才制作完成。此碑的落成为大兴善寺又增添了新的文化景致，对弘扬中国优秀传统文化也具有积极作用。

（3）世界和平吉祥塔

2015 年 12 月 27 日，由佛教在线官网敬造的“世界和平吉祥塔”在大兴善寺落成。该塔是由联合国倡导而建造的，共建造了 108 座，分布在世界各地。塔内供奉着《乾隆大藏经》《一切如来心秘密全身舍利宝箧印陀罗尼经》《宝箧印陀罗尼咒》和佛教七宝石，以及僧俗信众捐献的各种物品。当日大兴善寺举行了盛大的宝塔安奉仪式，祈愿佛法久住，国泰民安，祖国统一，世界和平，可谓殊胜至极。

心经碑

世界和平吉祥塔

第二节 大兴善寺西街

大兴善寺的历史地位非常高，其所处的西安市雁塔区也是全国闻名的文化荟萃之地，高校和文化场馆云集。仅就大兴善寺而言，它北邻西安音乐学院，东邻陕西历史博物馆，南近西安美术学院，周边充满着历史文化和艺术的氛围。但是长期以来大兴善寺的知名度和其历史地位没有真正匹配起来；大兴善寺与周边的文化资源也没有形成集团化优势。进入 21 世纪以来，西安市雁塔区决定发挥大兴善寺及雁塔区的历史文化优势，打造大型历史文化街区，为西安文化旅游添彩，于是兴善寺西街文化街区应运而生了。

一、西街修建动议

2015 年 5 月 15 日，印度总理莫迪访问了西安大兴善寺。借莫迪总理访问的东风，西安市及雁塔区部分人大代表和政协委员提议尽快完成对大兴善寺西街的整体景观改造，特别是雁塔区政协每年都有数份提案，对西街改造提升连续跟踪关注并列入主席督办重点提案，以期更好地彰显古都城市风貌、传播中华历史文明。同时，西安市雁塔区积极响应，提出了“丝路纽带缔造典范，中国密宗传承高地，长安文化展示平台，小寨商圈品质新地”的大兴善寺西街改造总体定位。雁塔区政府以“丝绸之路以及文化交流”为主题，对大兴善寺西街进行了广场化改造，借此打造新的丝路历史文化主题街区，为古都西安奉献一张新的历史文化名片。

经过精心改造，如今的大兴善寺之外业已形成了大型的仿古文化街区——大兴善寺西街。大兴善寺西街沿街建筑外观风格也已经实现了统一，增加了艺术雕塑、座椅、绿色植物等配套设施；沿街的经营业态也统一进行了调整，引进丝路国家博物馆、美术馆、古籍书店、素餐厅等文化类产业，提升了周边区域的文化品位。放眼望去，大兴善寺西街满目古色古香，充满人文艺术气息。

二、大兴善寺西街的雕塑

走进大兴善寺西街，放眼望去尽是古色古香的建筑，街上绿树成荫，花坛罗布，美不胜收，精美的佛教雕塑点缀其间，还有长椅供游人休息。大兴善寺西街的佛教雕塑以妙音鸟飞天乐伎像、五钴金刚杵、“开皇三大士”塑像最有特色。

（一）妙音鸟飞天乐伎像

走近大兴善寺西街，首先映入眼帘的就是妙音鸟飞天乐伎像。妙音鸟飞天乐伎，梵语为“迦陵频伽”，是半人半鸟的神鸟，是佛前的乐舞供养。敦煌唐代壁画中，无量寿佛的莲座下就有一对“迦陵频伽”，人首鸟身，毛色斑斓，做反弹琵琶、振翅欲飞之状。

（二）五钴金刚杵

五钴金刚杵，即有五个支之金刚杵，又作五股金刚杵、五智金刚杵、五

五钴金刚杵

峰金刚杵、五峰光明，简称五钴金刚或五钴。原为传说中须弥山坚手天手中所执的武器，后来成为密宗修行者的修法法器道具，含义为佛之五智，中钴表示佛之实智，弯曲向内的四钴佛之表示佛之权智，表现永断难断之惑的金刚智德。

（三）“开皇三大士”塑像

“开皇三大士”塑像位于大兴善寺西街上的译经广场。隋开皇年间，印度僧人那连提黎耶舍、阇那崛多、达摩笈多应隋文帝杨坚之邀先后来到大兴善寺译经弘法，开启了大兴善寺国立译经馆。此后大兴善寺译经场经善无畏、金刚智、不空等大德高僧不断地发展成为闻名世界的“长安四大译经场”，从此处将佛家的智慧散布人间。

三、兴善雅集

2018 年 9 月 22 日，经雁塔区政协提议，由雁塔区委、区政府主办，小寨管委会办公室承办的兴善雅集广场在大兴善寺西街盛大开集，为大兴善寺西街增添了新的文化风情。

兴善雅集依托雁塔区深厚的文化艺术底蕴，围绕西安“书香之城、音乐之城、博物馆之城”建设的主旨，将历史古迹、音乐美术、市井文化、文化创新等元素与街区建设紧密结合，致力于打造西安新的历史文化名片，为雁塔区打造丝路文旅名区增光添彩。

整个兴善雅集由飞炫广场、译经广场、大兴善寺、金商国际广场四大板块构成，集内的主要业态包括古旧书籍、书法绘画、文玩香珠、红色收藏、原创手工及文创产品等。大型文化集市活动有国庆集市、新年书市、腊八祈福集市、摄影集市、全民阅读等系列活动。

每逢周末，还有民众自发的街边集市。集市中有玉器古玩、书法绘画、民俗摄影，还有陕西特色刺绣、皮影、泥塑。现场挥毫泼墨的书画家总是能引起行人的围观，前来游览的行人在购物之余，自在地享受着传统文化之美。

兴善雅集开集以来已连续举办近 70 期，带动游客近 800 万人次，辐射人群 1000 余万。兴善雅集受到了游客的广泛好评，很多游客认为在兴善雅集上能够真正领略到原汁原味的西安文化魅力。陕西电视台、《西安晚报》《华商报》等省内知名媒体多次对兴善雅集进行追踪报道，反响强烈。

大兴善寺西街著名的书店、咖啡屋、会所也很多，比较有名的有万邦书城、伴山书屋、知无知文化空间会所等。万邦书城是西安最大的书店之一，伴山书屋在西安也是颇有名气，不出大兴善寺西街就可以在此淘到心仪的书籍。在书店旁的休闲咖啡厅要一杯咖啡，享受读书之乐。知无知文化空间会所则是一所西安社会贤达和文艺青年聚集的文化休闲场馆。其中不时会举行人文讲座、读书会及音乐演奏会等活动。

四、兴善医院

兴善医院位于大兴善寺山门东侧，整体建筑为六层仿古式建筑，外部以朱红色墙体和米白色廊柱装饰,色调和寺院色调基本保持一致,整体风格沉稳庄重。

兴善医院是由西安大兴善寺与西安交通大学第一附属医院联合创办，开创了国内 “佛”“ 医” 结合之先河。这也是国内佛教寺院与公立一流医院在探索医疗模式上的首度合作。

佛教讲慈悲为怀，救苦救难，佛医正是佛家的具体实践。佛医以佛学思想为基本理论，兼容中国传统中医学和印度、东南亚医学的临床治疗手段而形成独特医疗体系。在病因学方面，佛医认为病有三因：外因——地、水、风、火，“四大”不调；内因——贪、嗔、痴，“三毒”为患；业因——前世孽债宿根之果报。在治疗学方面以佛教的“四谛”“五蕴”“十二因缘”“四大”“三学”为指导。在治疗手段上，辅以佛家独有及传统中医验方和手段为患者解除病痛。佛

兴善医院

医在治疗一些慢性顽固疾病和心理疾病方面有着明显的效果。

兴善医院的医疗重点在于探索“佛”“医”结合，以康复医学为主，倡导人文临终关怀的医疗新模式，着力为解决医疗机构发展不充分与人民群众美好生活需要的矛盾，为推进区域医疗卫生事业发展贡献力量。

大兴善寺与西安交通大学第一附属医院联合办院对于探索现代医学与我国传统医学、佛医治疗相结合有着重要的意义，对保障人民群众的身心健康和促进和谐陕西的建设也有着重要的意义。

第八章　大兴善寺所藏碑刻文物

千年古刹大兴善寺历史文化底蕴深厚，在历史上有着重要影响，并留下了许多珍贵的文物遗存。现在我们仅就大兴善寺所藏的碑刻文物和大家一起来赏析。

第一节　“大唐楷模”——《不空和尚碑》

《不空和尚碑》，全称《唐大兴善寺故大德大辩正广智三藏和尚碑铭（并序）》。该碑建于唐建中二年（781），为纪念唐“开元三大士”之一的不空和尚所立，由严郢撰文，徐浩书丹。《不空和尚碑》原立于大兴善寺观音殿东南，后藏于西安碑林博物院。今碑为后人重刻，并立于原址。

碑主不空是密宗创始人之一，历任唐玄宗、肃宗、代宗三朝国师，对佛教密宗的传播贡献巨大。该碑对于研究佛教密宗史及中外文化交流史，具有十分重要的价值。

撰文者严郢（？—783），字叔敖，华州华阴县（今陕西华阴市）人，天宝初年进士，曾任太常寺协律郎、大理司直等职。严郢精通音律，文章娴熟，尤其擅长敕诏、祭文、碑铭的制文。《不空和尚碑》是严郢晚年的作品，文笔老辣，语气通畅，是碑文中的杰作。其文曰：

和上讳不空，西域人也。氏族不闻于中夏，故不书。玄宗烛知至道，特见高仰。讫肃宗、代宗，三朝皆为灌顶国师。以玄言德祥，开佑至尊。代宗初，以特进大鸿胪褒表之。及示疾不起，又就卧内，加开府仪同三司、肃国公，皆牢让不允，特赐法号曰大广智三藏。大历九年夏六月癸未，灭度于京师大兴善寺。代宗为之废朝三日，赠司空，追谥大辨正广智三藏和上。荼毗之时，诏遣中谒者，斋（原作“齐”，准《表制集》改）祝文祖祭，申如在之敬。睿词深切，嘉荐令芳。礼冠群伦，誉无与比。伊年九月，诏以舍利起塔于故居寺院。

和上性聪朗，博贯前佛万法要旨。缁门独立，邈荡荡其无双。稽夫真言字义之宪度、灌顶升坛之轨迹，即时成佛之速，应声储祉之妙，天丽且弥，地普而深，固非末学所能详也。敢以概见序其大归。

昔金刚萨埵亲于毗卢遮那佛前，受瑜伽最上乘义，数百岁后，传于龙猛菩萨；龙猛又数百岁，传于龙智阿阇梨；龙智传金刚智阿阇梨；金刚智东来，传于和上。和上又西游天竺、师子等国，诣龙智阿阇梨，扬擢十八会法。法化相承，自毗卢遮那如来迨于和上，凡六叶矣。

每斋戒留中，道迎善气；登礼皆答，福应较然。温树不言，莫可记已。西域隘巷，狂象奔突，以慈眼视之，不旋踵而象伏不起；南海半渡，天吴鼓骇，以定力对之，未移晷而海静无浪。其生也，母氏有毫光照烛之瑞；其殁也，精舍有池水竭涸之异。凡僧夏五十，享年七十。自成童至于晚暮，常饰供具，坐道场，浴兰焚香，入佛知见。五十余年，晨夜寒暑，未曾须臾有倾摇懈怠之色。过人绝远，乃如是者。后学升堂诵说，有法者非一，而沙门惠朗受次补之记，得传灯之旨，继明佛日，绍六为七。至矣哉，于戏法子，永坏梁木。将纪本行，托余勒崇。昔承微言，今见几杖。光容渺漠，坛宇清怆。纂书照铭，小子何攘[1]。铭曰：

鸣呼大士，有（《通载》作“起”）我三宗。道为帝师，秩为仪同。
昔在广成，轩后顺风。岁逾三千，复有肃公。
瑜伽上乘，真语密契。六叶授受，传灯相继。
述者牒之，烂然有第。陆伏狂象，水息天吴。

①编者按：依《不空表制集》，“攘”为“让”。

《不空和尚碑》

慈心制暴，慧力降愚。寂然感通，其可测乎？

两楹梦奠，双树变色。司空宠终，辩正旌德。

天使祖祭，宸衷凄恻。诏起宝塔，旧庭之隅。

下藏舍利，上饰浮屠。迹殊生灭，法离有无。

刻石为偈，传之大都。

徐浩（703—782），字季海，越州（今浙江绍兴市）人。他是大唐名相张九龄的外甥。其父为盛唐时期书法家徐峤之，其祖父徐世道也是著名的书法家。徐浩幼承家学，深得其父真传，其书宗“二王”，风格类似王献之，擅长楷书、草书、行书等多种书体，尤其精通楷书。徐浩书法以“肥劲”为标志，是盛唐书法风格的重要代表，曾著有《论书》（又称《法书论》）一卷。

徐浩在肃宗、代宗两朝深受皇帝信重。肃宗朝，徐浩任中书舍人，四方诏令，多由徐浩所书。代宗朝，徐浩年事已高，封彭王傅、会稽郡公、太子少师。国师不空三藏去世，代宗将碑文书丹的任务交给了徐浩。徐浩当年78岁，书法臻于大成，其书结法老劲，圆熟端庄；笔力圆健，骨丰而肉润；全文二十四行，满行四十八字，整体有一气呵成之感。虽然有人认为徐叔少清逸之感，趋于流俗，但书法界普遍认为《不空和尚碑》代表了盛唐书法向中唐书法的转变，自是大唐楷书的模范。

第二节　密宗传承的见证

汉传佛教密宗自开元年间经善无畏、金刚智、不空三人带到中国后迅速地崛起，高僧辈出。善无畏和金刚智之后，不空、一行、惠果等人又以其杰出的才华，完成了密宗中国化的进程。这在佛教其他宗派中是难得一见的。惠果大师以后，密宗逐渐沉寂。晚唐智慧轮大师又以彗星之姿闪耀晚唐的佛学天空。此后，密宗随着曾经辉煌的大唐落入了谷底，再无明确的法脉传承。长期以来人们对惠果以后的密宗传承知之甚少，《唐兴善寺普照大师碑》与《大兴善寺法脉碑记》对于人们了解密宗传承，了解智慧轮颇有补益。

（一）《唐兴善寺普照大师碑》

此碑为纪念晚唐大兴善寺高僧智慧轮所建。智慧轮为晚唐密教大师，历任三朝国师，谥号“普照大师”。碑文曰：

> 智慧轮，姓丁氏，京兆杜陵人。善西域咒法，咸通中赐号遍觉大师，所居曰大教注顶院。僖宗初，谥普照大师。塔曰彰化碑，以乾符四年立。[①]

一直以来，中国佛教界受日本真言宗的影响，认为唐朝青龙寺惠果和尚之后，密宗法嗣被空海大师带到了日本，中土密宗法嗣遂告断绝。法门寺地宫的

《唐兴善寺普照大师碑》

①转引自吕建福：《大兴善寺遍觉大师智慧轮生平及其思想》，《人文杂志》2012 年第 2 期。

发掘及《唐兴善寺普照大师碑》的出土使人们开始重新认识密宗在晚唐的传承。对唐密发展史的研究意义尤为重大。

（二）《大兴善寺法脉碑记》

《大兴善寺法脉碑记》系清咸丰元年（1851）所刻，现位于大兴善寺观音殿前左侧。碑底及额通高 2.2 米，宽 0.83 米。碑文为南禅宗临济宗第三十七世了信和尚所撰，翰林院庶吉士武廷珍书丹，清宗室国仁篆额。

该碑简要记述了大慈恩寺密法传承的线索：一代金刚智、善无畏，二代不空、一行、义林、玄超，三代惠果、顺晓、慧超等大师的密法传承体系。虽然其中存在谬误，但是对于研究密宗发展史的意义颇为重大。

该碑书法刚正遒劲，体骨竣美，合乎法度，深受广大书法爱好者喜爱。石碑因为拓印、风化等人为或自然原因损坏较严重。

《大兴善寺法脉碑记》

第三节　清代大兴善寺复兴的记录

清代是大兴善比较辉煌的时期之一。清初，统治者为了缓和民族矛盾，大力提倡佛教，先后两次对大兴善寺进行了大规模的修缮，为今天大兴善寺的格局奠定了基础。一些有着深厚学养的高僧入住大兴善寺，提高了寺院的影响。这个时期的大兴善寺又重新回到了一流寺院的行列。

一、清康熙《重修隋唐敕建大兴善禅寺来源记碑》

《重修隋唐敕建大兴善禅寺来源记碑》现位于大兴善寺观音殿前右侧。该碑为清康熙二年（1663）所刻。主体部分高七尺[①]，宽二尺七寸[②]，有底座及碑额。碑文分五段，每段二十四行，每行十四字，为南禅曹溪宗第二十六世易庵和尚所撰并书丹，咸宁县黄璟篆额。书法类欧体楷书，结构生动，颇具禅趣，行笔严谨。因岁月流转及其他人为因素，该碑文字缺失较多，碑文难以收录。

二、清康熙《重修大兴善寺碑记》

该碑为大兴善寺所藏四方清代碑刻中保存最为完好的一方。系康熙四十五年（1706）所立。碑体部分高八尺二寸，宽三尺。碑额为福建晋江黄明所题。碑文为清陕西巡抚鄂海所撰，平安纳书丹。碑文分上、下两部分，为楷书二十行，每行五十八字。碑文[③]曰：

长安为省会之区，城之内外，名刹甚多，而基宇开拓、壮丽辉煌者，惟大兴善为最。考其实肇始于晋武帝，为遵善寺也，大兴于隋。开皇初，有北天竺沙门阇罗笈多，赍佛经数百卷于寺翻译，故赐名大兴善寺。唐有惟宽禅师、惟政禅师、楼伦禅师阐扬宗教，始成法席。

①明清营造尺：1尺=32.03厘米。七尺即224.21厘米。

②明清营造尺：1寸=3.2厘米。二尺七寸即64.06厘米。

③碑文内容录自寺内所存原碑刻。

《重修大兴善寺碑记》

明有云峰禅师鼎新梵刹。其后兴废盛衰，无非数之使然矣。迨我朝定鼎，有云峨和尚卓锡此寺，大阐宗风，称为中兴，宗乘特著。又有易庵禅师、林我禅师、愚参禅师接武绍续。今上二十三年岁在甲子，有憨休和尚自中州新蔡请至主持。八载，重修大殿、山门。逸老东归，风穴绅士、缁素敦请参约和尚继斯席焉。每见其殿宇倾颓之甚，乃发此兴葺修举之心。适有川陕总督笔帖式平公安纳乐施倡率。一时文武宰官、缁素人等目击工程浩大各捐清俸，各输己资若千金，广募鸠工庀材。先修前殿五楹，钟鼓二楼；复修大殿七楹，十王祖堂各五楹，新创弥勒殿七楹，方丈侍寮一十七楹；金以丹雘饰以金碧。何乃仍之否，则易之又扩而充之。凡阅十余岁而工始落成。事竣请托于余。

余奉简命莅秦由观察历藩伯晋开府，居秦之日至久，知秦之事最真，既请记之良不谬也。然则能仁之教岂惟修功，若参而用之有补于世教者多矣。余尝闻宋文帝谓其臣何尚之曰：适见颜延之宗炳著论，发明佛法甚为有理，並是开奖人意。若使率土之滨皆感此化，朕则垂拱坐致太平矣。夫□何事尚之回进之，曰：夫百家之乡，十人持五戒，则十人淳谨；千室之邑，百人修十善，则百人和睦；持此风教以周寰区，编户亿千则善人百万夫。行一善则去一恶，去一恶则息一刑，一刑息于家万刑息于国，则陛下之言坐致太平者是也。即此而惟先王以三纲五常治万民，佛以十善五戒化群生。如是则王化，佛化，总成大化；儒也，釋也，无间然也。资含生于寿域，福黎庶以还淳，若非真正个中人实□其任以撑拄之。今参约禅师不忝憨休乾公为其父，云峨喜公为其祖，递代相承而寖昌寖盛。数十年来，宗风大振，家知户晓，仑新奂美岿然一大选佛之场矣。行将见鳌足擎空，鲸音吼地，登拂□法利及人天，慈云慧日隐现其中，宝相金光飞腾莲社。如此者可谓承先启后，继志述事者欤。余嘉其道风广化群品，兼勤修之苦行，而更冀后之人踵事增华毋致废坠。俾佛力广大，帝祉无疆佑我东土民安物庆。遂不辞而为之记。

康熙四十五年岁在柔兆阉茂应钟中浣之吉当代住持海文暨两廊两序大众满汉缁素等立

该碑简述了大兴善寺的历史沿革及大兴善寺历代禅门高僧的故事，是研究大兴善寺历史沿革的重要实物史料。

三、清乾隆《隋唐敕建大兴善寺祖庭重□□□记》

该碑为大兴善寺清四碑之一，系乾隆五十年（1785）所立。碑体部分高八尺，宽三尺；碑文为行楷，分二十八行，每行七十二字。碑额为山东平原人董讷题篆，碑文为兵部右侍郎王新命所撰，翰林院修撰，沈文秀书丹。书法秀美流畅，清劲自然，是难得一见的清代书法精品。由于碑体石质较差剥落不少，大部分字迹已经难以辨认。

四、清乾隆《大兴善寺重修转轮藏经殿记》

《大兴善寺重修转轮藏经殿记》于清代乾隆五十年所刻，春三月二十一日所立。

赐进士出身前都察院左副都御史陕西王昶撰。碑文曰：

周礼外史掌四方之志，三皇五帝之书，而孔子因百二十国宝书以成《春秋》，盖书之荟萃藏弆上古已然。自六经之后，散为诸子百家经，刘向父子校定而艺文志因之著录，凡一万三千二百六十余卷。隋唐经籍所录文几倍之。至于唐宋作者著述益繁，今统计之存者不逮百分之一，岂其余皆不足存欤？抑作者难传者不易欤？考汉以来，开献书之路，置写书之官，建藏书之蒂（地），又遣求书之使，分校书之职，其储之也，外有太史博士，内有延阁之室，兰台东观。又仁寿阁、文德殿、华林园、观文殿诸处，搜之不为不力，聚之不为不专。至士大夫之藏书者，自张华、杜兼、韦述以下，章章可考，几五六十家。而古书之传，往往逾时而失之。究其故，盖未尝旁搜博取，合经史子集四部，萃为一书，故遗佚如是其易也。若释氏不然，大小乘经律论为数而四千六百六十卷，其徒或历数万里挟以入震旦，或阅数十寒暑而往求焉。比其得爱护如头目脑髓，汇而藏之，著其时代，标以译人名姓，又以支那撰述随时增入，其徒既自书写剞劂，复丐宰官、长者、居士助之，且耸动世主为之镂刻，分贮于名山古寺，故两汉魏晋五代暨唐译出之经典，无有遗佚者。视吾儒之书，寖传寖失，岂可同日语哉。夫吾儒经术文章之士，多出于中原，非若印度身毒在西南绝徼之外，必梯山航海冒危险，历流沙积石而后可得之也。篆隶之后，继以楷书，因文考义，智愚共晓，非若西文梵字，必法师重译，执笔润文而后可读也。而遗佚若彼，全备若此，是吾儒之好古较诸释氏之宝护，弗如远甚明矣。西安大兴善寺，创自晋初，盛于隋唐间，仿西竺之制，建转轮藏经殿，有明万历间敕赐藏经，本朝雍正十三年新藏成，又以之年久殿圮，轮亦败坏，经有被风雨尘沙所损者，中丞毕公属同知徐君大文新之，以乾隆甲辰冬日落成。经言于一切，经能书写受持，功德无量，况取大藏而覆庇之，俾其永无失坠。世有义学沙门，庸以窥见佛乘之全功德不尤伟欤？虽然身为圣人之徒，而于其经典笃信之、固执之，乃不如缁衣白足，世之见斯文者，必得皇然而愧蹶然。而兴为久远，宝护之计，庶四部之书嗣后无或有散佚不全之憾乎？余之为记，盖非独为释氏导扬已也。[①]

该碑由清乾隆定边县知县署潼关同知申兆定书丹，并题额。申兆定的书法严谨工整，一丝不苟，体现了清代中期应制书法的特点。

五、《兴善祖庭重兴禅泉碑记》与《康有为七绝诗墨迹刻石》

《兴善祖庭重兴禅泉碑记》，该碑风化严重，碑体表面严重破损，已无法辨碑文。

《康有为七绝诗墨迹刻石》是民国十三年（1924），维新变法领袖康有为应时任陕西督军刘镇华之邀来陕讲学。康有为在西安期间曾到大兴善寺游览。并留下绝句一首。诗曰：

晋隋旧刹畅宗风，翻译经文殿阁雄。
惆怅千房今尽毁，斜阳读偈证真空。

①王昶撰，申兆定书：《大兴善寺重修转轮藏经殿记》，绛州权善文刊印（拓本）。

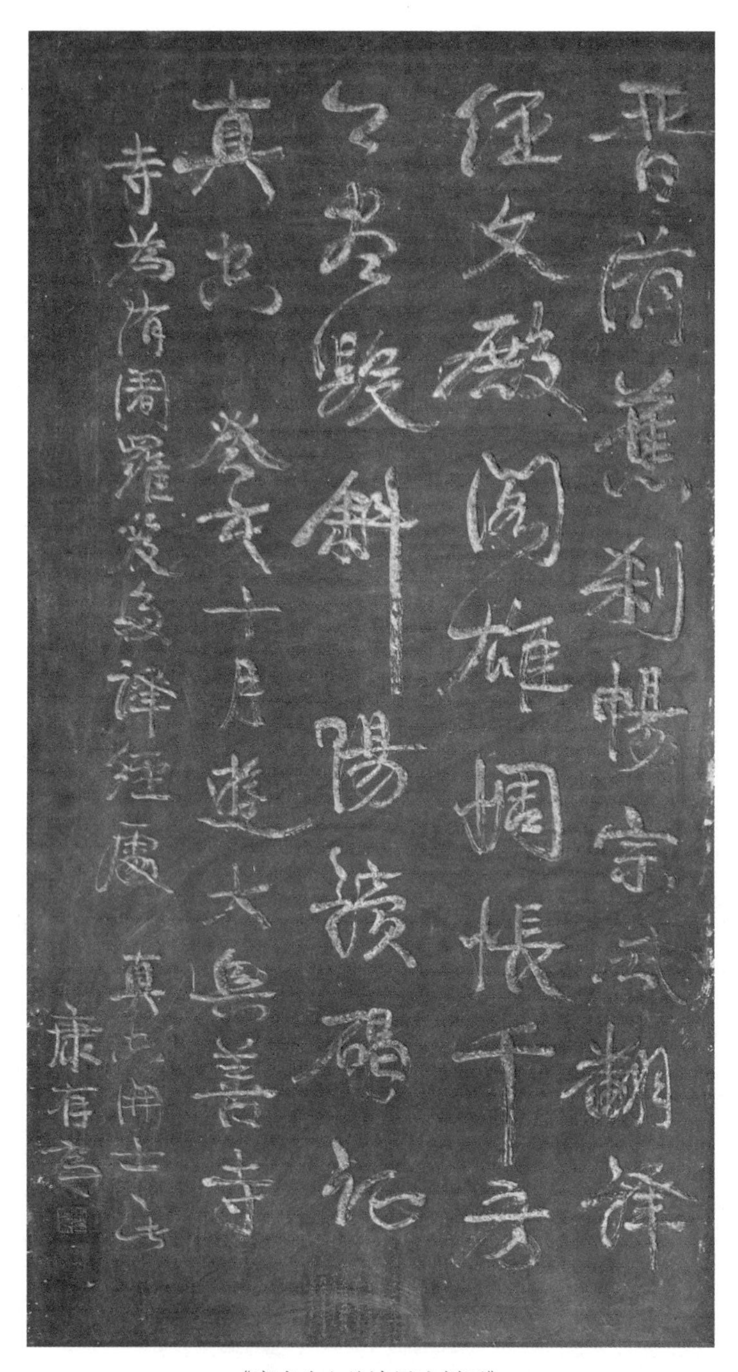

《康有为七绝诗墨迹刻石》

附 录

附录一 大兴善寺殿宇上的楹联

一、天王殿楹联

觉路满大千众生共赴超尘界
法门唯不二奕世同游选佛场

二、大雄宝殿楹联

其一

宝刹壮皇都自晋代开山市井犹多禅气息
高门腾慧日随密宗问祖风云皆具佛情怀

其二

怀慈悲大愿普度众生五智如来传正法
启灵慧禅心时闻妙谛九天花雨洒清芬

其三

云水海天宽密宗经独创自龙猛开山高僧三士相传空海东瀛承惠果
沿袭青龙兴善继真言唐都初旭照慧雨界无分有明灯指路宝卷千年

其四

胜迹考隋唐当年阇黎灌顶大士翻经真言称首刹密印薪传遍东海
兴衰论劫运此日檀那布金长者立愿梵宇庆重辉总持法系绍南天

其五

大兴开善寺气壮三秦立宗弘法庄严千载
雄殿峙如来神通五智祈福佑民安泰九州

其六

具禅心本在虔诚纵万卷穷通须深见识
参法理还从顿渐使一经透澈放大光明

三、观音殿楹联

步履宗功尝思九年面壁
阐扬祖德宛然五夜传灯

四、法堂楹联

于一毫端现宝王刹
座微尘里转大法轮

附录二　大兴善寺近现代大事记

一、清末民国时期

1. 1931 年

朱将军聘请了国内佛教界著名高僧日悉法师和倓虚法师来西安讲学；同年，对大兴善寺进行了比较全面的修复，并在此创办佛学讲习所，后改佛学院，为西北佛学培养了大批人才。

2. 1943 年

太虚法师和于斌、冯玉祥等人组织了中国宗教徒联谊会。

3. 1945 年

在大兴善寺创设了“世界佛学苑巴利三藏学院”。

二、1949 年至 1999 年

1. 1955 年

由中华人民共和国人民政府拨款对大兴善寺进行了全面大修。此时，大兴善寺有五进殿堂，配以廊庑、僧寮，规模为西安今存众刹之首。

2. 1956 年

为保护佛教名胜古刹，人民政府再次拨款对大兴善寺进行了大规模整修。由卧龙住持朗照任大兴善寺住持，慧雨任监院。大兴善寺、卧龙寺、慈恩寺、庄严寺四寺合并，组成了农业社，10 多名僧人拥有 40 多亩土地。

同年 8 月 6 日，大兴善寺被公布为“陕西省第一批重点文物保护单位”。

3. 1966 年

大兴善寺遭到“文革”冲击，僧人被迫还俗，寺内神像被毁。

同年，改大兴善寺为新风公园，改革开放后，又改为小寨公园。

4. 1983 年

大兴善寺被国务院列为全国重点开放寺院之一。

5. 1984 年

4 月，陕西省佛教协会接管大兴善寺。在此后半年时间里，在人民政府的支持下，省佛协组织修复了殿堂、僧房 41 间，并重塑“文革”期间被毁坏的佛像，翻整荒地 20 余亩，修剪绿篱 1000 余米，增加盆花 600 余盆，新建 120 平方米的服务部一座，购置了一批接待用品。经过此次大修使大兴善寺面貌大为改观。

同年，慧雨法师住锡大兴善寺，再兴密宗之灌顶。

6. 1985 年

大兴善寺正式确立为西安市佛教协会的会址所在地。

10 月，日本空海大师同志会为纪念空海示寂 1150 周年，向真言宗的发祥地——大兴善寺敬献了一尊青铜地藏菩萨立像。10 月 15 日至 30 日，陕西省佛教协会在大兴善寺隆重举行了三坛传戒法会。日本空海大师同志会友好访华团全体成员 167 人参加了法会。整个法会庄严隆重，秩序井然有序，共有 1600 余善信受戒。10 月 25 日，大兴善寺举行了隆重的地藏菩萨像奉安开光仪式，这尊地藏菩萨像也成为新时期中日佛教界及民间友好往来的重要见证。

三、2000 年以来的大事记[①]

1. 2001 年

4 月 18 日，新天王殿塑像、文殊菩萨、普贤菩萨像彩绘竣工，并举行开光法会。同年 4 月 13—25 日，以界明法师为团长的陕西省佛教协会一行 25 人应邀出访日本，进行佛教文化交流并演出文艺节目，增进双方友谊。

2. 2002 年

大兴善寺被西安市旅游局评定为市级旅游景点，为创旅游环境最佳，重新规划并修筑了寺内的道路、园林、花木及草坪区域。

3. 2003 年

方丈界明法师及数名僧人参加法门寺佛指骨舍利赴台湾供奉的送迎团工作。

4. 2004 年

唐转轮藏经殿遗址标志建成，假山观音洞建成并开光；释迦牟尼佛生平事迹展示洞修建竣工并开始塑像。

同年，日本佛教真言宗为纪念真言宗创始人空海大师入唐求法 1200 年组团

---

①本部分内容由大兴善寺提供，在此特表感谢。

来访大兴善寺，并在大兴善寺树空海大师铜像一尊，以作其每年来华参拜纪念标志。

5. 2005年

宝鸡市阳平镇禅龙寺被确定为大兴善寺下院，经筹备开始投资兴建工作。

同年，日本僧团为纪念日本僧人慈觉大师曾求法于大兴善寺，在大兴善寺安置慈觉大师像一尊于慈觉大师纪念堂内。

8月19日，举行了隆重的大雄宝殿奠基仪式。同月，陕西佛光医院大楼开始修建。

9月19日，经陕西省民政厅批准，大兴善寺成立陕西佛学书画艺术院，方丈界明法师任院长，陕西第一所佛学书画艺术院诞生。

6. 2006年

3月，大兴善寺被西安市宗教局批为“宗教活动文明场所”。

4月13日，平安地藏殿、救苦地藏殿十殿阎罗和地藏王菩萨像落成，寺院举行隆重的开光法会。同日，陕西佛学书画艺术院举行了隆重的开学典礼，省、市相关部门领导和宗教界人士参加。

9月，金刚堂动工修建。

7. 2007年

2月，大雄宝殿破土动工，开始修建。

3月，界明法师率团赴香港修明学院，传密宗修行大法；同月，界明法师率僧团前往日本，进行中日佛教文化交流，并为中日互立佛缘碑落成举行法会。

7月14日，深圳弘法寺方丈本焕老和尚一行30余人来寺参访。

8月，佛光医院大楼装修竣工，投入使用。

8. 2008年

2月10日，中国国情调查研究中心秘书长方建文在陕西省宗教局副局长马克尔陪同下一行24人到大兴善寺视察。

3月6日，陕西省副省长洪峰一行16人来大兴善寺指导工作；3月29日，日本日莲宗住持木村胜行一行14人来寺参访。

7月8日，方丈界明法师因病圆寂，终年73岁。

9月26日，西安市宗教事务局、西安市佛教协会礼请宽旭法师任大兴善寺住持。

10月28日起，大兴善寺免收门票。

9. 2009年

2月3日，陕西省副省长景俊海在省宗教局局长徐自立的陪同下，到大兴善寺实地视察指导。

4月14日，住持宽旭法师参加陕西省与日本香川县友好缔结15周年纪念会。

7月14日，西安市雁塔区区长吴键到大兴善寺视察。

9月4日，日本真言宗各派总大本山会第25次友好访华团一行，在日中友好宗教者恳话会名誉会长、真言宗丰山派第31代管长、真言宗丰山派总本山长谷寺第85代化主、东京金乘院住持小野长老带领下到大兴善寺参访。

10月31日，尼泊尔驻华大使坦卡·普拉萨德·卡尔基一行到大兴善寺参访。

12月5日，大兴善寺与西北大学陕西文化产业研究院共同举办了“陕西户外文化大讲堂”第十二集“密宗祖庭——大兴善寺”。

10. 2010年

2月25日，西安市宗教局局长贺维海、副局长李社民一行到大兴善寺视察。中国工程院院士、西北建筑设计研究院总建筑师张锦秋到大兴善寺现场指导寺院总体规划建设工作。

5月27日，中国佛教协会会长传印长老到大兴善寺视察。

10月14日上午，日本真言宗九州八十八所灵场会会长江头弘胜一行到大兴善寺参访；下午，日本真言宗各派总大山会第26次中日友好访华团一行到大兴善寺参访。10月18日，日本高野山大学名誉教授静慈圆长老带领的“空海入唐之路古都县巡礼道之旅”朝拜团一行到大兴善寺参访。10月20日，日本真言宗东寺派、国分寺派访华团一行到大兴善寺参访。

11. 2011年

1月27日，中共陕西省委统战部部长周一波、陕西省民族宗教事务局局长徐自立在省佛协会长增勤法师、副会长吉祥法师、仁钦法师、秘书长刘进业的陪同下到大兴善寺视察。

4月30日，日本“日中佛教交流文化协会”理事长龙道华彩先生一行到大兴善寺参访。

7月21日，世界佛教徒联谊会对联合国教科文组织联络办公室顾问、斯里兰卡佛教与宗教主席、世界佛教徒联谊会副会长、联合国卫塞节国际理事会副会长、法国佛教联盟名誉主席、法国佛教人文行动会会长T·达马拉特纳法师一行到大兴善寺参访。

9 月 6 日，日本真言宗各派总大山会第二十七次友好访华团一行在团长小池弘三法师的带领下到大兴善寺参访。

10 月 21 日，日本驻华大使馆公使山田重夫先生一行到大兴善寺参访。

11 月 25 日，大兴善寺隆重举行了大兴善寺大雄宝殿落成庆典和宽旭法师升座法会。中国佛教协会会长传印长老，副会长圣辉法师、永信法师、妙江法师、印顺法师、增勤法师，副秘书长演觉法师、常藏法师，陕西省佛教协会副会长彻性法师、谛性法师，中国道教协会会长任法融道长，陕西省、西安市统战、宗教部门的有关领导，香港旭日集团杨钊居士以及出席“大兴善寺与唐密文化学术研讨会”的来自全国各地的专家学者与四众弟子两千多人参加了升座庆典法会。同日下午，由大兴善寺与西北大学主办的“长安慧光、世纪风采——大兴善寺与唐密文化学术研讨会”在西安曲江宾馆举行。中国佛教协会副会长、陕西省佛教协会会长增勤法师，陕西省佛协副会长宽旭法师、彻性法师、谛性法师，秘书长刘进业，中国道教协会会长任法融道长，陕西省政协副主席刘新文，陕西原副省长张伟，省宗教事务局局长徐自立，以及来自日本、韩国等海内外的高僧大德、专家学者 200 多人出席了开幕式。

12 月，大兴善寺被陕西省佛教协会授予全省佛教界创建和谐寺院活动先进集体。

12. 2012 年

2 月 16 日，陕西省人大常委会副主任白阿莹、陕西省人大民族宗教侨务外事工作委员会主任张启钧一行在省宗教事务局局长徐自立、副局长马克尔等人的陪同下到大兴善寺视察工作。

4 月 17 日，西安市文物局局长郑育林一行到大兴善寺视察指导。

5 月 15 日，在大兴善寺召开文物保护专家评审会。

6 月，《首届大兴善寺唐密文化国际学术研讨会论文集（共 4 册）》由陕西师范大学出版社出版。

9 月 6 日，西安市文物局邀请有关专家到大兴善寺进行实地考察，并召开专家评审会，为大兴善寺文物保护维修工程设计方案进行评审。

12 月 31 日，中共陕西省委统战部在大兴善寺会议室组织召开了全省五大宗教团体主要负责人工作交流恳谈会。

13. 2013 年

7 月 12 日上午，西安市雁塔区区委书记吴键等领导一行到大兴善寺视察。

9月3日上午，西安市政协主席程群力、副主席张建政等领导一行20余人在西安市宗教事务局局长贺维海、雁塔区政协等领导的陪同下到大兴善寺调研。

12月31日上午，中共陕西省委统战部在大兴善寺会议室组织召开了全省五大宗教团体主要负责人工作交流恳谈会。

14. 2014年

2月10日，陕西省人民政府副省长白阿莹在省政府副秘书长杨长亚、省宗教事务局局长徐自立、党组书记张宁岗、副局长李晓建、副巡视员吴联友、西安市宗教事务局局长贺维海等领导的陪同下到大兴善寺视察指导工作。

4月1日，中共陕西省委常委、省委统战部部长陈强在省委统战部副部长、省宗教事务局局长徐自立，中共西安市委统战部部长史晓红、副部长常焕良等领导的陪同下到大兴善寺视察。

6月17日，陕西省省长娄勤俭在副省长白阿莹、省委统战部副部长、省宗教局局长徐自立、省宗教局党组书记张宁岗、西安市常务副市长岳华峰、西安市宗教局局长贺维海、陕西省佛教协会会长增勤法师等领导的陪同下，到大兴善寺调研。

15. 2015年

2月，中共中央总书记习近平在陕西考察期间，考察了西安城墙、大慈恩寺、大兴善寺及西安博物院。习近平总书记考察陕西文物并作出重要指示，体现了党中央对陕西文物工作的高度重视和关心，是陕西做好文物保护工作的重要遵循和指引。

5月14日，陕西省省长娄勤俭、副省长王莉霞等领导陪同来访的印度总理莫迪参观大兴善寺；5月26日，上海市副市长赵雯在陕西省旅游局局长杨忠武等领导的陪同下到大兴善寺参观。

6月5日，西安市小寨地区综合改造管委会组织的“兴善寺西街景观提升改造方案宗教文化界专家评审会”在大兴善寺会议室召开；6月28日，为纪念中尼建交60周年，中尼两国在经济、文化、宗教等多领域开展了一系列的交流活动。尼泊尔清尼亚拉玛家族基金会主席路夏娜·拉玛公主一行专程到大兴善寺参访。

7月7日，德国前总统克里斯蒂安·武尔夫在西安参加“一带一路”经济峰会期间，前往大兴善寺参访；7月10日，西安大兴善寺与西安交通大学第一附属医院合作办院签约仪式在大兴善寺隆重举行。

8 月 19 日，陕西省人大常委会副主任李金柱带领省人大民宗侨外工委、省宗教局相关领导到大兴善寺调研。

9 月 5 日，大兴善寺隆重启建陕西省第十三届传授三坛大戒法会。来自全国三百余位戒子云集大兴善寺，求受净戒，于 9 月 30 日圆满。大兴善寺方丈宽旭法师为戒和尚[①]。

10 月 26 日，越南政府内务部副部长兼宗教委主任范勇率越南宗教委代表团一行到大兴善寺参访。

12 月 27 日，“世界和平吉祥塔（一切如来心秘密全身舍利宝箧印陀罗尼经塔）祈福安奉开光法会”在金刚堂前隆重举行。

16. 2016 年

5 月 29 日，大兴善寺方丈宽旭和尚东渡日本求修密法，传承密宗法脉。

6 月 30 日，大兴善寺兴善坊运营工作正式启动。

8 月 24 日，国家宗教局办公室主任陈红星、外事司司长肖虹和中国佛教协会国际部主任普正法师在省市宗教局、省市佛协的有关领导的陪同下到大兴善寺，针对本年 11 月份在西安举办的“汉传佛教祖庭文化国际学术研讨会”巡礼朝拜祖庭寺院的相关事宜进行视察指导。同日下午，世界佛教中心主席、尼泊尔前总理尼帕尔一行到大兴善寺参访。

11 月 10 日，宽旭阿阇梨东渡修学密藏圆满回归。

11 月中旬，全国“汉传佛教祖庭文化国际学术研讨会”在西安召开。

11 月 17 日，“中国社会科学院佛教研究中心密宗文化研究基地”揭牌仪式暨中国密宗文化研讨座谈会在大兴善寺礼堂内隆重举行。

11 月 18 日，第十八届中央委员、国家宗教局党组书记、局长王作安到大兴善寺视察，陕西省宗教事务局局长张宁岗、西安市人民政府副市长赵敏、西安市宗教事务局局长李社民等领导陪同视察。

12 月 4 日，泰国驻西安总领事馆代理总领事钟丽萍女士携总领事馆工作人员一行恭请寺院常住为泰国国王普密蓬·阿杜德举行超度普佛佛事，为其国王

---

①戒和尚意指授戒的和尚，为三师之一。新学沙弥受具足戒时，须有三师及七证师，戒和尚为此十师之首，登戒坛上亲自授戒。

哀悼祈福。

12 月 20 日，陕西省政协副主席张社年等领导一行到大兴善寺调研。

17. 2017 年

1 月 27 日，西安市委副书记、政法委书记韩松在市委常委、市公安局局长任军号，市委常委、副市长卢凯，西安市宗教事务局副局长王政权等领导的陪同下，莅临大兴善寺进行安全工作检查及新春慰问。

6 月 15 日，全国政协常委、民族和宗教委员会主任，中央统战部原常务副部长朱维群等 30 位领导来大兴善寺进行“加强宗教活动场所文物保护和管理”的调研工作；陕西省政协副主席祝列克、西安市政协副主席赵红专、西安市文物局局长郑育林、雁塔区委书记杨广亭等相关领导陪同视察。

9 月 7 日，日本京都天龙寺宗务总长田原义宣长老率领访中参访团一行到大兴善寺参访，并与寺院四众弟子共同举行了“纪念中日邦交正常化四十五周年祈祷世界和平法会”。

10 月 1 日—8 日，方丈宽旭阿阇梨为前来接法的两百余位法师和居士传授密法四度加行。此次传法可以说是密宗祖庭千年以来的第一次传法，是密法重振华夏大地的新起点。

10 月 11 日，泰国前副总理素拉杰在泰国驻华大使毕力亚・肯蓬、泰国驻西安总领事安丽长・谭娜功的陪同下，到密宗祖庭西安大兴善寺参访。

11 月 5 日，大兴善寺隆重举行《般若波罗密多心经》照壁落成祈福法会暨揭幕庆典仪式。

18. 2018 年

1 月 31 日，大兴善寺于惠果阿阇梨入灭之日，在金刚堂内隆重圆满举行了真言密法“八千枚护摩”[1]法会，方丈宽旭阿阇梨主法。此次八千枚护摩在国内尚属首次，宽旭阿阇梨也是完成“八千枚护摩”的国内第一人。

5 月 26 日，西安交通大学第一附属医院大兴善寺院区对外正式开诊，开诊仪式在大兴善寺院区内隆重举行，这是内地公立医院和佛教寺院在探索医疗模

① “八千枚护摩”乃“护摩的极限”，是密宗极难修持的密法之一。护摩法会是伴随着数百位信众共同恭诵百万余遍诸真言，阿阇梨燃烧八千枚乳木的护摩密法，以护摩智火灭除三世俱生尘垢，烧尽妄念分别，解脱烦恼障碍，成就净菩提心。

式上的首度合作。

6 月 14 日，“国际艺术大师邢东先生绘画中国真言宗八祖圣像”捐赠仪式在大兴善寺举行。宽旭法师代表大兴善寺接受了捐赠。

7 月 1 日，尼泊尔布托市市长施拉吉・苏布迪一行到大兴善寺参访。

7 月 9 日，中共陕西省委常委、省委统战部部长姜锋到大兴善寺视察调研。

9 月 13 日，日本真言宗各派总大本山会到密宗祖庭西安青龙寺、大兴善寺参访朝拜。

10 月 1 日，为响应“全国性宗教团体联席会议关于在宗教活动场所升挂国旗的倡议”，进一步增强宗教界人士和信教群众的爱国爱教精神，大兴善寺在寺院礼堂前举行庄严肃穆的升国旗仪式。

10 月 15 日，台湾中华人间佛教联合总会参访团一行百余人在主席明光大和尚、慧传大和尚、如证大和尚、黄书玮先生的带领下到大兴善寺参访。

11 月 18 日，大兴善寺隆重圆满地举行了铜殿佛像开光法会。来自省内外的各山大德数十人参加法会。

12 月 22 日，大兴善寺隆重举行密宗“准提法”传法法会。这是密法自复兴以来，祖庭寺院首次传授准提法。

19. 2019 年

1 月 23 日，大兴善寺关于设立密宗文化博物馆专家咨询会在大兴善寺会议室隆重召开。

7 月 16 日，中共西安市委常委、统战部部长史晓红等领导一行到大兴善寺调研视察。

9 月 8—9 日，“明宗溯源 再续佛光”——西安市汉传佛教“祖庭住持讲祖庭”系列活动在大兴善寺成功举办。西北大学佛教研究所所长李利安教授、陕西师范大学佛教研究所所长吴言生教授、方丈宽旭法师为大众做了精彩报告。本次活动是由西安市佛教协会主办、大兴善寺承办的系列讲经交流活动，是“祖庭住持讲祖庭”系列活动的收官之作。

10 月 6 日，为庆祝中华人民共和国成立 70 周年，大兴善寺隆重举行了“八千枚护国吉祥护摩”祈福法会。

11 月 22 日上午，大兴善寺在接待室召开了全体僧职员工学习贯彻党的十九届四中全会精神座谈会。

参考文献

[1] 费长房. 历代三宝记 [M]. 上海：上海古籍出版社，1987.
[2] 魏徵. 隋书 [M]. 北京：中华书局，1973.
[3] 刘昫等. 旧唐书 [M]. 北京：中华书局，1975.
[4] 严可均. 全隋文 [M]. 北京：商务印书馆，1999.
[5] 道宣. 续高僧传 [M]. 北京：中华书局，2014.
[6] 赞宁. 宋高僧传 [M]. 范祥雍，点校. 北京：中华书局，1987.
[7] 刘餗. 隋唐嘉话 [M]. 程毅中，点校. 北京：中华书局，1979.
[8] 王溥. 唐会要 [M]. 北京：中华书局，1990.
[9] 徐松. 两京城坊考 [M]. 北京：中华书局，1985.
[10] 路天骧. 类编长安志 [M]. 黄永年，点校. 西安. 三秦出版社，2006.
[11] 杜牧，冯集梧. 樊川诗集注 [M]. 上海古籍出版社，1978.
[12] 宋敏求. 长安志 [M]. 上海. 上海古籍出版社，1987.
[13] 董诰等. 全唐文 [M]. 北京：中华书局，1983.
[14] 商务印书馆四库全书出版工作委员会编委会. 陕西通志 [M]. 北京：商务印书馆，2017.
[15] 彭定求等. 全唐诗 [M]. 北京：中华书局，1960.
[16] 段成式. 寺塔记 [M]. 北京：人民美术出版社，1964.
[17] 段成式. 酉阳杂俎前集 [M]. 上海：上海古籍出版社，2000.
[18] 辛文房. 唐才子传校正 [M]. 南京：江苏古籍出版社，1987.
[19] 释僧祐. 出三藏记集 [M]. 北京：中华书局，1995.

[20] 释念常编. 佛祖历代通载 [M]. 庆长十七年本国寺活字印本.
[21] 智升. 开元释教录：卷七 [M] //大正藏：第 55 册.
[22] 觉岸. 释氏稽古录：卷二 [M] //大正藏：第 49 册.
[23] 圆珍. 上智慧轮决疑表 [M] //大日本佛教全书：第 113 册.
[24] 圆照. 代宗朝赠司空大辨正广智三藏和上表制集：卷二 [M] //大正藏：第 52 册.
[25] 释如乾. 憨休禅师敲空遗响 [M] //嘉兴大藏经：第 37 册.
[26] 吕向. 金刚智行记 [M] //大正藏：第 55 册.
[27] 王亚荣. 大兴善寺志 [M]. 西安：三秦出版社，1986.
[28] 吕建福. 中国密教史 [M]. 北京：中国社会科学出版社，1995.
[29] [日] 岛地墨雷，等. 三国佛教略史 [M]. 上海：上海佛学书局，1930.
[30] 李冀诚，丁明夷. 佛教小百科. 密宗 [M]. 郑州：河南教育出版社，2005.
[31] 丁福保. 佛学大词典 [M]. 北京：中国书店出版社，2011.
[32] 罗振玉. 敦煌石室遗书：第 4 种 [M]. 诵芬室本。
[33] 释惠原. 潮州市佛教志：潮州开元寺志 [M]. 潮州：潮州开元寺出版，1992.
[34] 黄心川. 南亚大辞典 [M]. 成都：四川人民出版社，1998.
[35] 周一良. 唐代密宗史 [M]. 钱文忠，译. 上海：上海远东出版社，1996.
[36] [英] 李约瑟. 中国科学技术史：第 4 卷 [M]. 北京：北京科学出版社，1975.
[37] 南怀瑾. 楞伽大义今释 [M]. 上海：复旦大学出版社，2001.
[38] 王亚荣. 陕西・中国汉传佛教祖庭研究 [M]. 西安：陕西人民出版社，2006.
[39] 梁启超. 清代学术概论 [M]. 天津：天津古籍出版社，1998.
[40] 梁启超. 论中国学术思想变迁之大势 [M]. 上海：上海古籍出版社，2006.
[41] 杨曾文. 隋唐佛教史 [M]. 北京：中国社会科学出版社，2014.
[42] 任继愈. 中国佛教史 [M]. 北京：中国社会科学出版社，1991.
[43] 汤用彤. 印度哲学史略 [M]. 北京：中华书局，1960.
[44] 汤用彤. 隋唐佛教史稿 [M]. 北京：中华书局，2016.
[45] 释道原. 景德传灯录 [M]. 顾宏义，译注. 上海：上海书店出版社，2010.
[46] 释普济. 五灯会元 [M]. 北京：中华书局，1997.
[47] 王昶. 大兴善寺重修转轮经殿记 [J]. 申兆定，书. 绛州权善文刊印.
[48] 吕建福. 论不空的政教思想 [J]. 世界宗教研究，2010 (4).
[49] 吕建福. 大兴善寺遍觉大师智慧轮生平及其思想 [J]. 人文杂志，2012 (2).

[50] 杜斗城，吴通. 隋代独孤皇后与佛教关系述论 [J]. 新疆师范大学学报，2014 (3).
[51] 李永斌，李心苑. 密宗祖庭大兴善寺的历史地位与密法传承 [J]. 法音，2017 (4).
[52] 景亚鹂，王原茵. 西安大兴善寺建置沿革与文化遗存 [J]. 文博，2013 (5).
[53] 王贵祥. 唐长安靖善坊大兴善寺大殿及寺院布局初探 [J]. 中国建筑史论汇刊，2014 (2).
[54] 张国刚. 从神僧佛图澄到"花和尚"鸠摩罗什 [J]. 文史知识，2018 (5).
[55] 韩金克. 法门寺地宫唐密曼荼罗世界全面破译 [J]. 世界宗教研究，1995 (3).
[56] 顾乃武，周楠. 论唐代僧一行与张公谨的宗族关系——兼谈僧一行的"籍贯"问题 [J]. 廊坊师范学院学报，2013 (2).
[57] 麻天祥. 平常心是一种超越之心 [J]. 河北佛教，2012 (3).
[58] 李利安. 太虚大师与康寄遥居士 [J] //潮音永辉：纪念太虚大师示寂60周年文集 [M]. 宗教文化出版社，2008.
[59] 许力工. 西安佛教的起源发展及沿革变迁 [J]. 西安文史资料：第22辑.
[60] 姚志锐. 蒋介石到兴善寺致祭张季鸾 [J]. 雁塔文史：第8辑.
[61] 田斌. 张季鸾与蒋介石的恩怨 [J]. 炎黄春秋，2002 (3).
[62] 贺伟. 张季鸾三谏蒋介石 [J]. 新闻爱好者，2007 (3).
[63] 海波. 开元三大士与文殊信仰 [J] //首届大兴善寺唐密国际学术研讨会论文集. 陕西师范大学出版总社有限公司，2012.